中学数学解题前沿方法荟要

解方程及方程组的方法

JIEFANGCHENG JI FANGCHENGZU DE FANGFA

谷学勤　编著

安徽师范大学出版社
·芜湖·

责任编辑:郭明乐　孔令清　责任校对:吴毛顺
装帧设计:丁奕奕　　　　责任印制:郭行洲

图书在版编目(CIP)数据

解方程及方程组的方法 / 谷学勤编著.—芜湖:安徽师范大学出版社,2014.7
ISBN 978-7-5676-1201-3
Ⅰ.①解… Ⅱ.①谷… Ⅲ.①方程 - 方程组 - 中学 - 教学参考资料 Ⅳ.①G634.603
中国版本图书馆CIP数据核字(2014)第001586号

解方程及方程组的方法
谷学勤　编著

出版发行:安徽师范大学出版社
芜湖市九华南路189号安徽师范大学花津校区　邮政编码:241002
网　　址:http://www.ahnupress.com/
发 行 部:0553-3883578 5910327 5910310(传真) E-mail:asdcbsfxb@126.com
印　　刷:安徽芜湖新华印务有限责任公司
版　　次:2014年7月第1版
印　　次:2014年7月第1次印刷
规　　格:880×1230　1/32
印　　张:9.75
字　　数:250千
书　　号:ISBN 978-7-5676-1201-3
定　　价:19.50元

前　言

解答数学问题，不仅可以温习、巩固数学知识，而且可以提高逻辑思维水平，形成解题的技巧与能力.

学习数学的主要目的是应用，而在应用的时候，总是要把各种各样的实际问题转化为数学问题，再一个一个加以解决.将实际问题抽象为数学问题，进而解决这些数学问题，是一种数学能力.构筑这种能力的要素有数学知识、解题思想、解题方法和技巧等.

本书以通俗的语言、简洁流畅的叙述，针对解方程及方程组方法的问题，分别归类介绍各自的解题方法与技巧，并予以适当的点评例说，以便触类旁通.这种分类介绍的解题方法，我们将其称为解题的“个类方法”.

“个类方法”当然需要“宏观数学方法”（如唯物辩证法等）的指导，且离不开与一般逻辑方法（如分类比较、归纳与演绎、分析与综合、一般与特殊、抽象与具体、论证与猜想等）的相互关联依赖，也离不开和现代方法（如模型化、公理化、系统化、结构化、控制方法、信息方法等）的相互渗透贯通.为此，本书特意将一般逻辑方法与某些现代方法作了引用、阐述和例示.当然，针对各类题型，一般逻辑方法与现代方法并不能千篇一律地套用，需要我们深入开展对解题的个性方法，即“个类方法”的研究.本书正志于此，并对它作了较系统的探索，虽不能说尽善尽美，但也算是一种有益的尝试.

解题的“通用方法”与“个类方法”相互依存，各有千秋.“个类方法”具有鲜明的个性特征，是解题中的最直接的方法.读者在解决各类问题时，可从所列举的方法中，酌情选用.由于它直接应用于解题，因而避免了方法与应用的脱节.它把解题实际操作具体化、明朗化，可操作性强,有利于教师和学生对解题思路的梳理和掌握,对开拓解题思路、灵活选择解法十分有益.

本书专门介绍解方程及方程组的方法,可供具有一定数学功底的读者作为学习此内容的指导用书.执此一书,可减少许多解题不得其法的烦恼,少走一些弯路.

谷学勤

2013年10月

目　录

总 论

方程及方程组的一些基本概念：

形如 $f(x_1, x_2, \cdots, x_n)=0$ 的等式叫做方程，f 不是常量函数，其中 $x_1, x_2, \cdots, x_n$ 叫做方程 $f(x_1, x_2, \cdots, x_n)=0$ 的未知量，方程的未知量的允许值集叫做函数 $f(x_1, x_2, \cdots, x_n)$ 的定义域，记为 M.

若存在一组数 $(c_1, c_2, \cdots, c_n)$ 满足方程，使得 $f(c_1, c_2, \cdots, c_n)=0$ 成立，则 $(c_1, c_2, \cdots, c_n)$ 就称为方程的一组解（或根），但是必须满足 c_1, $c_2, \cdots, c_n \in M$. 若它们在定义域 M 以外，则那些根就毫无意义. 因此，又把这个函数的定义域 M 称为方程的存在域. 求方程解的过程，叫做解方程.

设含有 n 个未知量 $x_1, x_2, \cdots, x_n$ 的 m 个方程式的集合：

$$\begin{cases} f_1(x_1, x_2, \cdots, x_n)=0, \\ f_2(x_1, x_2, \cdots, x_n)=0, \\ \quad\cdots \\ f_m(x_1, x_2, \cdots, x_n)=0. \end{cases} \quad \cdots\cdots (\omega)$$

(ω) 叫做含有 n 个自变量的 m 个方程的方程组.

方程组 (ω) 中 m 个方程的允许值集的交集，叫做方程组 (ω) 的允许值集，或存在域. 方程组 (ω) 中 m 个方程的解集的交集，叫做方程组 (ω) 的解. 寻求方程组 (ω) 解的过程，叫做解方程组. 方程组 (ω) 的解不能叫做根，因为仅对于一个方程 $f_k(x_1, x_2, \cdots, x_n)=0(1 \leqslant k \leqslant n)$ 的解，仅在单变量时才叫根.

方程分类的根据主要看方程 $f(x_1, x_2, \cdots, x_n)=0$ 中的函数式 $f(x_1, x_2, \cdots, x_n)$ 是属于何种函数，分类如下：

- 初等函数方程
  - 代数方程
    - 有理方程
      - 整式方程
      - 分式方程
    - 无理方程（根式方程）
  - 超越方程
    - 指数方程
    - 对数方程
    - 三角方程，反三角函数方程
    - 无理指数幂方程
    - 其他非代数函数表达的方程

解各类方程,除了有符合各自特点的解法外,还有不少通用的具有共同特性的方法,现分述如后.

§1 析因法

所谓析因,就是分解因式的意思.用析因法来解方程(组)方法如下.

在给定数域 ω 里,方程(组)F_1和方程(组)F_2,如果它们的解集相同,则把方程(组)F_1和方程(组)F_2称为同解方程(组).假如F_1的解集 δ 是F_2解集 θ 的子集,即 $\delta\subseteq\theta$,则称F_2是F_1的结果方程(组).析因法主要应用下面两个因式分解定理来解方程(组).

定理 1 如果 $F(x,y,\cdots,z)=f_1(x,y,\cdots,z)\cdot f_2(x,y,\cdots,z)\cdot\cdots\cdot f_n(x,y,\cdots,z)$,那么方程

$$F(x,y,\cdots,z)=0 \quad \cdots\cdots①$$

与n个方程的集合

$$M=\{f_k(x,y,\cdots,z)=0,\ k=1,2,\cdots,n\} \quad \cdots\cdots②$$

是同解的.

也就是说,①中的每一个解都是②中的解;反之,②中任一个方程的解,只要能使②中其余的方程有意义,就都是①的解.

定理 2 如果 $F(x,y,\cdots,z)=f_1(x,y,\cdots,z)\cdot f_2(x,y,\cdots,z)\cdot\cdots\cdot f_n(x,$

$y,\cdots,z)$,那么方程组

$$\begin{cases}F_1(x,y,\cdots,z)=0,\\F_2(x,y,\cdots,z)=0,\\\quad\cdots\\F_n(x,y,\cdots,z)=0\end{cases}$$

与方程组的集合

$$\begin{aligned}M=\{&f_1=0,F_2=0,F_3=0,\cdots,F_n=0,\\&f_2=0,F_2=0,F_3=0,\cdots,F_n=0,\\&\cdots\\&f_n=0,F_2=0,F_3=0,\cdots,F_n=0\}\end{aligned}$$

是同解的.

例1 解方程: $x^5-5x^4+7x^3-2x^2+4x-8=0$.

解 先将方程左端的多项式析因,得

$$x^5-5x^4+7x^3-2x^2+4x-8=(x-2)^3(x^2+x+1),$$

则

$$(x-2)^3(x^2+x+1)=0.$$

故原方程的解为

$$x_{1,2,3}=2(\text{三重根}),\ x_4=\frac{-1+i\sqrt{3}}{2},\ x_5=\frac{-1-i\sqrt{3}}{2}.$$

例2 解方程: $x^3+10+9i\sqrt{3}=0$.

解 由于

$$-10-9i\sqrt{3}=(2-i\sqrt{3})^3,$$

所以原方程可以化为

$$x^3-(2-i\sqrt{3})^3=0,$$

即

$$[x-(2-i\sqrt{3})][x^2+(2-i\sqrt{3})x+(2-i\sqrt{3})^2]=0.$$

故得

$$x-(2-i\sqrt{3})=0 \text{ 和 } x^2+(2-i\sqrt{3})x+(2-i\sqrt{3})^2=0,$$

解得

$$x_1=2-i\sqrt{3},\ x_2=\frac{1+3i\sqrt{3}}{2},\ x_3=\frac{-5-i\sqrt{3}}{2}.$$

例3 解方程：$4^x+6^x=2\cdot 9^x$.

解 将原方程化为

$$(2^x)^2+2^x\cdot 3^x-2\cdot(3^x)^2=0,$$

析因式得

$$(2^x+2\cdot 3^x)(2^x-3^x)=0.$$

因为 $2^x+2\cdot 3^x>0$，所以

$$2^x-3^x=0,$$

即 $2^x=3^x$，故 $x=0$.

例4 解方程：

$$\sqrt{x^2+4x-21}+\sqrt{x^2-x-6}=\sqrt{6x^2-5x-39}.$$

解 先将根号内的多项式析因式，得

$$\sqrt{(x-3)(x+7)}+\sqrt{(x-3)(x+2)}=\sqrt{(x-3)(6x+13)}.$$

移项后提取公因式，得

$$\sqrt{x-3}(\sqrt{x+7}+\sqrt{x+2}-\sqrt{6x+13})=0.$$

由 $\sqrt{x-3}=0$，得 $x_1=3$.

由 $\sqrt{x+7}+\sqrt{x+2}-\sqrt{6x+13}=0$ 得

$$\sqrt{x+7}+\sqrt{x+2}=\sqrt{6x+13},$$

平方后析因，得

$$(x-2)(3x+5)=0.$$

解得 $x_1=2$，$x_2=-\frac{3}{5}$.但原方程中函数的定义域为 $x\geqslant 3$，所以 x_1，x_2 不在定义域范围内，故它们都是增根.

例5 解方程：

$$-\frac{36}{x^2}+\frac{72}{x}-11=(x-6)^2.$$

解 将方程左边通分，析因后得

$$-\frac{(x-6)(11x-6)}{x^2}=(x-6)^2,$$

移项,提取公因式 $x-6$,得

$$\frac{1}{x^2}(x-1)(x-2)(x-3)(x-6)=0.$$

故得 $x_1=1, x_2=2, x_3=3, x_4=6$,且经检验都是原方程的根.

例6 解方程组:

$$\begin{cases}x^2+2xy-8y^2-6x+18y-7=0,\\2x^2-5xy-10y^2-3x+9y+7=0.\end{cases}$$

解 每个方程左边先析因

$$\begin{cases}(x+4y-7)(x-2y+1)=0,\\(x-3y)(x+2y-3)=0\end{cases}$$

$$\Leftrightarrow\begin{cases}x+4y-7=0,\\x-3y=0\end{cases}\text{或}\begin{cases}x+4y-7=0,\\x+2y-3=0\end{cases}\text{或}\begin{cases}x-2y+1=0,\\x-3y=0\end{cases}\text{或}\begin{cases}x-2y+1=0,\\x+2y-3=0.\end{cases}$$

分别解得

$$\begin{cases}x_1=3,\\y_1=1\end{cases}\text{或}\begin{cases}x_2=-1,\\y_2=2\end{cases}\text{或}\begin{cases}x_3=-3,\\y_3=-1\end{cases}\text{或}\begin{cases}x_4=1,\\y_4=1.\end{cases}$$

例7 解方程:$\sin^3x-\sin^2x\cos x-3\sin x\cos^2x+3\cos^3x=0$.

解 两边除以 $\cos^3x$,使得三角函数变名,得

$$\tan^3x-\tan^2x-3\tan x+3=0,$$

再将方程左边析因

$$(\tan x-1)(\tan^2x-3)=0\Leftrightarrow\tan x-1=0\text{ 或 }\tan^2x-3=0.$$

所以

$$\left\{x\middle|x=n\pi\pm\frac{\pi}{4},\ n\in\mathbf{N}\right\}\cup\left\{x\middle|x=n\pi\pm\frac{\pi}{3},\ n\in\mathbf{N}\right\}.$$

例8 解方程组:

$$\begin{cases}(x+y)^2-4(x+y)=45,\\(x-y)^2-2(x-y)=3.\end{cases}$$

解 移项后析因,得

$$\begin{cases}(x+y-9)(x+y+5)=0,\\(x-y-3)(x-y+1)=0\end{cases}$$

$$\Leftrightarrow\begin{cases}x+y-9=0,\\x-y-3=0\end{cases}\text{或}\begin{cases}x+y-9=0,\\x-y+1=0\end{cases}\text{或}\begin{cases}x+y+5=0,\\x-y-3=0\end{cases}\text{或}\begin{cases}x+y+5=0,\\x-y+1=0.\end{cases}$$

分别解得

$$\begin{cases}x_1=6,\\y_1=3\end{cases}\text{或}\begin{cases}x_2=4,\\y_2=5\end{cases}\text{或}\begin{cases}x_3=-1,\\y_3=-4\end{cases}\text{或}\begin{cases}x_4=-3,\\y_4=-2.\end{cases}$$

例9 解方程组:

$$\begin{cases}(x+y)^2(x-y)=3xy+6y, & \cdots\cdots①\\x^2-y^2=x+2. & \cdots\cdots②\end{cases}$$

解 将②代入①,得

$$(x+2)(x+y)=3xy+6y,$$

即

$$(x+2)(x-2y)=0. \quad \cdots\cdots③$$

由②和③构成的方程组,等价于

$$\begin{cases}x+2=0,\\x^2-y^2=x+2\end{cases}\text{或}\begin{cases}x-2y=0,\\x^2-y^2=x+2.\end{cases}$$

解得其解

$$\begin{cases}x_{1,2}=-2,\\y_{1,2}=\pm2\end{cases}\text{或}\begin{cases}x_{3,4}=\dfrac{2\pm2\sqrt{7}}{3},\\y_{3,4}=\dfrac{1\pm\sqrt{7}}{3}.\end{cases}$$

例10 解方程组:

$$\begin{cases}x^2+2xy-8y^2+2x+14y-3=0,\\2x^2-7xy+3y^2-5x+5y+2=0.\end{cases}$$

解 原方程组各个方程左边析因,得

$$\begin{cases}(x-2y+3)(x+4y-1)=0,\\(2x-y-1)(x-3y-2)=0,\end{cases}$$

此方程组等价于下面四个方程组

$$\begin{cases}x-2y+3=0,\\2x-y-1=0\end{cases}\text{或}\begin{cases}x-2y+3=0,\\x-3y-2=0\end{cases}\text{或}\begin{cases}x+4y-1=0,\\2x-y-1=0\end{cases}\text{或}\begin{cases}x+4y-1=0,\\x-3y-2=0.\end{cases}$$

分别解之,得原方程组的解

$$\begin{cases}x_1=\dfrac{5}{3},\\y_1=\dfrac{7}{3}\end{cases}\text{或}\begin{cases}x_2=-13,\\y_2=-5\end{cases}\text{或}\begin{cases}x_3=\dfrac{5}{9},\\y_3=\dfrac{1}{9}\end{cases}\text{或}\begin{cases}x_4=\dfrac{11}{7},\\y_4=-\dfrac{1}{7}.\end{cases}$$

例 11　解方程组:

$$\begin{cases}x^2-y^2=0,\\(x-a)^2+y^2=1.\end{cases}$$

解　将第一个方程左边析因

$$\begin{cases}(x+y)(x-y)=0,\\(x-a)^2+y^2=1\end{cases}$$

$$\Leftrightarrow\begin{cases}x-y=0,\\(x-a)^2+y^2=1\end{cases}\text{或}\begin{cases}x+y=0,\\(x-a)^2+y^2=1.\end{cases}$$

分别将第一个方程变为显函数,代入第二个方程得到原方程组的解

$$\begin{cases}x_{1,2}=\dfrac{a\pm\sqrt{2-a^2}}{2},\\y_{1,2}=\dfrac{a\pm\sqrt{2-a^2}}{2}\end{cases}\text{或}\begin{cases}x_{3,4}=\dfrac{a\pm\sqrt{2-a^2}}{2},\\y_{3,4}=-\dfrac{a\pm\sqrt{2-a^2}}{2}.\end{cases}$$

例 12　解方程:

(1) $\sin x+\sin 2x+\sin 3x+\sin 4x=0,\ x\in(0,\pi)$;

(2) $\sin x+\sin 2x+\sin 3x=1+\cos x+\cos 2x$;

(3) $\sin^2 x+\sin^2 2x=\sin^2 3x$.

解　(1)将原方程变形为

$$2\sin\frac{5x}{2}\cos\frac{3x}{2}+2\sin\frac{5x}{2}\cos\frac{x}{2}=0,$$

析因,得

$$2\sin\frac{5x}{2}\left(\cos\frac{3x}{2}+\cos\frac{x}{2}\right)=0,$$

括号内利用和差化积公式变形,得

$$4\sin\frac{5x}{2}\cdot\cos x\cdot\cos\frac{x}{2}=0.$$

因为$x\in(0,\pi)$,所以方程的解集为$\left\{x\middle|x=\frac{2\pi}{5},\frac{4\pi}{5},\frac{\pi}{2}\right\}$.

(2)利用和差化积变形后再析因,得

$$\cos x(2\cos x+1)(2\sin x-1)=0.$$

故原方程的解集为

$$\left\{x\middle|x=2n\pi\pm\frac{\pi}{2},\ n\in\mathbf{Z}\right\}\cup\left\{x\middle|x=2n\pi\pm\frac{2\pi}{3},\ n\in\mathbf{Z}\right\}\cup$$
$$\left\{x\middle|x=2n\pi\pm\frac{\pi}{6},\ n\in\mathbf{Z}\right\}.$$

(3)原方程变换为

$$-2\sin^2 2x\cos 2x+\sin^2 2x=0,$$

析因,得

$$\sin^2 2x(1-2\cos 2x)=0.$$

所以原方程的解集为

$$\left\{x\middle|x=\frac{n\pi}{2},\ n\in\mathbf{Z}\right\}\cup\left\{x\middle|x=n\pi\pm\frac{\pi}{6},\ n\in\mathbf{Z}\right\}.$$

例13 解方程:

(1) $\tan x+\tan 2x=\tan 3x$;

(2) $2\cos^2\frac{x}{4}+\sin x=1$;

(3) $\cos 2x=\cos x+\sin x$.

解 (1)原方程变换为

$$\tan x+\tan 2x=\frac{\tan x+\tan 2x}{1-\tan x\tan 2x},$$

移项析因

$$\tan x+\tan 2x\left[1-\frac{1}{1-\tan x\tan 2x}\right]=0,$$

得到

$$\tan x+\tan 2x=0 \text{ 或 } \frac{\tan x\tan 2x}{1-\tan x\tan 2x}=0.$$

故原方程的解集为

$$\left\{x\middle|x=\frac{n\pi}{3},\ n\in\mathbf{Z}\right\}\cup\{x|x=n\pi,\ n\in\mathbf{Z}\}=\left\{x\middle|x=\frac{n\pi}{3},\ n\in\mathbf{Z}\right\}.$$

(2)移项得

$$\left(2\cos^2\frac{x}{4}-1\right)+\sin x=0,$$

即

$$\cos\frac{x}{2}+2\sin\frac{x}{2}\cos\frac{x}{2}=0,$$

析因

$$\cos\frac{x}{2}\left(1+2\sin\frac{x}{2}\right)=0$$

$$\Leftrightarrow \cos\frac{x}{2}=0 \text{ 或 } 1+2\sin\frac{x}{2}=0.$$

所以原方程的解为

$$\{x|x=(2n+1)\pi,\ n\in\mathbf{Z}\}\cup\left\{x\middle|x=2n\pi+(-1)^{n+1}\frac{\pi}{3},\ n\in\mathbf{Z}\right\}.$$

(3)原方程变换为

$$(\cos^2x-\sin^2x)-(\cos x+\sin x)=0,$$

析因

$$(\cos x+\sin x)(\cos x-\sin x-1)=0$$

$$\Leftrightarrow (\cos x+\sin x)\cdot 2\sin\frac{x}{2}\left(\cos\frac{x}{2}+\sin\frac{x}{2}\right)=0$$

$$\Leftrightarrow \cos x+\sin x=0 \text{ 或 } 2\sin\frac{x}{2}=0 \text{ 或 } \cos\frac{x}{2}+\sin\frac{x}{2}=0.$$

所以原方程的解为

$$\left\{x\middle|x=n\pi-\frac{\pi}{4},\ n\in\mathbf{Z}\right\}\cup\{x|x=2n\pi,\ n\in\mathbf{Z}\}\cup\left\{x\middle|x=2n\pi-\frac{\pi}{2},\ n\in\mathbf{Z}\right\}.$$

例 14 解方程组:

$$\begin{cases}(1+y)^x=100, & \cdots\cdots①\\ (y^4-2y^2+1)^{x-1}=\dfrac{(y-1)^{2x}}{(y+1)^2}\ (\text{其中} y>1). & \cdots\cdots②\end{cases}$$

解 由②得

$$\frac{(y^2-1)^{2x}}{(y^2-1)^2}-\frac{(y-1)^{2x}}{(y+1)^2}=0,$$

析因得

$$\frac{(y-1)^{2x}}{(y+1)^2}\left[\frac{(y+1)^{2x}}{(y-1)^2}-1\right]=0.$$

原方程组等价于

$$\begin{cases}(1+y)^x=100,\\ \dfrac{(y-1)^{2x}}{(y+1)^2}=0\end{cases} \text{或} \begin{cases}(1+y)^x=100,\\ \dfrac{(y+1)^{2x}}{(y-1)^2}-1=0.\end{cases}$$

解之得原方程组的解

$$\begin{cases}x_1=\dfrac{2}{\lg 2},\\ y_1=1\end{cases} \text{或} \begin{cases}x_2=\dfrac{2}{\lg 102},\\ y_2=101.\end{cases}$$

例 15 解方程组：

$$\begin{cases}x^2+2xy-8y^2-6x+18y-7=0, & \cdots\cdots①\\ x^2-xy-6y^2-3x+9y=0. & \cdots\cdots②\end{cases}$$

解 方程左边用双十字相乘法析因

① x $4y$ -7 x / x $-2y$ 1 x ② x $-3y$ 0 x / x $2y$ -3 x

得

$$\begin{cases}(x+4y-7)(x-2y+1)=0,\\ (x-3y)(x+2y-3)=0.\end{cases}$$

它等价于下面四个方程组

$$\begin{cases}x+4y-7=0,\\ x-3y=0\end{cases} \text{或} \begin{cases}x+4y-7=0,\\ x+2y-3=0\end{cases} \text{或} \begin{cases}x-2y+1=0,\\ x-3y=0\end{cases} \text{或} \begin{cases}x-2y+1=0,\\ x+2y-3=0.\end{cases}$$

所以原方程组的解为

$$\begin{cases}x_1=3,\\y_1=1\end{cases}\text{或}\begin{cases}x_2=-1,\\y_2=2\end{cases}\text{或}\begin{cases}x_3=-3,\\y_3=-1\end{cases}\text{或}\begin{cases}x_4=1,\\y_4=1.\end{cases}$$

例 16 解方程：

(1) $\sin^3 x+\cos x=\sin x+\cos^3 x$;

(2) $\cos^3 x-\cos x\sin x-\sin^3 x=1$;

(3) $\dfrac{1+\tan x}{1-\tan x}=1+\sin 2x$;

(4) $\dfrac{\cos x}{1+\sin x}+\tan x=2$.

解 (1)移项后析因

$$\begin{aligned}&(\sin^3 x-\cos^3 x)-(\sin x-\cos x)=0\\ \Leftrightarrow\ &(\sin x-\cos x)(\sin^2 x+\sin x\cos x+\cos^2 x-1)=0\\ \Leftrightarrow\ &(\sin x-\cos x)\cdot\frac{1}{2}\sin 2x=0\\ \Leftrightarrow\ &\sin x-\cos x=0\text{ 或 }\sin 2x=0.\end{aligned}$$

所以原方程的解为

$$\left\{x\,\middle|\,x=n\pi+\frac{\pi}{4},\ n\in\mathbf{Z}\right\}\cup\left\{x\,\middle|\,x=\frac{n\pi}{2},\ n\in\mathbf{Z}\right\}.$$

(2)移项后析因

$$\begin{aligned}&(\cos^3 x-\sin^3 x)-(1+\sin x\cos x)=0\\ \Leftrightarrow\ &(\cos x-sinx)(1+\sin x\cos x)-(1+\sin x\cos x)=0\\ \Leftrightarrow\ &(1+\sin x\cos x)(\cos x-\sin x-1)=0\\ \Leftrightarrow\ &1+\sin x\cos x=0\text{ 或 }\cos x-\sin x-1=0.\end{aligned}$$

故其解为

$$\{x\,|\,x=2n\pi,\ n\in\mathbf{Z}\}\cup\left\{x\,\middle|\,x=2n\pi-\frac{\pi}{2},\ n\in\mathbf{Z}\right\}.$$

(3)由原方程得

$$\frac{\cos x+\sin x}{\cos x-\sin x}=(\sin x+\cos x)^2,$$

移项后析因

$$(\cos x+\sin x)\cdot\frac{1-(\cos^2 x-\sin^2 x)}{\cos x-\sin x}=0.$$

故原方程的解为

$$\left\{x\left|x=n\pi-\frac{\pi}{4},\ n\in\mathbf{Z}\right.\right\}\cup\{x|x=n\pi,\ n\in\mathbf{Z}\}.$$

(4)先去分母,再析因

$$1+\sin x=2\cos x(1+\sin x),$$

即

$$(1+\sin x)(1-2\cos x)=0,$$

所以 $\sin x=-1$(舍去),或 $\cos x=\frac{1}{2}$.

故其解为

$$\left\{x\left|x=2n\pi\pm\frac{\pi}{3},\ n\in\mathbf{Z}\right.\right\}.$$

例17 解方程:

(1) $\sin 3x=\cos x$;

(2) $\sin 3x+\cos 2x=0$;

(3)已知 $1+\sin x+\cos x+\sin 2x+\cos 2x=0$,求出 $\tan 2x$ 的值.

解 (1)由于

$$\sin 3x=\cos x$$

$$\Leftrightarrow \sin 3x-\sin\left(\frac{\pi}{2}-x\right)=0$$

$$\Leftrightarrow 2\cos\left(x+\frac{\pi}{4}\right)\sin\left(2x-\frac{\pi}{4}\right)=0$$

$$\Leftrightarrow \cos\left(x+\frac{\pi}{4}\right)=0\ \text{或}\ \sin\left(2x-\frac{\pi}{4}\right)=0.$$

所以方程的解为

$$\left\{x\left|x=\frac{n\pi}{2}+\frac{\pi}{8},\ n\in\mathbf{Z}\right.\right\}\cup\left\{x\left|x=2n\pi\pm\frac{\pi}{2}-\frac{\pi}{4},\ n\in\mathbf{Z}\right.\right\}.$$

(2)由原方程得

$$\sin\left(\frac{x}{2}+\frac{\pi}{4}\right)\cos\left(\frac{5x}{2}-\frac{\pi}{4}\right)=0,$$

其等价于

$$\sin\left(\frac{x}{2}+\frac{\pi}{4}\right)=0 \text{ 或 } \cos\left(\frac{5x}{2}-\frac{\pi}{4}\right)=0.$$

故原方程的解为

$$\left\{x\middle|x=2n\pi-\frac{\pi}{2},\ n\in\mathbf{Z}\right\}\cup\left\{x\middle|x=\frac{4n\pi}{5}\pm\frac{\pi}{5}+\frac{\pi}{10},\ n\in\mathbf{Z}\right\}.$$

(3)先析因得

$$(\sin x+\cos x)(1+2\cos x)=0,$$

其等价于

$$\sin x+\cos x=0 \text{ 或 } 1+2\cos x=0,$$

即

$$\tan x=-1 \text{ 或 } \cos x=-\frac{1}{2},$$

等价于

$$\tan x=-1 \text{ 或 } \tan x=\pm\sqrt{3}.$$

故

$$\begin{cases}\text{当}\tan x=-1\text{时}, & \tan 2x\text{无意义};\\ \text{当}\tan x=\pm\sqrt{3}\text{时}, & \tan 2x=\mp 3.\end{cases}$$

例 18 求方程的整数解：$x(x^2+1)+y(2x^2+xy+1)=17.$

解 析因得

$$(x+y)(x^2+xy+1)=17,$$

由于17是质数，即

$$17=1\times17=(-1)\times(-17),$$

故其等价的方程为

$$\begin{cases}x+y=17,\\ x^2+xy+1=1\end{cases} \text{ 或 } \begin{cases}x+y=1,\\ x^2+xy+1=17\end{cases}$$

$$\text{或 } \begin{cases}x+y=-17,\\ x^2+xy+1=-1\end{cases} \text{ 或 } \begin{cases}x+y=-1,\\ x^2+xy+1=-17.\end{cases}$$

解之，经检验除去一组不符合题意的解，余下的为原方程组的解，即

$$\begin{cases}x_1=0,\\y_1=17\end{cases}或\begin{cases}x_2=16,\\y_2=-15\end{cases}或\begin{cases}x_3=18,\\y_3=-19.\end{cases}$$

例 19 解方程：

$$[\lg(\sin x+4)]^2+2\lg(\sin x+4)-\frac{5}{4}=0.$$

解 令 $y=\lg(\sin x+4)$，代入原方程，得

$$4y^2+8y-5=0,$$

析因得

$$(2y-1)(2y+5)=0,$$

等价于

$$2\lg(\sin x+4)=1 \text{ 或 } 2\lg(\sin x+4)=-5\text{（无解）}.$$

所以

$$\lg(\sin x+4)=\lg 10^{\frac{1}{2}},\text{ 即 } \sin x=\sqrt{10}-4.$$

故原方程的解为

$$\left\{x \middle| x=n\pi+(-1)^n\arcsin(\sqrt{10}-4),\ n\in\mathbf{Z}\right\}.$$

例 20 解方程：

$$\begin{vmatrix}\sin^2x & \sin x & 1\\ \cos^2x & \cos x & 1\\ \tan^2x & \tan x & 1\end{vmatrix}=0.$$

解 行列式进行列变换，析因得

$$\begin{aligned}左边&=\begin{vmatrix}0 & \sin x & 1\\ \cos x(\cos x-\sin x) & \cos x & 1\\ \tan x(\tan x-\sin x) & \tan x & 1\end{vmatrix}\\&=\begin{vmatrix}0 & 0 & 1\\ \cos x(\cos x-\sin x) & \cos x-\sin x & 1\\ \tan x(\tan x-\sin x) & \tan x-\sin x & 1\end{vmatrix}\\&=(\cos x-\sin x)(\tan x-\sin x)(\cos x-\tan x),\end{aligned}$$

即

$$(\cos x-\sin x)(\tan x-\sin x)(\cos x-\tan x)=0.$$

解之得原方程的解

$$\left\{x\middle|x=n\pi+\frac{\pi}{4},\ n\in\mathbf{Z}\right\}\cup\{x|x=n\pi,\ n\in\mathbf{Z}\}\cup$$

$$\left\{x\middle|x=2n\pi+\arcsin\frac{\sqrt{5}-1}{2},\ n\in\mathbf{Z}\right\}.$$

例21 解方程组：

$$\begin{cases}|x|+|y|=1, & \cdots\cdots①\\ \sin x\sin y=\sin x\sin y\cos(x+y). & \cdots\cdots②\end{cases}$$

解 ②移项，析因得

$$\sin x\sin y[1-\cos(x+y)]=0.$$

它等价于 $\sin x=0,\sin y=0,1-\cos(x+y)=0$，再结合①，得原方程的解为

$$\begin{cases}x_{1,2}=0,\\ y_{1,2}=\pm1\end{cases}\text{或}\begin{cases}x_{3,4}=\pm1,\\ y_{3,4}=0\end{cases}\text{或}\begin{cases}x_5=\frac{1}{2},\\ y_5=-\frac{1}{2}\end{cases}\text{或}\begin{cases}x_6=-\frac{1}{2},\\ y_6=\frac{1}{2}.\end{cases}$$

例22 解方程：

$$x^{\lg^2x+\lg x^3+3}=\frac{2}{\frac{1}{\sqrt{x+1}-1}-\frac{1}{\sqrt{x+1}+1}}.$$

解 化简得

$$x^{\lg^2x+\lg x^3+3}=x,$$

两边取十进对数

$$(\lg^2x+\lg x^3+3)\lg x=\lg x,$$

移项析因得

$$\lg x(\lg x+1)(\lg x+2)=0,$$

等价于

$$\lg x=0\text{或}\lg x+1=0\text{或}\lg x+2=0.$$

所以原方程的解为

$$x_1=1,\ x_2=0.1,\ x_3=0.01.$$

例23 求整数解：$x^2-y^2=1983.$

解 由于

$$\begin{aligned}x^2-y^2&=(x+y)(x-y)=1983\\&=1\times1983=(-1)\times(-1983)\\&=3\times661=(-3)\times(-661),\end{aligned}$$

其中661是质数.故原方程的整数解,必是以下方程组的解,

$$\begin{cases}x+y=1,\\x-y=1983\end{cases}\text{或}\begin{cases}x+y=1983,\\x-y=1\end{cases}\text{或}\begin{cases}x+y=-1,\\x-y=-1983\end{cases}\text{或}\begin{cases}x+y=-1983,\\x-y=-1\end{cases}$$

$$\text{或}\begin{cases}x+y=3,\\x-y=661\end{cases}\text{或}\begin{cases}x+y=661,\\x-y=3\end{cases}\text{或}\begin{cases}x+y=-3,\\x-y=-661\end{cases}\text{或}\begin{cases}x+y=-661,\\x-y=-3.\end{cases}$$

解之得原方程组的整数解为

$$\begin{cases}x_1=992,\\y_1=-991\end{cases}\text{或}\begin{cases}x_2=992,\\y_2=991\end{cases}\text{或}\begin{cases}x_3=-992,\\y_3=991\end{cases}\text{或}\begin{cases}x_4=-992,\\y_4=-991\end{cases}$$

$$\text{或}\begin{cases}x_5=332,\\y_5=-329\end{cases}\text{或}\begin{cases}x_6=332,\\y_6=329\end{cases}\text{或}\begin{cases}x_7=-332,\\y_7=329\end{cases}\text{或}\begin{cases}x_8=-332,\\y_8=-329.\end{cases}$$

例24 解方程:$(\cos x)^{\cos 3x+2\cos x}=1$.

解 ①当 $\cos x>0$ 时,两边取十进对数,得

$$(\cos 3x+2\cos x)\lg\cos x=0,$$

等价于

$$\cos 3x+2\cos x=0\text{ 或 }\lg\cos x=0.$$

第一个方程左边析因

$$(4\cos 2x-1)\cos x=0,$$

则方程的解为

$$\left\{x\middle|x=2k\pi\pm\frac{\pi}{3},\ k\in\mathbf{Z}\right\}\cup\left\{x\middle|x=2k\pi\pm\frac{2\pi}{3},\ k\in\mathbf{Z}\right\}\cup$$

$$\left\{x\middle|x=(2k+1)\frac{\pi}{2},\ k\in\mathbf{Z}\right\}.$$

再由第二个方程 $\lg\cos x=0$,得 $\cos x=1$,则方程的解为

$$\{x|x=2k\pi,\ k\in\mathbf{Z}\}.$$

②当 $\cos x<0$ 时，根据指数函数的定义知底数应大于零，故此时的解为增根.

③当 $\cos x\to 0$ 时，则要用取极限的原理：$\lim\limits_{z\to 0} z\lg z=0$.

令 $z=\cos x$，则有

$$\lim_{z\to 0}10^{(4z^2-1)z\lg z}=1,$$

则方程的奇异解为

$$\left\{x\,\middle|\,x=(2k+1)\frac{\pi}{2},\ k\in\mathbf{Z}\right\}.$$

综合以上各种情况，得到原方程的解为

$$\left\{x\,\middle|\,x=2k\pi\pm\frac{\pi}{3},\ k\in\mathbf{Z}\right\}\cup\left\{x\,\middle|\,x=2k\pi,\ k\in\mathbf{Z}\right\}\cup$$

$$\left\{x\,\middle|\,x=(2k+1)\frac{\pi}{2},\ k\in\mathbf{Z}\right\}.$$

例25 解方程组：

$$\begin{cases}x^2+y^2+x-11y-2=0, & \cdots\cdots① \\ x^2-5xy+6y^2=0. & \cdots\cdots②\end{cases}$$

解 将②析因得

$$(x-2y)(x-3y)=0,$$

原方程组等价于

$$\begin{cases}x^2+y^2+x-11y-2=0,\\ x-2y=0\end{cases}\text{或}\begin{cases}x^2+y^2+x-11y-2=0,\\ x-3y=0.\end{cases}$$

解之，得原方程组的解为

$$\begin{cases}x_1=4,\\ y_1=2\end{cases}\text{或}\begin{cases}x_2=-\dfrac{2}{5},\\ y_2=-\dfrac{1}{5}\end{cases}\text{或}\begin{cases}x_3=3,\\ y_3=1\end{cases}\text{或}\begin{cases}x_4=-\dfrac{3}{5},\\ y_4=-\dfrac{1}{5}.\end{cases}$$

例26 解方程组：

$$\begin{cases}6x^2-xy-2y^2=56, & \cdots\cdots① \\ 5x^2-xy-y^2=49. & \cdots\cdots②\end{cases}$$

解 ①×7−②×8,得

$$2x^2+xy-6y^2=0,$$

析因得

$$(2x-3y)(x+2y)=0,$$

原方程组等价于

$$\begin{cases}5x^2-xy-y^2=49,\\2x-3y=0\end{cases} 或 \begin{cases}5x^2-xy-y^2=49,\\x+2y=0.\end{cases}$$

解之,得原方程组的解

$$\begin{cases}x_{1,2}=\pm\dfrac{3\sqrt{35}}{10},\\y_{1,2}=\pm\dfrac{\sqrt{35}}{5}\end{cases} 或 \begin{cases}x_{3,4}=\pm\dfrac{2\sqrt{21}}{3},\\y_{3,4}=\mp\dfrac{\sqrt{21}}{3}.\end{cases}$$

例 27 解方程组:

$$\begin{cases}x^2+2xy+2y^2+3x=0, & \cdots\cdots①\\xy+y^2+3y+1=0. & \cdots\cdots②\end{cases}$$

解 ①+2×②,得

$$(x+2y)^2+3(x+2y)+2=0,$$

析因得

$$(x+2y+1)(x+2y+2)=0, \quad \cdots\cdots③$$

则③与②构成和原方程组等价的方程组为

$$\begin{cases}xy+y^2+3y+1=0,\\x+2y+1=0\end{cases} 或 \begin{cases}xy+y^2+3y+1=0,\\x+2y+2=0.\end{cases}$$

解之,得原方程组的解

$$\begin{cases}x_{1,2}=-3\pm2\sqrt{2},\\y_{1,2}=1\mp\sqrt{2}\end{cases} 或 \begin{cases}x_{3,4}=-3\pm\sqrt{5},\\y_{3,4}=\dfrac{1\mp\sqrt{5}}{2}.\end{cases}$$

例 28 解方程组:

$$\begin{cases}10x^2+5y^2-27x-4y+5=0, & \cdots\cdots①\\ x^2+y^2-3x-y=0. & \cdots\cdots②\end{cases}$$

解 由①−5×②,得

$$y=-5x^2+12x-5, \qquad \cdots\cdots③$$

将③代入②,得

$$5x^4-24x^3+40x^2-27x+6=0,$$

左边析因

$$(x-1)(x-2)(5x^2-9x+3)=0, \qquad \cdots\cdots④$$

则④的三个等价方程,与③联立成方程组

$$\begin{cases}y=-5x^2+12x-5,\\ x-1=0\end{cases} 或 \begin{cases}y=-5x^2+12x-5,\\ x-2=0\end{cases} 或 \begin{cases}y=-5x^2+12x-5,\\ 5x^2-9x+3=0.\end{cases}$$

解之,得原方程组的解

$$\begin{cases}x_1=1,\\ y_1=2\end{cases} 或 \begin{cases}x_2=2,\\ y_2=-1\end{cases} 或 \begin{cases}x_{3,4}=\dfrac{9\pm\sqrt{21}}{10},\\ y_{3,4}=\dfrac{7\pm3\sqrt{21}}{10}.\end{cases}$$

例 29 解方程组:

$$\begin{cases}2x^2+5xy+2y^2+x+y+1=0, & \cdots\cdots①\\ x^2+4xy+y^2+12x+12y+10=0. & \cdots\cdots②\end{cases}$$

解 用 $(x+y)^2-2xy$ 代替 x^2+y^2,得

$$\begin{cases}2(x+y)^2+xy+(x+y)+1=0, & \cdots\cdots③\\ (x+y)^2+2xy+12(x+y)+10=0. & \cdots\cdots④\end{cases}$$

由 2×③−④,得

$$3(x+y)^2-10(x+y)-8=0,$$

析因

$$(x+y-4)(3x+3y+2)=0,$$

它等价于

$$x+y=4 \text{ 或 } x+y=-\frac{2}{3}. \qquad \cdots\cdots ⑤$$

将⑤分别代入③中,得

$$xy=-37 \text{ 或 } xy=-\frac{11}{9}, \qquad \cdots\cdots ⑥$$

则⑤⑥构成以下方程组

$$\begin{cases}x+y=4,\\ xy=-37\end{cases} \text{或} \begin{cases}x+y=4,\\ xy=-\frac{11}{9}\end{cases} \text{或} \begin{cases}x+y=-\frac{2}{3},\\ xy=-37\end{cases} \text{或} \begin{cases}x+y=-\frac{2}{3},\\ xy=-\frac{11}{9}.\end{cases}$$

解之,得原方程组的解

$$\begin{cases}x_{1,2}=2\pm\sqrt{41},\\ y_{1,2}=2\mp\sqrt{41}\end{cases} \text{或} \begin{cases}x_{3,4}=\frac{-1\pm2\sqrt{3}}{3},\\ y_{3,4}=\frac{-1\mp2\sqrt{3}}{3}.\end{cases}$$

§2 换元法

所谓换元法,是指在解方程(组)中,为了解题的需要将其中的变量或函数式用另一个变量来替换.也就是说,引入辅助变量来解题的方法.

运用换元法解题时,要注意以下几点:

(1)换元法具有灵活性和技巧性,可以选择的路径往往不止一条,应择优选用方便易行的方法.通过换元将难解的转化为易解的,未知的转化为熟悉的,不常见的形式转化为常见的形式.

(2)用换元法求得方程或方程组的解后,必须将替代变元换成方程或方程组本来变元,再求得其解.

(3)用换元法解分式方程、无理方程或超越方程,求出解答后,需要检验,删除不合理的增根.

换元法有以下几个具体方法,分别介绍如下.

一、单式换元法

将所解的方程或方程组中的单个函数,用一个变元来替换,使得原问题转化为易解的情形,该方法称之为单式换元法.

例 1 解方程:$3^{x+1}+9^x-18=0$.

解 把原方程化为

$$3\cdot 3^x+3^{2x}-18=0,$$

设单个函数式 $3^x=t$,作替换

$$t^2+3t-18=0,$$

析因

$$(t+6)(t-3)=0,$$

解之得

$$t_1=-6\text{(舍去)},\ t_2=3.$$

所以 $t_2=3^x=3$,即 $x=1$ 为原方程的解.

例 2 解方程:$\sin^3x-\sin^2x\cos x-3\sin x\cos^2x+3\cos^3x=0$,其中 $\cos x\neq 0$.

解 由于 $\cos x\neq 0$,故方程的两边同除 $\cos^3x$,得

$$\tan^3x-\tan^2x-3\tan x+3=0.$$

令单个函数 $\tan x=t$,替换得

$$t^3-t^2-3t+3=0,$$

析因

$$(t-1)(t^2-3)=0,$$

所以

$$t=1\text{或}t=\pm\sqrt{3},$$

也就是

$$\tan x=1\text{ 或 }\tan x=\pm\sqrt{3}.$$

因此原方程的解为

$$\left\{x\,\middle|\,x=k\pi+\frac{\pi}{4},\ k\in\mathbf{Z}\right\}\cup\left\{x\,\middle|\,x=k\pi\pm\frac{\pi}{3},\ k\in\mathbf{Z}\right\}.$$

例3 解方程：

$$\left(\sqrt{5+2\sqrt{6}}\right)^x+\left(\sqrt{5-2\sqrt{6}}\right)^x=10.$$

解 原方程变形为

$$\left(\sqrt{5+2\sqrt{6}}\right)^x+\frac{1}{\left(\sqrt{5+2\sqrt{6}}\right)^x}=10,$$

令 $t=\left(\sqrt{5+2\sqrt{6}}\right)^x$，替换后得

$$t+\frac{1}{t}=10,\text{即 } t^2-10t+1=0,$$

解之得

$$t_1=5+2\sqrt{6}=\left(\sqrt{5+2\sqrt{6}}\right)^x,\ t_2=5-2\sqrt{6}=\left(\sqrt{5+2\sqrt{6}}\right)^x.$$

两边取对数，得到原方程的解为

$$x_1=2,\ x_2=-2,$$

且经检验 x_1, x_2 都是原方程的根.

例4 解方程组：

$$\begin{cases}\dfrac{x+y}{3}-\dfrac{3}{x-y}=-\dfrac{1}{6},\\[2mm] \dfrac{x+y}{2}+\dfrac{2}{x-y}=3.\end{cases}$$

解 设 $x+y=s, \frac{1}{x-y}=t$，原方程作替换，得

$$\begin{cases}\dfrac{s}{3}-3t=-\dfrac{1}{6},\\[2mm] \dfrac{s}{2}+2t=3,\end{cases}$$

解之得 $s=4, t=\frac{1}{2}$. 代入所设，得

$$\begin{cases}x+y=4,\\ x-y=2,\end{cases}$$

解之得原方程组的解为

$$x=3,\ y=1.$$

例5 解方程：$\sqrt[3]{2-x}=1-\sqrt{x-1}$.

解 令单个函数式 $\sqrt[3]{2-x}=u$，则 $u^3=2-x$，由此得

$$x-1=1-u^3,$$

将其代入原方程得

$$u=1-\sqrt{1-u^3},\text{即}\ 1-u^3=1-2u+u^2,$$

析因得

$$u(u+2)(u-1)=0,$$

所以

$$u_1=0,\ u_2=-2,\ u_3=1.$$

代入 $u=\sqrt[3]{2-x}$，得原方程的解为

$$x_1=2,\ x_2=10,\ x_3=1.$$

例6 解方程组：

$$\begin{cases} x+y+z=\sqrt{x+y+z+1}+5, & \cdots\cdots① \\ \dfrac{x}{2}=\dfrac{y}{3}=\dfrac{z}{4}. & \cdots\cdots② \end{cases}$$

解 将①变形为

$$(x+y+z+1)-\sqrt{x+y+z+1}-6=0,\quad\cdots\cdots③$$

令 $\sqrt{x+y+z+1}=t$，将它代入③得

$$t^2-t-6=0,$$

析因得

$$(t-3)(t+2)=0,$$

解之

$$t_1=3,\ t_2=-2\ (\text{舍去}).$$

故有

$$\sqrt{x+y+z+1}=3,\text{即}\ x+y+z=8,$$

由②及合分比定理，得

$$\frac{x}{2}=\frac{y}{3}=\frac{z}{4}=\frac{x+y+z}{2+3+4}=\frac{x+y+z}{9}=\frac{8}{9}.$$

所以原方程组的解为

$$x=\frac{16}{9},\ y=\frac{8}{3},\ z=\frac{32}{9}.$$

例7 解方程组：

$$\begin{cases}x-y=\frac{7}{2}(\sqrt[3]{x^2y}-\sqrt[3]{xy^2}),\\ \sqrt[3]{x}-\sqrt[3]{y}=3.\end{cases}$$

解 令单个函数 $\sqrt[3]{x}=u,\sqrt[3]{y}=v$. 将它代入原方程组，得

$$\begin{cases}u^3-v^3=\frac{7}{2}uv(u-v), & \cdots\cdots①\\ u-v=3. & \cdots\cdots②\end{cases}$$

将①式变形为

$$(u-v)^3+3uv(u-v)=\frac{7}{2}uv(u-v), \qquad \cdots\cdots③$$

把②代入③，得

$$3^3+3^2uv=\frac{7}{2}uv\cdot 3,\text{即 } uv=18. \qquad \cdots\cdots④$$

由②④联立构成方程组

$$\begin{cases}u-v=3,\\ uv=18,\end{cases}$$

解之得

$$\begin{cases}u_1=6,\\ v_1=3\end{cases}\text{或}\begin{cases}u_2=-3,\\ v_2=-6.\end{cases}$$

代入所设，得原方程组的解为

$$\begin{cases}x_1=216,\\ y_1=27\end{cases}\text{或}\begin{cases}x_2=-27,\\ y_2=-216.\end{cases}$$

例8 解方程：$2x^4+3x^3-16x^2+3x+2=0$.

解 用 x^2 除以两边，得

$$2\left(x^2+2+\frac{1}{x^2}\right)+3\left(x+\frac{1}{x}\right)-20=0.$$

设 $x+\frac{1}{x}=y$,则 $x^2+2+\frac{1}{x^2}=y^2$. 将其代入上面的方程,得

$$2y^2+3y-20=0,$$

解之得 $y_1=\frac{5}{2}, y_2=-4$,分别代入 $y=x+\frac{1}{x}$ 中,得

$$2x^2-5x+2=0 \text{ 或 } x^2+4x+1=0.$$

解之得原方程的解

$$x_1=2,\quad x_2=\frac{1}{2},\quad x_3=-2+\sqrt{3},\quad x_4=-2-\sqrt{3}.$$

例9 解方程: $\sqrt{x}-\sqrt[4]{x}-6=0.$

解 设 $t=\sqrt[4]{x}$,得

$$t^2-t-6=0,$$

析因

$$(t-3)(t+2)=0,$$

解之得

$$t_1=3,\ t_2=-2\ (舍去).$$

代入所设得原方程的解

$$x=t^4, 即\ x=81.$$

二、差常换元法

若方程中含有两个或两个以上函数式,它们仅相差一个常数,可以调整常数的差额,利用“差常”的方法来换元,达到解方程的目的,这种方法我们叫做差常换元法.

例1 解方程:

$$\frac{1}{x^2-5x+1}+\frac{1}{x^2-5x+10}=\frac{1}{20}.$$

解 设 $t=x^2-5x+1$,调整常数差额得 $t+9=x^2-5x+10$. 将它们一并代入方程,得

$$\frac{1}{t}+\frac{1}{t+9}=\frac{1}{20},$$

去分母,得

$$t^2-31t-180=0,$$

解之得

$$t_1=-5,\ t_2=36,$$

代入所设得

$$x^2-5x+1=-5 \text{ 或 } x^2-5x+1=36.$$

解之得

$$x_1=2,\ x_2=3,\ x_3=\frac{5+\sqrt{165}}{2},\ x_4=\frac{5-\sqrt{165}}{2},$$

经检验只有 $x_1=2, x_2=3$ 是原方程的根.

例2 解方程: $(x+1)(x+2)(x+3)(x+4)=24.$

解 方程变形后,再进行差常换元

$$(x^2+5x+4)(x^2+5x+6)=24.$$

设 $y=x^2+5x+4$,则 $y+2=x^2+5x+6$,代入上面方程,得

$$y(y+2)=24, \text{即 } y^2+2y-24=0,$$

析因得

$$(y+6)(y-4)=0,$$

解之得 $y=-6, y=4$,代入所设得

$$x_1=0,\quad x_2=-5,\quad x_3=\frac{-5+i\sqrt{15}}{2},\quad x_4=\frac{-5-i\sqrt{15}}{2}.$$

例3 解方程: $\sqrt{3x^2+5x+8}-\sqrt{3x^2+5x+1}=1.$

解 设 $y=3x^2+5x+1$,差常变换 $y+7=3x^2+5x+8$,代入原方程得

$$\sqrt{y+7}-\sqrt{y}=1,$$

移项,两边平方,得

$$y+7=1+2\sqrt{y}+y,$$

解之 $\sqrt{y}=3$,即 $y=9$.代入所设得

$$3x^2+5x-8=0.$$

解之得原方程的解

$$x_1=1,\ x_2=-\frac{8}{3}.$$

例4 解方程: $6x^2+9x-5\sqrt{2x^2+3x-1}=5.$

解 设 $\sqrt{2x^2+3x-1}=y$, 差常变换 $6x^2+9x-5=3y^2-2$. 代入原方程得

$$3y^2-5y-2=0,$$

析因得

$$(3y+1)(y-2)=0,$$

解得

$$y_1=2,\ y_2=-\frac{1}{3}\text{(舍去)}.$$

将它代入所设得

$$2x^2+3x-5=0,$$

析因得

$$(2x+5)(x-1)=0,$$

所以原方程的解为

$$x_1=1,\ x_2=-\frac{5}{2}.$$

例5 解方程: $x^2+4x-1+\sqrt{x^2+4x+1}=0.$

解 设 $\sqrt{x^2+4x+1}=y$, 差常变换 $x^2+4x-1=y^2-2$. 将它们代入原方程,得

$$y^2+y-2=0,$$

析因得

$$(y-1)(y+2)=0,$$

故得

$$y_1=1,\ y_2=-2\text{(舍去)}.$$

代入所设得

$$x^2+4x=0, \text{即 } x(x+4)=0,$$

所以原方程的解为

$$x_1=0,\ x_2=-4.$$

例6 解方程:

$$\sqrt{x-2+2\sqrt{x-3}}+\sqrt{x+1+4\sqrt{x-3}}=5.$$

解 把方程变换成适宜于差常变换的形式

$$\sqrt{x-3+2\sqrt{x-3}+1}+\sqrt{x-3+4\sqrt{x-3}+4}=5,$$

即

$$\sqrt{(\sqrt{x-3}+1)^2}+\sqrt{(\sqrt{x-3}+2)^2}=5.$$

设 $\sqrt{x-3}+1=y$,差常变换 $\sqrt{x-3}+2=y+1$.代入上述方程,得

$$y+(y+1)=5, \text{即 } y=2,$$

再代入所设,得

$$\sqrt{x-3}+1=2.$$

所以原方程的解为

$$x=4.$$

三、均值换元法

所谓均值换元法,是指方程中若存在两个函数式仅相差一个常数的情况,可以将这两个函数式的平均值作为辅助变量来进行换元,从而使方程获得可解或易解的契机.

例1 解方程: $(2x^2-x-6)^4+(2x^2-x-8)^4=16.$

解 用均值换元,设 $y=2x^2-x-7$,代入原方程,使得它变成双二次方程,这样原来的一元八次方程式就变得可解和易解了.则

$$(y+1)^4+(y-1)^4=16,$$

展开后,消去符号相反的交叉项,就得到一个双二次方程,即

$$y^4+6y^2-7=0.$$

析因得

$$(y^2+7)(y^2-1)=0,$$

解得

$$y^2=1,\ y^2=-7\ (舍去).$$

将 $y=\pm1$ 代入所设,解得原方程的根

$$x_1=2,\quad x_2=-\frac{3}{2},\quad x_3=\frac{1+\sqrt{65}}{4},\quad x_4=\frac{1-\sqrt{65}}{4}.$$

例2 解方程:$(x^2+3)^3+(x^2+1)^3=22x^2+44.$

解 用均值换元,设 $y=\frac{(x^2+3)+(x^2+1)}{2}=x^2+2$,将其代入原方程得

$$(y+1)^3+(y-1)^3=22y,$$

化简得 $y^3-8y=0$,析因得 $y(y^2-8)=0$,解得

$$y_1=0,\quad y_2=2\sqrt{2},\quad y_3=-2\sqrt{2}.$$

将它们代入所设,得

$$x^2=-2\ (舍去),\quad x^2=2\sqrt{2}-2,\quad x^2=-2\sqrt{2}-2\ (舍去),$$

所以原方程的解为

$$x_{1,2}=\pm\sqrt{2\sqrt{2}-2}.$$

例3 解方程:

$$\frac{1}{x^2+3x-6}+\frac{1}{x^2+3x-2}=0.$$

解 用均值换元,令 $y=x^2+3x-4$,代入原方程,得

$$\frac{1}{y-2}+\frac{1}{y+2}=0,$$

解之得

$$y=0.$$

将其代入所设,得

$$x^2+3x-4=0,$$

解之得原方程的解

$$x_1=1,\ x_2=-4.$$

四、循环换元法

所谓循环换元法，是指在求解方程时，通过两个变元的循环替换找到他们之间的关系，由此得到一个可解的方程，解之得原方程的解.

例1　解方程：

$$\sqrt{3+\sqrt{3+\sqrt{3+x}}}=x.$$

解　易知 $x>0$，设 $y=\sqrt{3+x}$，用循环替代 $x=y^2-3$，将它代入原方程，得

$$y^2-3=\sqrt{3+\sqrt{3+y}}>0,$$

即

$$y^2=3+\sqrt{3+\sqrt{3+y}}.$$

所以 $\sqrt{3+\sqrt{3+\sqrt{3+y}}}=y$，它与原方程 $\sqrt{3+\sqrt{3+\sqrt{3+x}}}=x$ 一致.因此可得

$$x=y=\sqrt{3+x}.$$

经过循环替代，找到了前后两个变量的关系，进而找到了一个可解的方程 $x=\sqrt{3+x}$，两边平方得

$$x^2-x-3=0,$$

解之得原方程的根

$$x=\frac{1+\sqrt{13}}{2}.$$

例2　解方程：

$$\sqrt{5+\sqrt{5+\sqrt{5+\sqrt{5+x}}}}=x.$$

解　因为 $x>0$，令 $y=\sqrt{5+x}$，用循环替代 $x=y^2-5$，代入原方程得

$$\sqrt{5+\sqrt{5+\sqrt{5+y}}}=y^2-5,$$

移项开平方，得

$$\sqrt{5+\sqrt{5+\sqrt{5+\sqrt{5+y}}}}=y,$$

上式和原方程是等价的两个方程，它们是同解的.所以

$$x=y=\sqrt{x+5},$$

两边平方得

$$x^2-x-5=0,$$

故原方程的根为

$$x=\frac{1+\sqrt{21}}{2}.$$

例3 解方程：

$$x=\sqrt{2+\sqrt{2+\sqrt{2+\sqrt{2+x}}}}\ (x\in\mathbf{R}^+).\quad\cdots\cdots①$$

解 设 $y=\sqrt{2+x}$，作循环替换 $x=y^2-2$，得

$$y^2-2=\sqrt{2+\sqrt{2+\sqrt{2+y}}},$$

即

$$y=\sqrt{2+\sqrt{2+\sqrt{2+\sqrt{2+y}}}}.\quad\cdots\cdots②$$

①②是构造完全一样的两个方程，它们是同解的，故得

$$x=y=\sqrt{2+x},$$

两边平方，得

$$x^2-x-2=0,$$

析因得

$$(x-2)(x+1)=0.$$

所以原方程的解为

$$x=2,\ x=-1\ (舍去).$$

例4 解方程：

$$x=\sqrt{6+\sqrt{6+\sqrt{6+\sqrt{6+x}}}}\ (x\in\mathbf{R}^{+}).\qquad\cdots\cdots①$$

解 设 $y=\sqrt{6+x}$,作循环替换 $x=y^2-6$,得

$$y^2-6=\sqrt{6+\sqrt{6+\sqrt{6+y}}},$$

即

$$y=\sqrt{6+\sqrt{6+\sqrt{6+\sqrt{6+y}}}}.\qquad\cdots\cdots②$$

①②是相同构造的两个方程,它们是同解的,因此有

$$x=y=\sqrt{6+x},$$

析因得

$$(x-3)(x+2)=0.$$

所以原方程的解为

$$x=3,\ x=-2\text{(舍去)}.$$

例5 解方程:

$$\sqrt{12+\sqrt{12+\sqrt{12+\cdots+\sqrt{12+x}}}}=x(x\in\mathbf{R}^{+}).\qquad\cdots\cdots①$$

解 设 $y=\sqrt{12+x}$,作循环代换 $x=y^2-12$,得

$$y^2-12=\sqrt{12+\sqrt{12+\cdots+\sqrt{12+y}}},$$

即

$$y=\sqrt{12+\sqrt{12+\sqrt{12+\cdots+\sqrt{12+y}}}}.\qquad\cdots\cdots②$$

①②有相同的结构,它们是同解方程,故有

$$x=y=\sqrt{12+x},$$

整理可得

$$x^2-x-12=0,\text{即}(x-4)(x+3)=0.$$

所以原方程的解为

$$x=4,\ x=-3\text{(舍去)}.$$

例 6 解方程：

$$\sqrt[3]{24+\sqrt[3]{24+\sqrt[3]{24+\cdots+\sqrt[3]{24+x}}}}=x(x\in\mathbf{R}^{+}).\quad\cdots\cdots①$$

解 设 $y=\sqrt[3]{24+x}$，作循环代换 $x=y^3-24$，得

$$y^3-24=\sqrt[3]{24+\sqrt[3]{24+\cdots+\sqrt[3]{24+y}}},$$

即

$$y=\sqrt[3]{24+\sqrt[3]{24+\sqrt[3]{24+\cdots+\sqrt[3]{24+y}}}}.\quad\cdots\cdots②$$

①②同构同解，故可得

$$x=y=\sqrt[3]{24+x},$$

整理可得

$$x^3-x-24=0\text{，即 }(x-3)(x^2+3x+8)=0.$$

所以原方程的解为

$$x=3,\quad x=\frac{-3\pm i\sqrt{23}}{2}\text{（舍去）}.$$

§3 比例性质法

在所解的方程或方程组中，如出现连等式、比例式或可以化为比例形式的情况，就可以考虑应用比例性质来解这些方程或方程组，这样的方法我们称之为比例性质法.

常见的比例性质有：

(1)若 $\frac{a}{b}=\frac{c}{d}$，则 $ad=bc$.

(2)若 $ad=bc$，则可以组成以下比例

$$\frac{a}{b}=\frac{c}{d},\ \frac{b}{a}=\frac{d}{c},$$

$$\frac{a}{c}=\frac{b}{d},\ \frac{c}{a}=\frac{d}{b}.$$

(3)若 $\frac{a}{b}=\frac{c}{d}$,则有

$$\frac{a}{b}=\frac{c}{d}=\frac{a\pm c}{b\pm d},\ \frac{a+c}{a-c}=\frac{b+d}{b-d},$$
$$\frac{a+b}{a-b}=\frac{c+d}{c-d},\ \frac{a\pm b}{a}=\frac{c\pm d}{c},$$
$$\frac{a\pm b}{b}=\frac{c\pm d}{d},\ \frac{ma}{nb}=\frac{mc}{nd},$$
$$\frac{a\div m}{b\div n}=\frac{c\div m}{d\div n}.$$

(4)若 $\frac{a}{b}=\frac{c}{d}$ 和 $\frac{p}{q}=\frac{r}{s}$,则有

$$\frac{ap}{bq}=\frac{cr}{ds}.$$

(5)若 $\frac{a}{b}=\frac{c}{d}$,则有

$$\frac{a^2}{b^2}=\frac{c^2}{d^2},\ \frac{a^n}{b^n}=\frac{c^n}{d^n},\ \frac{a^{\frac{1}{n}}}{b^{\frac{1}{n}}}=\frac{c^{\frac{1}{n}}}{d^{\frac{1}{n}}}.$$

(6)若 $\frac{a}{b}=\frac{b}{c}=\frac{c}{d}$,则有

$$b=\pm\sqrt{ac},\ b=\sqrt[3]{a^2d},\ c=\sqrt[3]{ad^2}.$$

(7)若 $\frac{a_1}{b_1}=\frac{a_2}{b_2}=\cdots=\frac{a_n}{b_n}=k$,则有

$$\frac{p_1a_1+p_2a_2+\cdots+p_na_n}{p_1b_1+p_2b_2+\cdots+p_nb_n}=k,$$
$$\left[\frac{p_1a_1{}^n+p_2a_2{}^n+\cdots+p_na_n{}^n}{p_1b_1{}^n+p_2b_2{}^n+\cdots+p_nb_n{}^n}\right]^{\frac{1}{n}}=k.$$

应用这些比例性质,对于某些涉及比例、连比、等比之类的特定方程不失为一种有效的方法.

例1 解方程:

$$\frac{1}{x}+\frac{1}{y}+\frac{1}{z}=ax=by=cz.$$

解 令 $ax=by=cz=k$，则得

$$x=\frac{k}{a},\ y=\frac{k}{b},\ z=\frac{k}{c}. \quad \cdots\cdots①$$

将它们代入原方程左边得

$$\frac{a}{k}+\frac{b}{k}+\frac{c}{k}=k, \text{即 } k=\pm\sqrt{a+b+c},$$

再把k的值代入①中，得

$$x=\frac{\sqrt{a+b+c}}{a},\ y=\frac{\sqrt{a+b+c}}{b},\ z=\frac{\sqrt{a+b+c}}{c}$$

或者 $x=-\frac{\sqrt{a+b+c}}{a},\ y=-\frac{\sqrt{a+b+c}}{b},\ z=-\frac{\sqrt{a+b+c}}{c}$.

例2 解方程：$a\sin(x+\alpha)+b\sin(x+\beta)=0$，其中 $a\neq0, b\neq0, \alpha$ 与 β 的值为$0\sim2\pi$，且 $\alpha\neq\beta$.

解 由原方程得

$$\frac{\sin(x+\alpha)}{\sin(x+\beta)}=-\frac{b}{a}.$$

(1)若 $a\neq\pm b$，则应用合分比定理，得

$$\frac{\sin(x+\alpha)+\sin(x+\beta)}{\sin(x+\alpha)-\sin(x+\beta)}=\frac{b-a}{a+b},$$

$$\Leftrightarrow\frac{2\sin\left(x+\frac{\alpha+\beta}{2}\right)\cos\frac{\alpha-\beta}{2}}{2\cos\left(x+\frac{\alpha+\beta}{2}\right)\sin\frac{\alpha-\beta}{2}}=\frac{b-a}{a+b}$$

$$\Leftrightarrow\frac{\tan\left(x+\frac{\alpha+\beta}{2}\right)}{\tan\frac{\alpha-\beta}{2}}=\frac{b-a}{a+b}.$$

①若 $\frac{\alpha-\beta}{2}\neq\frac{\pi}{2}$，即 $\alpha\neq\pi+\beta$，则有

$$\tan\left(x+\frac{\alpha+\beta}{2}\right)=\frac{b-a}{a+b}\tan\frac{\alpha-\beta}{2},$$

所以

$$x=-\frac{\alpha+\beta}{2}+\arctan\left(\frac{b-a}{a+b}\tan\frac{\alpha-\beta}{2}\right)+k\pi,\ k\in\mathbf{Z}.$$

②若 $\frac{\alpha-\beta}{2}=\frac{\pi}{2}$,即 $\alpha=\beta+\pi$,此时方程为

$$a\sin(x+\alpha)-b\sin(x+\alpha)=0,$$

又因为 $a\neq b$ 时,则有 $\sin(x+\alpha)=0$,此时 $x=-\alpha+k\pi,\ k\in\mathbf{Z}$.

(2)若 $a=-b,\frac{\alpha-\beta}{2}\neq\frac{\pi}{2}$,则方程化为

$$\sin(x+\alpha)-\sin(x+\beta)=0,$$

即

$$2\cos\left(x+\frac{\alpha+\beta}{2}\right)\sin\frac{\alpha-\beta}{2}=0.$$

①若 $\sin\frac{\alpha-\beta}{2}\neq0$,则有

$$\cos\left(x+\frac{\alpha+\beta}{2}\right)=0,$$

即

$$x=\left(\frac{\pi}{2}-\frac{\alpha+\beta}{2}\right)+k\pi,\ k\in\mathbf{Z}.$$

②若 $\sin\frac{\alpha-\beta}{2}=0$,则有 $x\in\mathbf{R}$.

③若 $a=b$ 时,则有 $x\in\mathbf{R}$.

例3 解方程:

$$\frac{\sqrt{2x+5}+\sqrt{x-2}}{\sqrt{2x+5}-\sqrt{x-2}}=\frac{\sqrt{5x-4}+\sqrt{x-2}}{\sqrt{5x-4}-\sqrt{x-2}}.\quad\cdots\cdots①$$

解 运用合分比定理得

$$\frac{\sqrt{2x+5}}{\sqrt{x-2}}=\frac{\sqrt{5x-4}}{\sqrt{x-2}},\qquad\cdots\cdots②$$

解之,得 $x=3$,它是原方程的根.

这种变形可能出现失根，当 $x=2$ 时，它使②的分母等于零，但不使①的分母为零，则它是①的根，故 $x=2$ 是失根.

所以原方程的解为

$$x_1=2,\ x_2=3.$$

例4 解方程：

$$\frac{\sqrt{a+x}+\sqrt{a-x}}{\sqrt{a+x}-\sqrt{a-x}}=\frac{a}{x}. \quad \cdots\cdots①$$

解 方程的存在域为 $|x|\leqslant a$，且 $x\neq0$. 方程可以用合分比来化简，得

$$\frac{\sqrt{a+x}}{\sqrt{a-x}}=\frac{a+x}{a-x}, \quad \cdots\cdots②$$

设

$$y=\frac{\sqrt{a+x}}{\sqrt{a-x}}, \quad \cdots\cdots③$$

把③代入②得 $y=y^2$，解之得 $y_1=0$，$y_2=1$. 再代入③得 $x_1=-a$，$x_2=0$（增根），再找回失根 $x=a$，所以 $x=\pm a$.

例5 解方程：

$$\frac{\sqrt{a-x}+\sqrt{x-b}}{\sqrt{a-x}+\sqrt{2x-3b}}=\frac{\sqrt{a-x}-\sqrt{x-b}}{\sqrt{a-x}-\sqrt{2x-3b}}.$$

解 应用等比定理

$$\frac{\sqrt{a-x}+\sqrt{x-b}}{\sqrt{a-x}-\sqrt{x-b}}=\frac{\sqrt{a-x}+\sqrt{2x-3b}}{\sqrt{a-x}-\sqrt{2x-3b}},$$

再应用合分比定理

$$\frac{\sqrt{a-x}}{\sqrt{x-b}}=\frac{\sqrt{a-x}}{\sqrt{2x-3b}},$$

此方程与以下的方程同解

$$\sqrt{a-x}=0 \text{ 或 } \sqrt{x-b}=\sqrt{2x-3b}.$$

解之，经检验 $x_1=a$，$x_2=2b$ 是原方程的解.

例6 解方程组：

$$\begin{cases} x+y+z=s, & \cdots\cdots① \\ nx=my, & \cdots\cdots② \\ rx=pz, & \cdots\cdots③ \end{cases}$$ 其中 $m,n,p,r\neq 0$.

解 把②③变形为

$$\frac{x}{mp}=\frac{y}{np},\quad \frac{x}{mp}=\frac{z}{mr}.$$

由此可令

$$\frac{x}{mp}=\frac{y}{np}=\frac{z}{mr}=k, \qquad \cdots\cdots④$$

应用等比定理，得到

$$\frac{x+y+z}{mp+np+mr}=k, \qquad \cdots\cdots⑤$$

以①代入⑤，得

$$\frac{s}{mp+np+mr}=k, \qquad \cdots\cdots⑥$$

以⑥代入④，得原方程的解

$$x=\frac{mps}{mp+np+mr},\ y=\frac{nps}{mp+np+mr},\ z=\frac{mrs}{mp+np+mr}.$$

例7 解方程组：

$$\frac{y+z}{x}=\frac{z+x}{y}=\frac{x+y}{z}.$$

解 设 $\frac{y+z}{x}=\frac{z+x}{y}=\frac{x+y}{z}=k$，则有

$$y+z=kx,\ z+x=ky,\ x+y=kz,$$

将三个方程相加，得

$$2(x+y+z)=(x+y+z)k,$$

即

$$(x+y+z)(2-k)=0,$$

它等价于

$$x+y+z=0 \text{ 或 } k=2.$$

若 $k=2$,可得

$$y+z=2x,\ z+x=2y,\ x+y=2z,$$

解之得

$$x=y=z.$$

故原方程有满足于 $x+y+z=0$ 或 $x=y=z$ 的无穷多组解.

例8 解方程组:

$$\frac{x}{y+z}=\frac{y}{x+z+1}=\frac{z}{x+y-1}=x+y+z.$$

解 应用等比定理得

$$\frac{x+y+z}{2(x+y+z)}=x+y+z,$$

即

$$x+y+z=\frac{1}{2}.$$

代入原方程组,解得

$$x=\frac{1}{6},\ y=\frac{1}{2},\ z=-\frac{1}{6}.$$

例9 解方程:

$$\frac{\sqrt{3-3x}+\sqrt{x+6}}{\sqrt{3-3x}-\sqrt{x+6}}=\frac{\sqrt{1-4x}+\sqrt{2x+8}}{\sqrt{1-4x}-\sqrt{2x+8}}.$$

解 应用合分比定理,得

$$\frac{\sqrt{3-3x}}{\sqrt{x+6}}=\frac{\sqrt{1-4x}}{\sqrt{2x+8}},$$

两边平方得

$$\frac{3-3x}{x+6}=\frac{1-4x}{2x+8},$$

去分母整理得

$$2x^2-5x-18=0,$$

析因得

$$(x+2)(2x-9)=0,$$

所以

$$x_1=-2,\ x_2=\frac{9}{2}\ (\text{舍去}).$$

因为 $x=-6$, $x=-4$ 不是原方程的根,故在变形中没有失根.经检验 $x=-2$ 是原方程的根.

例 10 解方程:

$$\frac{x^2-2x+3}{2x-3}=\frac{x^2-3x+5}{3x-5}.$$

解 由等比定理

$$\frac{a}{b}=\frac{c}{d}\Leftrightarrow\frac{a}{b}=\frac{-c}{-d}\Leftrightarrow\frac{a-c}{b-d}=\frac{-c}{-d}=\frac{c}{d},$$

得

$$\frac{(x^2-2x+3)-(x^2-3x+5)}{(2x-3)-(3x-5)}=\frac{x^2-3x+5}{3x-5}$$

$$\Leftrightarrow\frac{x^2-3x+5}{3x-5}=-1$$

$$\Leftrightarrow x^2=0.$$

解之, $x=0$,且经检验 $x=0$ 为原方程的根.

例 11 解方程:

$$\frac{x^2+ax-a}{x^2-ax+a}=\frac{2x^2+a}{2x^2-a}.$$

解 应用合分比定理,得

$$\frac{(x^2+ax-a)+(x^2-ax+a)}{(x^2+ax-a)-(x^2-ax+a)}=\frac{(2x^2+a)+(2x^2-a)}{(2x^2+a)-(2x^2-a)},$$

化简得

$$\frac{2x^2}{2a(x-1)}=\frac{4x^2}{2a},$$

解之,得原方程的根

$$x_1=0,\ x_2=\frac{3}{2}.$$

例 12 解方程:

$$\frac{6x+2a+3b+c}{6x+2a-3b-c}=\frac{2x+6a+b+3c}{2x+6a-b-3c}.$$

解 应用合分比定理,得

$$\frac{6x+2a}{3b+c}=\frac{2x+6a}{b+3c},$$

解之,得原方程的解

$$x=\frac{ab}{c}.$$

例13 解方程:

$$\frac{\sqrt{x^2+2x-3}}{\sqrt{x^2+2x-8}}=\frac{\sqrt{x^2-2x-8}}{\sqrt{x^2-2x-3}}.$$

解 两边平方,得

$$\frac{x^2+2x-3}{x^2+2x-8}=\frac{x^2-2x-8}{x^2-2x-3},$$

应用合分比定理,得

$$\frac{x^2+2x-3}{5}=\frac{x^2-2x-8}{-5},$$

解之,得原方程的根

$$x_1=\frac{\sqrt{22}}{2},\ x_2=-\frac{\sqrt{22}}{2}.$$

经检验没有增根和失根.

例14 解方程:

$$\frac{\sqrt{3-x}+\sqrt{x-2}}{\sqrt{3-x}-\sqrt{x-2}}=\frac{1}{5-2x}. \quad \cdots\cdots①$$

解 应用合分比定理,得

$$\frac{\sqrt{3-x}}{\sqrt{x-2}}=\frac{3-x}{x-2}. \quad \cdots\cdots②$$

设 $t=\sqrt{\frac{3-x}{x-2}}$,代入上式,得 $t=t^2$. 解之得 $t_1=0$, $t_2=1$. 将它代入所设,得

$$x_1=3,\ x_2=\frac{5}{2}\ (增根).$$

找回失根 $x=2$. 所以原方程的根为

$$x_1=3,\ x_2=2.$$

例15 解方程：

$$\frac{\sqrt{x+2a}-\sqrt{x-2a}}{\sqrt{x-2a}+\sqrt{x+2a}}=\frac{x}{2a}.$$

解 应用合分比定理,得

$$\frac{\sqrt{x+2a}}{-\sqrt{x-2a}}=\frac{x+2a}{x-2a},$$

两边平方,得

$$\frac{x+2a}{x-2a}=\frac{x^2+4ax+4a^2}{x^2-4ax+4a^2},$$

再利用合分比定理,得

$$\frac{x}{2a}=\frac{x^2+4a^2}{4ax},$$

即 $x=\pm 2a$. 经检验 $x=\pm 2a$ 是原方程的解.

例16 解方程组：

$$\begin{cases} x+y+z=\sqrt{x+y+z+1}+5, & \cdots\cdots① \\ \dfrac{x}{2}=\dfrac{y}{3}=\dfrac{z}{4}. & \cdots\cdots② \end{cases}$$

解 将①变形为

$$(x+y+z+1)-\sqrt{x+y+z+1}-6=0.$$

设 $t=\sqrt{x+y+z+1}$,代入上式,得

$$t^2-t-6=0,$$

解得 $t_1=3$，$t_2=-2$（舍去）.再以 $t_1=3$ 代入所设,得

$$\sqrt{x+y+z+1}=3,$$

两边平方,得

$$x+y+z=8.$$

用等比定理对②进行变形,得

$$\frac{x}{2}=\frac{y}{3}=\frac{z}{4}=\frac{x+y+z}{2+3+4}=\frac{x+y+z}{9}=\frac{8}{9}.$$

故原方程组解为

$$x=\frac{16}{9},\ y=\frac{8}{3},\ z=\frac{32}{9}.$$

§ 4　非负值性法

所谓非负值性法，是指应用某些函数定义域的非负值性，或是某些函数本身具有的非负值性，来解方程或方程组的方法.

运用非负值性，具体说来有以下一些方法.

一、应用偶次算术根的非负性

若 $x^n=a$，则 x 叫做 a 的 n 次方根.求数的正的方根叫做算术根，记为 $\sqrt[n]{a}$. 根式有以下的性质：

① $(\sqrt[n]{a})^n=a$（n 是大于 1 的自然数）；

② $$\sqrt[n]{a^n}=\begin{cases}a\,(n\text{为奇数}),\\ |a|=\begin{cases}a, & a\geqslant 0,\\ -a, & a<0\end{cases}\ (n\text{为偶数}).\end{cases}$$

例 1　解方程：$\sqrt{4x^2+4x+1}=3$.

解　原方程变形为

$$\sqrt{(2x+1)^2}=3.$$

根据偶次算术根的定义，得

$$\sqrt{(2x+1)^2}=|2x+1|=3,$$

它等价于

$$2x+1=3 \text{ 或 } 2x+1=-3.$$

解之，得 $x_1=1$，$x_2=-2$，经检验均为原方程的根.

例2 解方程:

$$\sqrt{x+3-4\sqrt{x-1}}+\sqrt{x+8-6\sqrt{x-1}}=1.$$

解 将原方程变为

$$\sqrt{(\sqrt{x-1}-2)^2}+\sqrt{(\sqrt{x-1}-3)^2}=1.$$

根据算术根的定义,得

$$\left|\sqrt{x-1}-2\right|+\left|\sqrt{x-1}-3\right|=1,$$

在 $\sqrt{x-1}\geqslant 0$,即 $x\geqslant 1$ 的条件下,讨论求解.

①当 $0\leqslant\sqrt{x-1}\leqslant 2$,即 $1\leqslant x\leqslant 5$ 时,方程为

$$(2-\sqrt{x-1})+(3-\sqrt{x-1})=1,$$

即 $\sqrt{x-1}=2$,所以 $x=5$.

②当 $\sqrt{x-1}\geqslant 3$,即 $x\geqslant 10$ 时,方程为

$$\sqrt{x-1}-2)+(\sqrt{x-1}-3)=1,$$

即 $\sqrt{x-1}=3$,所以 $x=10$.

③当 $2<\sqrt{x-1}<3$,即 $5<x<10$ 时,方程为

$$(\sqrt{x-1}-2)+(3-\sqrt{x-1})=1,$$

即 $1=1$,所以 $x\in\mathbf{R}$.

综合①②③,原方程的解集为

$$\{x|5\leqslant x\leqslant 10,\ x\in\mathbf{R}\}.$$

例3 解方程:$|x+y-5|+7\sqrt{3x-4y+6}=0$.

解 由绝对值及算术平方根的定义,得

$$|x+y-5|\geqslant 0,\quad \sqrt{3x-4y+6}\geqslant 0.$$

在原方程的条件下,两个非负数的和为零,只有它们同时为零时才有可能.故得

$$x+y-5=0\text{ 且 }3x-4y+6=0.$$

所以其解为

$$x=2,\ y=3.$$

例4 解方程：

$$\left(\frac{x}{x-2y}-2\right)^2+\sqrt{(x+y)(x-y)-15}=0.$$

解 因为

$$(\frac{x}{x-2y}-2)^2\geqslant 0，\sqrt{(x+y)(x-y)-15}\geqslant 0，$$

它们的和又为零，故它们各自为零，即

$$\begin{cases}\frac{x}{x-2y}-2=0,\\(x+y)(x-y)-15=0,\end{cases}$$

化简为

$$\begin{cases}x-4x=0,\\x^2-y^2=15.\end{cases}$$

解之得原方程的解

$$\begin{cases}x_1=4,\\y_1=1\end{cases}或\begin{cases}x_2=-4,\\y_2=-1.\end{cases}$$

二、利用绝对值的非负性

若 $x\in\mathbf{R}$，则有 $\begin{cases}当a\geqslant 0时， & |a|=a,\\当a<0时， & |a|=-a.\end{cases}$

例1 解方程：$\sqrt{x^2-9}+|y-1|=0.$

解 因为

$$\sqrt{x^2-9}\geqslant 0，|y-1|\geqslant 0，$$

两个非负数的和等于零，它们各自必等于零.所以

$$\sqrt{x^2-9}=0，|y-1|=0.$$

解之得

$$\begin{cases}x_1=3,\\y_1=1\end{cases}或\begin{cases}x_2=-3,\\y_2=1.\end{cases}$$

例2 解方程：$|x-1|+|x-2|=1$.

解 分段讨论求解：

①当 $x\leqslant 1$ 时，方程化为 $1-x+2-x=1$，解得 $x=1$；

②当 $1<x\leqslant 2$ 时，方程化为 $x-1+2-x=1$，解得 $1<x\leqslant 2$；

③当 $x>2$ 时，方程化为 $x-1+x-2=1$，解得 $x=2$.

所以综合①②③，方程的解集为

$$\{x|1\leqslant x\leqslant 2,\ x\in\mathbf{R}\}.$$

例3 解方程：$|x-2|+|x-3|+|2x-8|=9$.

解 分段讨论求解：

①当 $x\leqslant 2$ 时，方程化为 $2-x+3-x+8-2x=9$，解之得 $x=1$.

②当 $2<x\leqslant 3$ 时，方程化为 $x-2+3-x+8-2x=9$，解之得 $x=0$. 它不符合 $2<x\leqslant 3$，故舍去.

③当 $3<x\leqslant 4$ 时，方程化为 $x-2+x-3+8-2x=9$，解之得 $3=9$，不成立，故方程此时无解.

④当 $x>4$ 时，方程化为 $x-2+x-3+8-2x=9$，解之得 $x=\dfrac{11}{2}$.

综合①②③④，得原方程的解为

$$x_1=1,\ x_2=\frac{11}{2}.$$

例4 解方程组：

$$\begin{cases}|x+1|+|y-1|=5, & \cdots\cdots① \\ |x+1|=4y-4. & \cdots\cdots②\end{cases}$$

解 由②得

$$y-1=\frac{1}{4}|x+1|\geqslant 0,$$

所以

$$|y-1|=y-1.$$

方程组可以写成

$$\begin{cases}|x+1|+y-1=5,\\|x+1|=4y-4,\end{cases}$$

两个方程相减,得

$$y-1=5-4y+4,\text{即 } y=2.$$

以 $y=2$ 代入①,得

$$|x+1|=4, \qquad \cdots\cdots③$$

1°当 $x+1>0$ 时,③化为 $x+1=4$,求得 $x=3$;

2°当 $x+1<0$ 时,③化为 $-x-1=4$,求得 $x=-5$.

所以原方程组的解为

$$\begin{cases}x_1=3,\\y_1=2\end{cases}\text{或}\begin{cases}x_2=-5,\\y_2=2.\end{cases}$$

例5 解方程组:

$$\begin{cases}|x-1|+|y-5|=1, & \cdots\cdots①\\y=5+|x-1|. & \cdots\cdots②\end{cases}$$

解 由②得

$$y-5=|x-1|\geqslant 0,\text{即 } y\geqslant 5,$$

因此

$$|y-5|=y-5, \qquad \cdots\cdots③$$

又由②得

$$|x-1|=y-5, \qquad \cdots\cdots④$$

将③④代入①,得

$$2y-10=1,\text{即 } y=\frac{11}{2}.$$

将它代入④,得

$$|x-1|=\frac{1}{2},$$

解之得

$$x_1=\frac{1}{2}\text{ 或 } x_2=\frac{3}{2}.$$

所以原方程组的解为

$$\begin{cases} x_1=\dfrac{1}{2}, \\ y_1=\dfrac{11}{2} \end{cases} 或 \begin{cases} x_2=\dfrac{3}{2}, \\ y_2=\dfrac{11}{2}. \end{cases}$$

例6 解方程组:

$$\begin{cases} |x+1|+|y-2|=3, & \cdots\cdots ① \\ |x+1|=2y-4. & \cdots\cdots ② \end{cases}$$

解 把②代入①,得

$$2y-4+|y-2|=3. \quad \cdots\cdots ③$$

1°当 $x\geqslant 2$ 时,③化为 $2y-4+y-2=3$,解得 $y=3$;

2°当 $x<2$ 时,③化为 $2y-4+2-y=3$,解得 $y=5$(与 $x<2$ 矛盾,故舍去).

再把 $y=3$ 代入②,得

$$|x+1|=2,$$

解得

$$x_1=1,\ x_2=-3.$$

所以原方程组的解为

$$\begin{cases} x_1=1, \\ y_1=3 \end{cases} 或 \begin{cases} x_2=-3, \\ y_2=3. \end{cases}$$

三、利用实数的偶次幂或偶次方根的非负性

若 $a\in\mathbf{R}$,则有 $a^{2n}\geqslant 0, a^{\frac{1}{2n}}\geqslant 0$,其中 $n\in\mathbf{N}^*$.

可以利用上述性质,对含有实数偶次幂或偶次方根的某些方程或方程组进行求解.

例1 解方程:

$$\frac{36}{\sqrt{x-2}}+\frac{4}{\sqrt{y-1}}=28-4\sqrt{x-2}-\sqrt{y-1}.$$

解　原方程通过移项配方，得

$$12\left(\frac{\sqrt{3}}{\sqrt[4]{x-2}}-\frac{\sqrt[4]{x-2}}{\sqrt{3}}\right)^2+\left(\frac{2}{\sqrt[4]{y-1}}-\sqrt[4]{y-1}\right)^2=0,$$

根据“$a,b\in\mathbf{R}$，若 $a^2+b^2=0$，则 $a=0\wedge b=0$”的道理，得

$$\frac{\sqrt{3}}{\sqrt[4]{x-2}}-\frac{\sqrt[4]{x-2}}{\sqrt{3}}=0\wedge\frac{2}{\sqrt[4]{y-1}}-\sqrt[4]{y-1}=0.$$

解之得原方程的解为

$$x=11,\ y=5.$$

例2　解方程：$(1+x^2)(1+y^2)(1+z^2)=8xyz$.

解　原方程展开变形为

$$(xyz-1)^2+(xy-1)^2+(yz-1)^2+(zx-1)^2=0.$$

易得

$$xyz-1=0,\ xy-1=0,\ yz-1=0,\ zx-1=0,$$

即

$$xyz=1,\ xy=1,\ yz=1,\ zx=1.$$

解得

$$x=\pm1,\ y=\pm1,\ z=\pm1.$$

因为 $8xyz>0$，所以 x,y,z 取值的符号，要么都是正的，要么两个为负一个为正.故原方程的解为

$$(x,y,z)=(1,1,1)\text{或}(1,-1,-1)\text{或}(-1,-1,1)\text{或}(-1,1,-1).$$

例3　解方程：

$$\frac{\sqrt{4-x^2}-2}{\sqrt{x^2-4}+1}+y-2x=0.$$

解　由于 $4-x^2\geqslant0$ 且 $x^2-4\geqslant0\Leftrightarrow x^2-4=0$，解之 $x=\pm2$. 代入原方程得

$$(x,y)=(2,6)\text{或}(-2,-2).$$

例4　解方程：

$$(x^2+1)(y^2+2)(z^2+8)=32xyz, \qquad \cdots\cdots①$$

其中$x,y,z\in \mathbf{R}^+$.

解 由

$$x^2+1\geqslant 2x,\ y^2+2\geqslant 2\sqrt{2}y,\ z^2+8\geqslant 4\sqrt{2}z, \cdots\cdots②$$

可推出

$$(x^2+1)(y^2+2)(z^2+8)\geqslant 32xyz, \qquad \cdots\cdots③$$

且

$$(x-1)^2\geqslant 0,\ (y-\sqrt{2})^2\geqslant 0,\ (z-2\sqrt{2})^2\geqslant 0. \quad \cdots\cdots④$$

因为①取等号,所以④应取等号,且$x,y,z\in \mathbf{R}^+$.故得原方程的解为

$$x=1,y=\sqrt{2},z=2\sqrt{2}.$$

例5 解方程组:

$$\begin{cases}(x+2y-8)^2+(2-x)^2=0, & \cdots\cdots①\\ xz^2+yz-5\sqrt{xz^2+yz+9}+3=0. & \cdots\cdots②\end{cases}$$

解 由①得

$$\begin{cases}x+2y-8=0,\\ 2-x=0,\end{cases}$$

解之得

$$\begin{cases}x=2,\\ y=3.\end{cases}$$

将它们代入②,得

$$(2z^2+3z+9)-5\sqrt{2z^2+3z+9}-6=0.$$

令$t=\sqrt{2z^2+3z+9}$,代入上面方程,得

$$t^2-5t-6=0,$$

解之$t_1=6,t_2=-1$.将其代入所设,得

$$2z^2+3z-27=0,$$

解得 $z_1=3, z_2=-\frac{9}{2}$. 故原方程组的解为

$$(x,y,z)=(2,3,3)\text{或}\left(2,3,-\frac{9}{2}\right).$$

例6 解方程:

$$\begin{vmatrix} a & x & a^4 \\ b & x & b^4 \\ c & x & c^4 \end{vmatrix}=0,$$

其中 a,b,c 为不相等的正实数.

解 将 x 析因到行列式外边,再进行行变换,逐步降阶展开,得

$$\begin{vmatrix} a & x & a^4 \\ b & x & b^4 \\ c & x & c^4 \end{vmatrix}=x\begin{vmatrix} a & 1 & a^4 \\ b & 1 & b^4 \\ c & 1 & c^4 \end{vmatrix}$$

$$=x\begin{vmatrix} a & 1 & a^4 \\ b-a & 0 & b^4-a^4 \\ c-a & 0 & c^4-a^4 \end{vmatrix}=x\begin{vmatrix} a-b & a^4-b^4 \\ c-a & c^4-a^4 \end{vmatrix}$$

$$=x(a-b)(c-a)\begin{vmatrix} 1 & a^3+a^2b+ab^2+b^3 \\ 1 & a^3+a^2c+ac^2+c^3 \end{vmatrix}$$

$$=\frac{x}{2}(a-b)(b-c)(c-a)[(a+b)^2+(b+c)^2+(c+a)^2]=0.$$

由于 a,b,c 为互不相等的正实数,所以 $(a-b)(b-c)(c-a)\neq 0$,
又

$$[(a+b)^2+(b+c)^2+(c+a)^2]>0,$$

故而得原方程的解为 $x=0$.

例7 解方程组:

$$\begin{cases} x-y+\sqrt{\dfrac{x-y}{x+y}}=\dfrac{20}{x+y}, & \cdots\cdots① \\ x^2+y^2=34. & \cdots\cdots② \end{cases}$$

解 将①去分母后,得

$$x^2-y^2+\sqrt{x^2-y^2}-20=0.$$

令 $t=\sqrt{x^2-y^2}$,代入上面方程,得

$$t^2+t-20=0,$$

解之得

$$t_1=4,\ t_2=-5\ (舍去).$$

将 $t_1=4$ 代入所设,与②构成方程组

$$\begin{cases}\sqrt{x^2-y^2}=4,\\ x^2+y^2=34.\end{cases}$$

解之得原方程组的解为

$$(x,y)=(5,3)或(5,-3).$$

例8 解方程组:

$$\begin{cases}\dfrac{1}{\sqrt{x+y}-\sqrt{x}}-\dfrac{\sqrt{x+y}-\sqrt{x}}{y}=\dfrac{3}{8}, & \cdots\cdots① \\ \sqrt{x}+\sqrt{y}=7. & \cdots\cdots②\end{cases}$$

解 将①中分式分母有理化,得

$$\frac{\sqrt{x+y}+\sqrt{x}}{x+y-x}-\frac{\sqrt{x+y}-\sqrt{x}}{y}=\frac{3}{8},$$

化简得

$$\frac{2\sqrt{x}}{y}=\frac{3}{8},$$

即

$$\sqrt{x}=\frac{3y}{16}.\qquad \cdots\cdots③$$

再将③代入②,得

$$3y+16\sqrt{y}-112=0,$$

解之得 $y=16$. 所以原方程组的解为

$$(x,y)=(9,16).$$

§ 5　不等式法

利用不等式的性质来推断方程或方程组的解,这样的解法称之为不等式法.

一、利用均值不等式

利用 $\sum_{k=1}^{n} a_k{}^n \geqslant n a_1 a_2 \cdots a_n (a_k>0)$ 来解方程或方程组.

例1　解方程: $x^2y-3xy+y^2+x=0$,其中 $x, y\in \mathbf{R}^+$.

解　将原方程化为

$$x^2y+y^2+x=3xy.$$

因为 $xy>0$,故可将上面的方程两边除以 xy,得

$$x+\frac{y}{x}+\frac{1}{y}=3,\ \ x, y\in \mathbf{R}^+, \qquad \cdots\cdots①$$

故有

$$x+\frac{y}{x}+\frac{1}{y}\geqslant 3\sqrt{x\cdot\frac{y}{x}\cdot\frac{1}{y}}=3. \qquad \cdots\cdots②$$

由①②得

$$x=\frac{y}{x}=\frac{1}{y}=1,$$

解之,得原方程的解为

$$x=y=1.$$

例2　解方程:

$$\frac{36}{\sqrt{x-2}}+\frac{4}{\sqrt{y-1}}=28-4\sqrt{x-2}-\sqrt{y-1}.$$

解　原方程化为

$$\frac{36}{\sqrt{x-2}}+4\sqrt{x-2}+\frac{4}{\sqrt{y-1}}+\sqrt{y-1}=28. \qquad \cdots\cdots①$$

又因为

$$\frac{36}{\sqrt{x-2}}+4\sqrt{x-2}\geqslant 24,\quad \frac{4}{\sqrt{y-1}}+\sqrt{y-1}\geqslant 4.\quad \cdots\cdots②$$

由于两个非负数的和等于28,②只有各自取等号时①才成立,故有

$$\frac{36}{\sqrt{x-2}}=4\sqrt{x-2},\quad \frac{4}{\sqrt{y-1}}=\sqrt{y-1},$$

解之,得原方程的解为

$$x=11,\ y=5.$$

例3 解方程:$\lg(x^2+1)+\lg(y^2+4)=\lg 8+\lg x+\lg y$.

解 原方程化为

$$\lg(x^2+1)(y^2+4)=\lg(8xy).$$

由"底数相同的对数相等,则真数必相等"得

$$(x^2+1)(y^2+4)=8xy.\quad \cdots\cdots①$$

又因为

$$x^2+1\geqslant 2x>0,\ y^2+4\geqslant 4y>0,\quad \cdots\cdots②$$

故有

$$(x^2+1)(y^2+4)\geqslant 8xy,$$

上式取等号时,②必须取等号.故有

$$x^2+1=2x,\ y^2+4=4y,$$

即

$$(x-1)^2=0,\quad (y-2)^2=0.$$

所以原方程的解为

$$(x,y)=(1,2).$$

例4 解方程:$(x^2+4)(y^2+9)(z^2+16)=192xyz$,其中 $x,y,z\in\mathbf{R}^+$.

解 由于 $x,y,z\in\mathbf{R}^+$,故有

$$x^2+4\geqslant 4x,\ y^2+9\geqslant 6y,\ z^2+16\geqslant 8z,\quad \cdots\cdots①$$

从而

$$(x^2+4)(y^2+9)(z^2+16)\geqslant 192xyz,$$

若上式取等号，①各式必须取等号.故有

$$(x-2)^2=0,\quad (y-3)^2=0,\quad (z-4)^2=0.$$

所以原方程的解为

$$(x,y,z)=(2,3,4).$$

二、利用不等式来确定或界定方程(组)的根

例1 正整数n为哪些值时，方程组：

$$\begin{cases}nx-y=5,\\2x+3ny=7\end{cases}$$

的解满足条件 $x>0,y<0$.

解 解方程组得

$$x=\frac{15n+7}{3n^2+2},\quad y=\frac{7n-10}{3n^2+2}.$$

因为 $3n^2+2>2$，且 $x>0,y<0$，所以

$$15n+7>0,\quad 7n-10<0,$$

解之得

$$-\frac{7}{15}<n<\frac{10}{7}.$$

因此，正整数n的值只有两个：$n=0$ 或1.

1°当 $n=0$ 时，$x=\frac{7}{2},y=-5$;

2°当 $n=1$ 时，$x=\frac{22}{5},y=-\frac{3}{5}$.

例2 解方程组：

$$\begin{cases}x(y+z)=5, & \cdots\cdots①\\y(z+x)=8, & \cdots\cdots②\\z(x+y)=9. & \cdots\cdots③\end{cases}$$

解 由①+②-③，得

$$2xy=4,\text{即 } xy=2,$$

同理可得

$$yz=6,\ xz=3.$$

将三式相乘,得

$$(xyz)^2=36,$$

即

$$xyz=\pm 6. \qquad \cdots\cdots④$$

以 $xy=2, yz=6, xz=3$ 代入④,得

$$x=\pm 1,\ y=\pm 2,\ z=\pm 3.$$

又 $xy>0, yz>0, xz>0$,可确定方程组的解为

$$(x,y,z)=(1,2,3)或(-1,-2,-3).$$

例3 解方程: $\log_{16-3x}(x-2)=\log_8 2\sqrt{2}$.

解 由于 $\log_8 2\sqrt{2}=\dfrac{1}{2}>0$,所以

$$\log_{16-3x}(x-2)>0.$$

因此,原方程的解是由以下不等式和方程共同确定的,即

$$\begin{cases} x-2>0, \\ 16-3x>0, \\ 16-3x\neq 1, \\ (16-3x)^{\frac{1}{2}}=x-2 \end{cases} \Leftrightarrow \begin{cases} x>2, \\ x<\dfrac{16}{3}, \\ x\neq 5, \\ (x-4)(x+3)=0 \end{cases} \Leftrightarrow \begin{cases} 2<x<\dfrac{16}{3}, \\ x\neq 5, \\ x=4或x=-3. \end{cases}$$

只有符合以上条件的 x 值才是原方程的解,所以原方程的个解为 $x=4$.

例4 若 $a>1, b>1$,解方程: $a^{\sqrt{x-2}}+b^{\sqrt{x^2-3x+2}}=2$.

解 当 $a>1, b>1$ 时,对于任意的 $m\geqslant 0, n\geqslant 0$ 必有

$$a^m\geqslant 1, b^n\geqslant 1, a^m+b^n=2\Leftrightarrow a^m=1, b^n=1\Leftrightarrow m=0, n=0,$$

所以

$$\sqrt{x-2}=0,\quad \sqrt{x^2-3x+2}=0.$$

由于满足这两个方程的公共根为 $x=2$,所以原方程的解为 $x=2$.

例5 已知 x, y, z 为实数,且满足

$$\begin{cases} x^2 - yz - 8x + 7 = 0, \\ y^2 + z^2 + yz - 6x + 6 = 0, \end{cases}$$

用x表示 $y+z$,并求出x的整数值集合.

解 把原方程组变形为

$$\begin{cases} yz = x^2 - 8x + 7, & \cdots\cdots① \\ (y+z)^2 - yz = 6x - 6. & \cdots\cdots② \end{cases}$$

由②+③得

$$(y+z)^2 = x^2 - 2x + 1 = (x-1)^2, \qquad \cdots\cdots③$$

所以

$$y + z = \pm(x-1), \text{即 } z = -y \pm (x-1).$$

将其代入①,整理得

$$y^2 \mp (x-1)y + (x^2 - 8x + 7) = 0,$$

由于x,y,z是实数,故上面的判别式应当满足

$$\Delta = (x-1)^2 - 4(x^2 - 8x + 7) \geqslant 0,$$

解得

$$1 \leqslant x \leqslant 9,\ x \in \mathbf{Z}.$$

所以

$$\{x | 1 \leqslant x \leqslant 9,\ x \in \mathbf{Z}\} = \{1,2,3,4,5,6,7,8,9\}.$$

例6 当k为何值时,方程 $(k^2-1)x^2 - 6(3k-1)x + 72 = 0$ 有两个不相等的整数根.

解 因为方程有两个不相等的实数根,所以

$$k^2 - 1 \neq 0,\ 36(3k-1)^2 - 288(k^2-1) > 0,$$

即

$$k \neq \pm 1,\ 6^2(k-3)^2 > 0,$$

即当 $k \neq \pm 1$,$k \neq 3$ 时,方程有两个不相等的实数根.解方程得到这两个实数根分别为

$$x_1 = \frac{12}{k+1},\ x_2 = \frac{6}{k-1}.$$

若原方程有正根，则必须 $k+1>0, k-1>0$，也就是 $k>1$ 时这两个根才是正根.

若要 x_1, x_2 都是正整数根，则必须 $k>1$ 且 12 能被 $k+1$ 整除，6 能被 $k-1$ 整除.由此便被推出 $k=2$ 或 $k=3$.

若要使 x_1, x_2 是不相等的正整数根，而 $k=3$ 使得 $x_1=x_2=3$，故而 $k=3$ 应当舍去.

所以 $k=2$ 时，原方程有两个不相等的正整数根.

例7 设不同字母代表0到9之间的数字，求出适合条件

$$a+bc+def=ghij$$

的全部解答.

解 因为 $a+b+c+d+e+f+g+h+i+j=45$，9能够整除45，以 $9|45$ 来表示.根据九余法知

$$9|(a+bc+def+ghij).$$

将9的倍数分成相等的两部分，它们都是整数，其中每一部分都是9的倍数，即 $9|(a+bc+def)$，$9|ghij$.

设 $a+c+f=10\varepsilon+j$，则 $\varepsilon\leqslant 2, b+e+\varepsilon\leqslant 19$.

如果 $b+e+\varepsilon<10$，则 $d=h$，不满足我们的要求.由此 $10\leqslant b+e+\varepsilon\leqslant 19, d+1=gh$.只有一种可能性，$d=9, gh=10$，$10ij$ 是9的倍数，i, j 之和必为 8.g, h 分别为 0，1，$i\neq j$，$dhij$ 是四个数 1026，1035，1053，1062 中的一个.

假定 $ghij=1026$，由 $a+bc+9ef=1026$ 知道，a, b, c, e, f 分别是 3，4，5，7，8 五个数字中的数字，并有 $a+c+f=6\varepsilon, b+e+\varepsilon=12$.

由于 $3+4+5=12\leqslant a+c+f\leqslant 5+7+8=20$，$\varepsilon$ 必为 1. $b+e=11$，11 现在有两种分法：$11=3+8=4+7$.如果 b, e 是 3，8 中的数字，a, c, f 是 4，5，7 中的数字，可得如下十二种解答：

$1026=4+35+987=4+37+985=5+34+987=5+37+984=7+34+985=7+35+984=4+85+937=4+87+935=5+84+937=5+87+934=7+84+935=7+85+934$.

这十二种解答,我们用一个算式来表达:以 $4+35+987=1026$ 为代表.

如果 b,e 是4,7中的数字,也有以 $3+45+978=1026$ 为代表的十二种解答.

仿此,用类似的方法可以得到,各自代表十二种算法的三个代表式:

$$2+46+987=1035,$$
$$2+64+987=1053,$$
$$3+74+985=1062.$$

所以原方程总共有六十组答案.

例8 设

$$y=\left[\frac{x}{12\frac{1}{2}}\right]\cdot\left[\frac{-12\frac{1}{2}}{x}\right],$$

如果 $0<x<90$,求出 y 的值,其中 $[x]$ 表示不超过实数 x 的最大整数值.

解 当 $0<x<\frac{25}{2}$ 时,

$$\left[\frac{x}{12\frac{1}{2}}\right]=0,\text{故 } y=0;$$

当 $x\geqslant\frac{25}{2}$ 时,

$$\left[\frac{-12\frac{1}{2}}{x}\right]=-1,\text{所以 } y=-\left[\frac{x}{12\frac{1}{2}}\right].$$

因此

$$y=-n\left[\frac{25n}{2}\leqslant x<\frac{25(n+1)}{2}\right]\ (n=1,2,3,4,5,6,7).$$

故在 $0<x<90$ 时,y 的值为 $0,-1,-2,-3,-4,-5,-6,-7$.

例9 用均值不等式解下列方程:

$$2x+\frac{25}{8(x+1)}=3, \qquad \cdots\cdots①$$

其中x为正实数.

解 ①可化为

$$2(x+1)+\frac{25}{8(x+1)}=5, \qquad \cdots\cdots②$$

令 $y=x+1$, 由于 $x>0$, 故得 $y=x+1>1$.

将方程②左边的x换成y,得

$$2y+\frac{25}{8y}=5, \qquad \cdots\cdots③$$

利用均值不等式,由③得

$$2y+\frac{25}{8y}\geqslant 2\cdot\sqrt{2y\cdot\frac{25}{8y}}=5,$$

即

$$2y+\frac{25}{8y}\geqslant 5.$$

由②知,上面不等式取等号的条件是

$$2y=\frac{25}{8y},$$

解之 $y=\pm\frac{5}{4}$. 因为 $y>1$,故取 $y=\frac{5}{4}$. 所以原方程的解为

$$x=y-1=\frac{1}{4}.$$

例10 用均值不等式解下列方程:

$$\lg^2 x+\frac{1}{\lg^2 x+2}=\frac{1}{2}.$$

解 令 $y=\lg^2 x+2$,作代换,原方程可化为

$$y+\frac{1}{y}-2=\frac{1}{2},$$

当 $y\geqslant 2$ 时,利用均值不等式,得

$$y+\frac{1}{y}-2\geqslant 2\cdot\sqrt{y\cdot\frac{1}{y}}-2=0,$$

上式当且仅当 $y=\frac{1}{y}$ 时,式子取等号,推出 $y=\pm 1$,这个值不在 $y\geqslant 2$ 的范围内,所以这种方法对本题不适用.

因为当 $2\leqslant a<b$,总有不等式

$$\left(b+\frac{1}{b}\right)-\left(a+\frac{1}{a}\right)=(b-a)\left(1-\frac{1}{ab}\right)>0,$$

所以

$$b+\frac{1}{b}>a+\frac{1}{a}.$$

这说明 $z=y+\frac{1}{y}$ 在 $y\geqslant 2$ 时是严格递增的,从而它在 $y=2$ 时取最小值.由此推知 $y+\frac{1}{y}-2$ 也在 $y=2$ 时取最小值,故 $(z-2)_{\min}=\frac{1}{2}$.即

$$\lg^2 x=0,$$

所以 $x=1$ 为原方程的解.

§6 初等超越方程的基本解法

方程 $f(x)=0$,若 $f(x)$ 是初等超越函数,那么我们就把它称之为初等超越方程(简称超越方程).初等超越方程具体细分为指数方程、对数方程、无理指数幂方程、三角方程、反三角方程等类别.

本节仅就最简单的初等超越方程的基本解法作一些介绍.

一、指数方程

指数方程的基本解法有三类:

(1) $a^{f(x)}=a^{g(x)}\ (a>0,\ a\neq 1)$

解法:当底数 $a>0$,$a\neq 1$ 时,两个幂相等的充分必要条件是它们的指数相等.因此有

$$f(x)=g(x)\Leftrightarrow a^{f(x)}=a^{g(x)},$$

即左边这个方程的解就是右边原方程的解.

（2）$a^{f(x)}=b^{g(x)}\ (a>0, a\neq 1, b>0, b\neq 1)$

解法：因为由对数恒等式 $b=a^{\log_a b}$，得到 $b^{g(x)}=a^{g(x)\log_a b}$，所以

$$a^{f(x)}=b^{g(x)} \Leftrightarrow a^{f(x)}=a^{g(x)\log_a b} \Leftrightarrow f(x)=g(x)\log_a b,$$

解最后的方程，就得到原方程的解.

（3）$a^{f(x)}=b^{f(x)}\ (a>0, a\neq 1, b>0, b\neq 1)$

解法：由于

$$a^{f(x)}=b^{f(x)} \Leftrightarrow \left(\frac{a}{b}\right)^{f(x)}=1 \Leftrightarrow f(x)=0,$$

所以解最后的方程即可得原方程的解.

例 1 解方程：

$$32^{\frac{x+5}{x-7}}=0.25\times 128^{\frac{x+17}{x+3}}.$$

解 将方程两边转化为同底数幂的形式

$$2^{\frac{5(x+5)}{x-7}}=2^{\frac{7(x+17)}{x+3}-2},$$

应用解法（1），得

$$\frac{5(x+5)}{x-7}=\frac{7(x+17)}{x+3}-2,$$

解之得

$$x=22\frac{15}{19}.$$

例 2 解方程：$5^{2x}-7^{x}-5^{2x}\cdot 35+7^{x}\cdot 35=0$.

解 方程中含有不同底 5 与 7 的方幂，简化后可按（2）和（3）的方法来求解.方程整理可得

$$35\cdot 5^{2x}-5^{2x}=35\cdot 7^{x}-7^{x},$$

化简可得

$$25^{x}=7^{x},$$

即

$$\left(\frac{25}{7}\right)^{x}=1,$$

所以 $x=0$.

例3 解方程：

(1) $\left(\frac{2}{3}\right)^x\cdot\left(\frac{9}{8}\right)^x=\frac{27}{64}$；

(2) $2^x\cdot 5^x=0.1\cdot(10^{x-2})^5$；

(3) $5^{x-1}+5^{x-2}+5^{x-3}=155$；

(4) $6^{2x+4}=3^{3x}\cdot 2^{x+8}$.

解 (1)将原方程化简为

$$\left(\frac{3}{4}\right)^x=\left(\frac{3}{4}\right)^3,$$

所以 $x=3$.

(2)化简得

$$10^x=10^{-1+5(x-2)},$$

所以 $x=-1+5(x-2)$，即 $x=\frac{11}{4}$.

(3)将左边提取公因式，得

$$5^{x-3}(5^2+5+1)=155,$$

即

$$5^{x-3}=5^1,$$

所以 $x-3=1$，即 $x=4$.

(4)以 $3^{2x}\cdot 2^{x+4}$ 除以方程的两边，得

$$3^4\cdot 2^x=3^x\cdot 2^4,$$

即

$$\left(\frac{2}{3}\right)^x=\left(\frac{2}{3}\right)^4,$$

所以 $x=4$.

例4 解方程：

(1) $9^x-4\cdot 3^{x+1}+27=0$；

(2) $3^{x+2}-3^{-x+2}=80$；

(3) $4^{x-1+\sqrt{x^2-2}}+5\cdot 2^{x-1+\sqrt{x^2-2}}=6$；

(4) $8^{-\frac{1}{x}}-4^{-\frac{1}{x}}=2\cdot 2^{-\frac{1}{x}}$.

解 (1)设 $y=3^x$,经过换元得

$$y^2-12y+27=0,$$

解得

$$y_1=3,\ y_2=9,$$

代入所设 $3^x=3^1, 3^x=3^2$. 所以 $x_1=1,\ x_2=2$.

(2)设 $y=3^x$,经过换元得

$$9y-\frac{9}{y}=80,$$

解得

$$y_1=9,\ y_2=-\frac{1}{9}\text{(舍去)},$$

代入所设 $3^x=3^2$,所以 $x=2$.

(3)设 $y=2^{x-1+\sqrt{x^2-2}}$,经过换元得

$$y^2+5y-6=0,$$

解得

$$y_1=1,\ y_2=-6\text{(舍去)},$$

代入所设 $0=x-1+\sqrt{x^2-2}$,得 $x=\frac{3}{2}$(增根),所以原方程无解.

(4)设 $y=2^{-\frac{1}{x}}$,经过换元得

$$y(y^2-y-2)=0,$$

由于 $y>0$,解之

$$y_1=2,\ y_2=-1\text{(舍去)},$$

代入所设 $2^{-\frac{1}{x}}=2^1$,所以 $x=-1$.

例5 解方程:

$$4\cdot 9^{\sqrt{x-2}}-3\cdot 15^{\sqrt{x-2}}=25^{\sqrt{x-2}}.$$

解 因为 $25^{\sqrt{x-1}}\neq 0$ 故可用它除方程的两边,然后令 $y=\left(\frac{3}{5}\right)^{\sqrt{x-2}}$ 得

$$4y^2-3y-1=0,$$

解之得

$$y_1=1,\ y_2=-\frac{1}{4}\text{（舍去）}.$$

代入所设$\left(\frac{3}{5}\right)^{\sqrt{x-2}}=1$，即$\sqrt{x-2}=0$，所以$x=2$.

例6 解方程组：

$$\begin{cases}\sqrt[10]{2^x}\cdot\sqrt{\sqrt[5]{2^y}}=\sqrt[x]{128}, & \cdots\cdots① \\ \lg(x+y)+\lg(x-y)=\lg 40. & \cdots\cdots②\end{cases}$$

解 由①得

$$2^{\frac{x+y}{10}}=2^{\frac{7}{x}},$$

故有

$$\frac{x+y}{10}=\frac{7}{x},$$

即

$$x^2+xy=70. \qquad \cdots\cdots③$$

由②得

$$x^2-y^2=40, \qquad \cdots\cdots④$$

联立③④，解方程组得

$$\begin{cases}x_1=7,\\ y_1=3\end{cases}\text{或}\begin{cases}x_2=-7,\\ y_2=-3.\text{（舍去）}\end{cases}$$

所以方程组的解为

$$(x,y)=(7,3).$$

例7 解方程组：

(1) $\begin{cases}\sqrt[x]{a}\cdot\sqrt[y]{a}=\sqrt[12]{a^7},\\ \sqrt[x]{a^3}\div\sqrt[y]{a^4}=1.\end{cases}\quad(a>0,\ a\neq 1)$

(2) $\begin{cases}x^{2y-1}=\frac{1}{2},\\ x^{y+2}=128.\end{cases}$

解　(1)将原方程组化为

$$\begin{cases} a^{\frac{1}{x}+\frac{1}{y}}=a^{\frac{7}{12}}, \\ a^{\frac{3}{x}-\frac{4}{y}}=1, \end{cases}$$

化简得

$$\begin{cases} \dfrac{1}{x}+\dfrac{1}{y}=\dfrac{7}{12}, \\ \dfrac{1}{x}+\dfrac{1}{y}=\dfrac{7}{12}, \end{cases}$$

解之得 $x=3$, $y=4$.

(2)由于 $x>0$,方程两边取对数后,化为

$$\begin{cases} (2y-1)\log_2 x=-1, & \cdots\cdots① \\ (y+2)\log_2 x=7. & \cdots\cdots② \end{cases}$$

由①/②,得

$$\frac{2y-1}{y+2}=\frac{-1}{7},$$

解之得 $y=\dfrac{1}{3}$,将它代入②,得

$$\log_2 x=3, \text{即 } x=8.$$

所以原方程组的解为

$$(x,y)=\left(8,\frac{1}{3}\right).$$

例8　解方程组:

(1) $\begin{cases} \sqrt[x-y]{x+y}=2\sqrt{3}, \\ (x+y)\cdot 2^{y-x}=3. \end{cases}$

(2) $\begin{cases} x^{\sqrt[4]{x}+\sqrt{y}}=y^{\frac{8}{3}}, \\ y^{\sqrt[4]{x}+\sqrt{y}}=x^{\frac{2}{3}}. \end{cases}$

(3) $\begin{cases} x^{x+y}=y^{a}, \\ y^{x+y}=x^{4a}. \end{cases}$　$(x>0,\ y>0,\ a>0)$

解 (1)将原方程组化为

$$\begin{cases}x+y=(2\sqrt{3})^{x-y},\\x+y=3\cdot 2^{x-y}.\end{cases}$$

整理可得

$$2^{x-y}\cdot 3^{\frac{x-y}{2}}=3\cdot 2^{x-y},$$

故有

$$3^{\frac{x-y}{2}}=3,$$

即

$$x-y=2, \quad \cdots\cdots①$$

所以

$$x+y=3\cdot 2^2=12. \quad \cdots\cdots②$$

解①②组成的方程组,得

$$(x,y)=(7,5).$$

(2)显然 $x=1,y=1$ 是方程组的解.

若 $x\neq 1,y\neq 1$,原方程组就可以化为

$$\begin{cases}y=x^{3(\sqrt[4]{x}+\sqrt{y})\div 8},\\y=x^{2\div 3(\sqrt[4]{x}+\sqrt{y})},\end{cases}$$

由此得

$$\frac{3(\sqrt[4]{x}+\sqrt{y})}{8}=\frac{2}{3(\sqrt[4]{x}+\sqrt{y})},$$

则有

$$\sqrt[4]{x}+\sqrt{y}=\frac{4}{3},$$

将其代入原方程组,得

$$(x,y)=(1,1)\text{或}\left(\frac{16}{81},\frac{4}{9}\right).$$

(3)因为x,y,a均大于零,故可将原方程变形为

$$\begin{cases} y = x^{\frac{x+y}{a}}, \\ y = x^{\frac{x+y}{a}}, \end{cases}$$

整理可得

$$x^{\frac{x+y}{a}} = x^{\frac{4a}{x+y}},$$

所以

$$\frac{x+y}{a} = \frac{4a}{x+y},$$

即

$$x+y=2a.$$

将它代入原方程组中第一个方程,得

$$x^{2a} = \left(y^{\frac{1}{2}}\right)^{2a}, \text{即 } y = x^2,$$

显然得第一组解 $x_1 = 1$, $y_1 = 1$.

再将 $y = x^2$ 代入 $x + y = 2a$ 中,得

$$x^2 + x - 2a = 0,$$

解之得第二组解

$$x_1 = \frac{1}{2}(\sqrt{1+8a} - 1),\ \ y_2 = \frac{1}{2}(4a + 1 - \sqrt{1+8a}).$$

例9 解方程:

(1) $2^{x^2-4} = 3^{x+2}$;

(2) $\dfrac{1+3^{-x}}{1+3^x} = 3$;

(3) $7^{|x|} + 7^{-x} - 4 = 0$.

解 (1)两边取对数,得

$$(x^2-4)\lg 2 = (x+2)\lg 3,$$

移项析因,得

$$(x+2)[(x-2)\lg 2 - \lg 3] = 0,$$

即

$$x+2=0 \text{ 或 } (x-2)\lg 2-\lg 3=0.$$

所以

$$x_1=-2,\ x_2=2+\log_2 3.$$

(2)原方程可化为

$$1+3^{-x}=3(1+3^x),$$

两边乘以 3^x,得

$$3(3^x)^2+2\cdot 3^x-1=0,$$

解之得

$$3^x=\frac{1}{3},\ 3^x=-1(\text{舍去}).$$

所以原方程的解为 $x=-1$.

(3)当 $x\neq 0$ 时,原方程可化为

$$(7^x)^2-4\cdot 7^x+1=0,$$

解之得

$$7^x=2+\sqrt{3} \text{ 或 } 7^x=2-\sqrt{3}.$$

当 $x>0$ 时, $7^x>1$,因此将 $7^x=2-\sqrt{3}$ 舍去.此时 $x=\log_7(2+\sqrt{3})$.

当 $x<0$ 时,原方程可化为 $2\cdot 7^{-x}=4$,解之 $x=\log_7\frac{1}{2}$.

当 $x=0$ 时,原方程显然无解.

所以当 $x\neq 0$ 时,原方程的解为

$$x_1=\log_7(2+\sqrt{3}),\ x_2=\log_7\frac{1}{2}.$$

二、对数方程

对数方程的基本情形有以下两种:

(1) $\log_a f(x)=\log_a g(x)$,其中 $a>0, a\neq 1, f(x)>0, g(x)>0$.

解法:若 $\log_a f(x)=\log_a g(x)$ 由对数的定义推得对数恒等式

$$a^{\log_a f(x)}=a^{\log_a g(x)} \Leftrightarrow f(x)=g(x).$$

在 $f(x)>0, g(x)>0$ 的条件下,解这个代数方程,得到的解就是原方程的解.

(2) $\log_a f(x)=c$，其中 $f(x)>0, a>0, a\neq 1$.

解法：方法1°：由对数的定义得 $f(x)=a^c>0$，解这个方程得原方程的解.

方法2°：由于

$$\log_a f(x)=c \Leftrightarrow \log_a f(x)=\log_a a^c \Leftrightarrow f(x)=a^c,$$

解最右边方程得原方程的解.

例1　解方程：$\lg(x^2+11x+8)-\lg(x+1)=1$.

解　将原方程化为

$$\lg(x^2+11x+8)=\lg[10(x+1)],$$

可得代数方程

$$x^2+11x+8=10(x+1),$$

且满足有

$$x^2+11x+8>0 \text{ 和 } 10(x+1)>0.$$

解之得 $x_1=1$，$x_2=-2$（舍去）.

例2　解方程：$\log_{16}x+\log_4 x+\log_2 x=7$.

解　由于 $x>0$，可以利用公式：$\log_a b=\log_{a^n}b^n$.

原方程左边各项，可以化为同底数的对数，得

$$\log_2 x^{\frac{1}{4}}+\log_2 x^{\frac{1}{2}}+\log_2 x=7,$$

整理得

$$\left(\frac{1}{4}+\frac{1}{2}+1\right)\log_2 x=7,$$

即

$$\log_2 x=4.$$

解之得 $x=16$.

例3　解方程组：

$$\begin{cases}\log_2 x=\log_4 y,\\ y^2-13x^2+36=0.\end{cases}$$

解　由于 $x>0, y>0$，将方程组化为

$$\begin{cases}\log_2 x=\log_2 y^{\frac{1}{2}},\\ y^2-13x^2+36=0,\end{cases}$$

即

$$\begin{cases}x^2=y,\\ y^2-13x^2+36=0.\end{cases}$$

解之得

$$(x,y)=(2,4)\text{或}(3,9).$$

例4 解方程组：

$$\begin{cases}\log_2 x+\log_4 y+\log_4 z=2,\\ \log_3 y+\log_9 z+\log_9 x=2,\\ \log_4 z+\log_{16} x+\log_{16} y=2\end{cases}\quad (x>0,\ y>0,\ z>0).$$

解 原方程组可化为

$$\begin{cases}\log_4(x^2\cdot y\cdot z)=2,\\ \log_9(y^2\cdot z\cdot x)=2,\\ \log_{16}(z^2\cdot x\cdot y)=2,\end{cases}$$

即

$$\begin{cases}x^2yz=42,\\ y^2zx=9^2,\\ z^2xy=16^2.\end{cases}$$

解之，原方程的解为

$$(x,y,z)=\left(\frac{2}{3},\frac{27}{8},\frac{32}{3}\right).$$

例5 解方程组：

$$\begin{cases}\log_2(x+y)-\log_3(x-y)=1,\\ 2^{x^2-y^2}=4.\end{cases}$$

解 令 $\log_2(x+y)=p$，$\log_2(x-y)=t$，则原方程组可化为

$$\begin{cases}p\log_2 3-t=\log_2 3,\\ p+t=1,\end{cases}$$

解之 $p=1$，$t=0$，故

$$\begin{cases}x+y=2,\\ x-y=1.\end{cases}$$

所以

$$(x,y)=\left(\frac{3}{2},\frac{1}{2}\right).$$

例 6 解方程组：

$$\begin{cases}\log_{xy}(x-y)=1,\\ \log_{xy}(x+y)=0.\end{cases}$$

解 原方程组化为

$$\begin{cases}\log_{xy}(x-y)=\log_{xy}xy,\\ \log_{xy}(x+y)=\log_{xy}1,\end{cases}$$

即

$$\begin{cases}x-y=xy,\\ x+y=1,\end{cases}$$

整理可得

$$x^2+x-1=0,$$

解之得

$$x_1=\frac{-1+\sqrt{5}}{2},\ x_2=\frac{-1-\sqrt{5}}{2}(\text{舍去}).$$

代入 $y=1-x$，得

$$y=\frac{3-\sqrt{5}}{2}.$$

所以

$$(x,y)=\left(\frac{-1+\sqrt{5}}{2},\frac{3-\sqrt{5}}{2}\right).$$

例 7 解方程组：

$$\begin{cases}\lg|x+y|=1,\\ \lg y-\lg|x|=\dfrac{1}{\log_4 100}.\end{cases}$$

解 原方程组可以化为

$$\begin{cases}\lg|x+y|=\lg 10,\\ \lg\left(\dfrac{y}{|x|}\right)=\lg 2,\end{cases}$$

即

$$\begin{cases}|x+y|=10, & \cdots\cdots①\\ y=2|x|. & \cdots\cdots②\end{cases}$$

1°若 $x>0$,由②得 $y=2x$,代入①得 $x_1=\dfrac{10}{3}$,则 $y_1=\dfrac{20}{3}$.

2°若 $x<0$,由②得 $y=-2x$,代入①得 $x_2=-10$,则 $y_2=20$.

例8 解方程组:

$$\begin{cases}5(\log_y x+\log_x y)=26,\\ xy=64.\end{cases}$$

解 当 $x>0,y>0,x\neq 1,y\neq 1$ 时,应用换底公式,将原方程组化为

$$\begin{cases}\dfrac{\log_2 x}{\log_2 y}+\dfrac{\log_2 y}{\log_2 x}=\dfrac{26}{5}, & \cdots\cdots①\\ \log_2 x+\log_2 y=6. & \cdots\cdots②\end{cases}$$

设 $t=\dfrac{\log_2 x}{\log_2 y}$,代入①得

$$5t^2-26t+5=0,$$

解之得 $t_1=5$, $t_2=\dfrac{1}{5}$.将其代入所设,得到的方程与②构成方程组

$$\begin{cases}\log_2 x=5\log_2 y,\\ \log_2 x+\log_2 y=6\end{cases} 或 \begin{cases}\log_2 x=\dfrac{1}{5}\log_2 y,\\ \log_2 x+\log_2 y=6,\end{cases}$$

解之得

$$(x,y)=(2,32)或(32,2).$$

例9 解方程组:

$$\begin{cases} x^{x-y-5}=1, \\ \log_x\left(\dfrac{1}{y}-\dfrac{1}{x}\right)=0. \end{cases}$$

解 在 $x>0$ 时,原方程组可化为

$$\begin{cases} x-y-5=0, \\ \dfrac{1}{y}-\dfrac{1}{x}=1, \end{cases}$$

解之得

$$(x,y)=\left(\frac{5+3\sqrt{5}}{2},\frac{-5+3\sqrt{5}}{2}\right).$$

例 10 解方程组:

$$\begin{cases} \lg x+\lg y-2\lg(4-\sqrt{x})=0, \\ (25^{\sqrt{x}})^{\sqrt{y}}-125\cdot 5^{\sqrt{y}}=0. \end{cases}$$

解 原方程组可以化为

$$\begin{cases} \lg\dfrac{xy}{(4-\sqrt{x})^2}=\lg 1, \\ 5^{2\sqrt{xy}}=5^{3+\sqrt{y}}, \end{cases}$$

即

$$\begin{cases} \dfrac{xy}{(4-\sqrt{x})^2}=1, \\ \dfrac{xy}{(4-\sqrt{x})^2}=1. \end{cases}$$

解之得

$$(x,y)=(1,9)\text{或}(4,1).$$

例 11 解方程:$2\log_x 3\cdot\log_{3x}3=\log_{9\sqrt{x}}3$.

解 运用换底公式化为

$$\frac{2}{\log_3 x}\cdot\frac{1}{1+\log_3 x}=\frac{1}{2+\frac{1}{2}\log_3 x},$$

整理可得

$$\log_3 x(1+\log_3 x)=4+\log_3 x,$$

化简得

$$\log_3{}^2 x=4,$$

解之得 $x_1=9$，$x_2=\frac{1}{9}$.

例 12 解方程：$\log_a[1+\log_b(1+\log_c x)]=0$.

解 由对数定义得

$$1+\log_b(1+\log_c x)=1,$$

化简得

$$\log_c x=0,$$

所以 $x=1$.

例 13 解方程：$5^{1+\lg x}-5^{1-\lg x}=24$.

解 将原方程化为

$$5\cdot 5^{\lg x}-\frac{5}{5^{\lg x}}=24,$$

化简得

$$(5\cdot 5^{\lg x}+1)(5^{\lg x}-5)=0,$$

即

$$5^{\lg x}=-\frac{1}{5}\text{（舍去）},\quad 5^{\lg x}=5.$$

由指数定义得

$$\lg x=1,\text{即}\lg x=\lg 10,$$

所以原方程的解为 $x=10$.

例 14 a 为何值时，方程

$$\frac{\lg(2x)}{\lg(x+a)}=2$$

有唯一解？有两解？无解？

解 此方程可化为下列混合方程组

$$\begin{cases}\lg(x+a)\neq 0,\\ \lg(2x)=\lg(x+a)^2,\end{cases}$$

化简得

$$\begin{cases}x+a>0,\ x>0,\\ x+a\neq 0,\\ x=1-a\pm\sqrt{1-2a},\end{cases}$$

等价于

$$\begin{cases}1+\sqrt{1-2a}>0,\\ 1+\sqrt{1-2a}\neq 1,\\ 1-a+\sqrt{1-2a}>0\end{cases}\quad 或 \begin{cases}1-\sqrt{1-2a}>0,\\ 1-\sqrt{1-2a}\neq 0,\\ 1-a-\sqrt{1-2a}>0.\end{cases}$$

故有 $a<\frac{1}{2}$,或 $0<a<\frac{1}{2}$.

综合上面的情况,得到下面的结果:

1°当 $a\leqslant 0$ 时,原方程有唯一解 $x=1-a+\sqrt{1-2a}$.

2°当 $0<a<\frac{1}{2}$ 时,原方程有两解 $x=1-a\pm\sqrt{1-2a}$.

3°当 $a\geqslant\frac{1}{2}$ 时,原方程无解.

例 15 解方程:

(1) $\log_5\log_4\log_3 x=0$;

(2) $\lg x^{\lg x\lg x}=1$.

解 (1)由对数的定义得

$$\log_4\log_3 x=1\Leftrightarrow\log_3 x=4\Leftrightarrow x=3^4.$$

(2)由对数公式得

$$\lg x\cdot\lg x\cdot\lg x=1\Leftrightarrow\lg^3 x=1\Leftrightarrow x=10.$$

例 16 解方程:

(1) $\log_{(x+1)}(2x^2+3x-5)=2$;

(2) $\lg(2^x+3x-5)=x(1-\lg 5)$.

解 (1)由对数的定义得

$$(x+1)^2=2x^2+3x-5,$$

所以 $x_1=2$，$x_2=-3$（舍去）.

(2)由对数公式得

$$\lg(2^x+3x-5)=\lg 2^x,$$

即

$$2^x+3x-5=2^x,$$

所以 $x=\frac{5}{3}$.

例 17 解方程:

(1) $\log_8 x+\log_4 x+\log_2 x=11$;

(2) $\log_3 2\cdot\log_2 9^{\frac{x^2+1}{2}}=3-x$.

解 (1)利用换底公式,得

$$\frac{\lg x}{3\lg 2}+\frac{\lg x}{2\lg 2}+\frac{\lg x}{\lg 2}=11,$$

即

$$\lg x=\lg 2^6,$$

所以 $x=64$.

(2)利用换底公式,得

$$\frac{\lg 2}{\lg 3}\cdot\frac{(x^2+1)\lg 3}{\lg 2}=3-x,$$

化简得

$$x^2+1=3-x,$$

整理可得

$$(x+2)(x-1)=0,$$

所以 $x_1=-2$，$x_2=1$.

例 18 解方程:

(1) $9^{\log_3 x}-7^{\log_{49}x^2}-12=0$;

(2) $a^{\lg a}\cdot b^{\lg(a^2b)}\cdot x^{\lg\frac{1}{x}}=1$.

解 (1)原方程可化为

$$3^{2\log_3 x}-7^{\log_7 x}-12=0,$$

化简得

$$x^2-x-12=0,$$

整理可得

$$(x-4)(x+3)=0,$$

所以 $x_1=4$, $x_2=-3$.

(2)两边取对数,得

$$\lg^2 a+2\lg a\lg b+\lg^2 b-\lg^2 x=0,$$

化简得

$$\lg^2 x=(\lg a+\lg b)^2,$$

整理可得

$$\lg x=\pm\lg ab,$$

所以 $x_1=ab$, $x_2=\dfrac{1}{ab}$.

例19 解方程:

(1) $x^x=x$;

(2) $x^{\log_x(x-2)^2}=9$;

(3) $x^{\lg^2 x+3\lg x+3}=x$.

解 (1)设 $x>0$,两边取对数,得

$$x\lg x=\lg x\Leftrightarrow(x-1)\lg x=0,$$

解得 $x=1$.

若设 $x<0$,易得

$$-x^x=-x\Leftrightarrow x-x^x=0,$$

解得 $x=-1$.

(2)由对数恒等式,得

$$x^{\log_x(x-2)^2}=(x-2)^2,$$

故原方程可化为

$$(x-2)^2=9,$$

所以 $x_1=5$，$x_2=-5$（舍去）.

(3)两边取对数,得

$$\lg x(\lg^2 x+3x+2)=0,$$

化简得

$$\lg x=0,\ \lg x=-1,\ \lg x=-2,$$

所以 $x_1=1$，$x_2=0.1$，$x_3=0.01$.

例20 解方程组:

(1) $\begin{cases}3^x\cdot 9^{-y}=27,\\ \lg x+\lg y=1-\lg 5.\end{cases}$

(2) $\begin{cases}x^{\lg y}=4,\\ xy=40.\end{cases}$

解 (1)原方程组可以化为

$$\begin{cases}x-2y=3,\\ xy=2,\end{cases}$$

解之得$(x,y)=\left(4,\dfrac{1}{2}\right)$,舍去$(x,y)=(-1,-2)$.

(2)原方程化为

$$\begin{cases}\lg y\lg x=\lg 4,\\ \lg x+\lg y=1+\lg 4,\end{cases}$$

解之得(x,y)=(10,4)或(4,10).

例21 解方程组:

(1) $\begin{cases}\sqrt[10]{2^x}\cdot\sqrt{\sqrt[5]{2^y}}=\sqrt[x]{128},\\ \lg(x+y)+\lg(x-y)=\lg 40.\end{cases}$

(2) $\begin{cases}2^{\frac{x-y}{2}}-2^{\frac{x-y}{4}}=2,\\ 3^{\lg(2y-x)}=1.\end{cases}$

解 (1)原方程组化为

$$\begin{cases}x^2+xy=70,\\x^2-y^2=40,\end{cases}$$

解得$(x,y)=(7,3)$，舍去$(x,y)=(-7,-3)$.

(2)原方程组化为

$$\begin{cases}x-y=4,\\2y-x=1,\end{cases}$$

解得$(x,y)=(9,5)$.

例22 解方程组：

(1) $\begin{cases}\sqrt{x-1}+\sqrt{y-3}=\sqrt{x+y},\\\lg(10-x)+\lg(6-y)=1.\end{cases}$

(2) $\begin{cases}(ax)^{\lg a}=(by)^{\lg b},\\b^{\lg x}=a^{\lg y}.\end{cases}$

解 (1)原方程组化为

$$\begin{cases}xy-3x-y-1=0,\\(10-x)(6-y)=10,\end{cases}$$

解得$(x,y)=\left(4,\dfrac{13}{3}\right)$或$(5,4)$.

(2)将两个方程的两边取对数，得

$$\begin{cases}\lg a(\lg a+\lg x)=\lg b(\lg b+\lg y),\\\lg x\cdot\lg b=\lg y\cdot\lg a.\end{cases}$$

设$\lg a=s,\lg b=t,\lg x=u,\lg y=v$作替换，得

$$\begin{cases}su-tv=t^2-s^2,\\tu=sv,\end{cases}$$

解得$u=-s$，$v=-t$，即

$$\lg x=-\lg a,\quad \lg y=-\lg b,$$

所以$(x,y)=\left(\dfrac{1}{a},\dfrac{1}{b}\right)$.

例23 解方程：

(1) $(\log_x\sqrt{5})^2+3\log_x\sqrt{5}+\frac{5}{4}=0$;

(2) $(\log_3 x-2)(3\log_3 x-2)=7$;

(3) $\frac{1}{5-\lg x}+\frac{2}{1+\lg x}=1$.

解 (1)设 $y=\log_x\sqrt{5}$,替换后得

$$4y^2+12y+5=0,$$

解得

$$y_1=-\frac{1}{2},\ y_2=-\frac{5}{2},$$

代入所设,解得

$$x_1=\frac{1}{5},\ x_2=\frac{\sqrt[5]{625}}{5}.$$

(2)原方程化为

$$3\log_3{}^2 x-8\log_3 x-3=0,$$

解得

$$\log_3 x=-\frac{1}{3}\text{ 或 }\log_3 x=3,$$

所以

$$x_1=\frac{\sqrt[3]{9}}{3},\ x_2=27.$$

(3)去分母,得

$$\lg^2 x-5\lg x+6=0,$$

解得

$$\lg x=2\text{ 或 }\lg x=3,$$

所以

$$x_1=100,\ x_2=1000.$$

三、无理指数的幂函数方程

例1 方程 $x^{\varepsilon}=c$,其中 ε为无理数, $c>0$.

解 在 $c>0$ 时，方程 $x^{\varepsilon}=c$ 有唯一解：$x=c^{\frac{1}{\varepsilon}}$.

例 2 解方程：$x^{2\sqrt{5}}-7x^{\sqrt{5}}=0$.

解 原方程整理可得

$$(x^{\sqrt{5}})^2-7x^{\sqrt{5}}=0,$$

析因

$$x^{\sqrt{5}}(x^{\sqrt{5}}-7)=0,$$

化简得

$$x^{\sqrt{5}}=0 \text{ 或 } x^{\sqrt{5}}=7,$$

解得 $x_1=0$ 或 $x_2=7^{\frac{1}{\sqrt{5}}}$.

四、最简单的三角方程

三角方程	方程的解集 ($n\in\mathbf{Z}$)
$\sin x=a$	$\lvert a\rvert<1:\{x\mid x=n\pi+(-1)^n\arcsin a\}$
	$a=0:\{x\mid x=n\pi\}$
	$a=1:\left\{x\mid x=2n\pi+\frac{\pi}{2}\right\}$
	$a=-1:\left\{x\mid x=2n\pi-\frac{\pi}{2}\right\}$
	$\lvert a\rvert>1:\{x\mid x=\varphi\}$，即无解
$\cos x=a$	$\lvert a\rvert<1:\{x\mid x=2n\pi\pm\arccos a\}$
	$a=0:\left\{x\mid x=n\pi+\frac{\pi}{2}\right\}$
	$a=1:\{x\mid x=2n\pi\}$
	$a=-1:\{x\mid x=(2n+1)\pi\}$
	$\lvert a\rvert>1:\{x\mid x=\varphi\}$，即无解
$\tan x=a$	$\{x\mid x=n\pi+\arctan a\}$

例 1 解方程：$\sin 3x=\frac{1}{2}$.

解 直接用最简方程解法来解，得

$$3x = n\pi + (-1)^n \frac{\pi}{6} (n \in \mathbf{Z}),$$

所以

$$x = \frac{n\pi}{3} + (-1)^n \frac{\pi}{18} (n \in \mathbf{Z}),$$

故原方程的解集为

$$\left\{x \middle| x = \frac{n\pi}{3} + (-1)^n \frac{\pi}{18},\ n \in \mathbf{Z}\right\}.$$

例2　解方程：$\cos(x + \frac{\pi}{4}) = \frac{4}{5}$.

解　直接用最简方程解法来解，得

$$x + \frac{\pi}{4} = 2n\pi \pm \arccos\frac{4}{5} (n \in \mathbf{Z}),$$

故原方程的解集为

$$\left\{x \middle| x = 2n\pi - \frac{\pi}{4} \pm \arccos\frac{4}{5},\ n \in \mathbf{Z}\right\}.$$

例3　解方程：$\tan(ax + b) = m$.

解　因为

$$ax + b = \arctan m + n\pi (n \in \mathbf{Z}),$$

所以

$$x = \frac{\arctan m - b}{a} + \frac{n\pi}{a} (n \in \mathbf{Z}).$$

我们也可以利用角度不同，但三角函数符号及其值相同的三角函数关系来解三角方程.

不同角等值同符号的三角函数	方程的解 ($n \in \mathbf{Z}$)
$\sin x = \sin b$	$x = (-1)^n b + n\pi$
$\cos x = \cos b$	$x = \pm b + 2n\pi$
$\tan x = \tan b$ $\cot x = \cot b$	$x = b + n\pi$

例4　解方程：$\sin x = \cos x$.

解　因为 $\sin x = \cos\left(\frac{\pi}{2} - x\right)$，所以原方程就化为

$$\cos\left(\frac{\pi}{2}-x\right)=\cos x,$$

因此

$$\frac{\pi}{2}-x=\pm x+2n\pi(n\in\mathbf{Z}).$$

右边x前面的符号如取负号,则得到矛盾关系式,故不能取;右边x前面的符号如取正号,就得到

$$2x=\frac{\pi}{2}-2n\pi,\text{即 } x=\frac{\pi}{4}-n\pi(n\in\mathbf{Z}).$$

上式中$-n$和n都是任意整数,所以也可以写成

$$x=\frac{\pi}{4}+n\pi(n\in\mathbf{Z}).$$

例5 解方程:$\sin 3x+\sin 12°=0$.

解 因为$\sin 3x=\sin(-12°)$,故可得

$$3x=(-1)^n(-12°)+180°\cdot n,$$

所以 $x=(-1)^{n+1}\cdot 4°+n\cdot 60°\ (n\in\mathbf{Z})$.

例6 解方程:$\tan 5x=-\tan 2x$.

解 因为$\tan 5x=\tan(-2x)$,所以

$$5x=-2x+n\pi,\text{即 } 7x=n\pi,$$

因此 $x=\frac{n\pi}{7}\ (n\in\mathbf{Z})$.

在解较复杂的三角方程,有时可以通过有理代换的方法,把原方程变为基本方程来解.

例7 解方程:$2\cos^2 x-7\cos x+3=0$.

解 设$\cos x=y$,经过替换得

$$2y^2-7y+3=0,$$

解之 $y_1=3$, $y_1=\frac{1}{2}$.

因为 $|y|\leqslant 1$,故将 $y_1=3$ 舍去. 所以 $\cos x=\frac{1}{2}$,故 $x=2n\pi\pm\frac{\pi}{6}$ $(n\in\mathbf{Z})$.

例8 解方程：$\sin x+\cos x=1$.

解 因为 $\cos x=\pm\sqrt{1-\sin^2 x}$，故可设 $\sin x=y$，作替换得

$$y\pm\sqrt{1-y^2}=1,$$

整理得

$$2y^2-2y=0,$$

解得 $y_1=0$，$y_2=1$. 代入所设，得

$$x_1=2n\pi,\ x_2=2n\pi+\frac{\pi}{2}(n\in\mathbf{Z}).$$

例9 解方程：$\tan x+3\cot x=4$.

解 两边乘以 $\tan x$（它不等于零时），得

$$\tan^2 x-4\tan x+3=0,$$

析因得

$$(\tan x-1)(\tan x-3)=0,$$

所以 $\tan x=1$，$\tan x=3$. 故得

$$x=n\pi+\frac{\pi}{4}\text{ 或 }x=n\pi+\arctan 3\ (n\in\mathbf{Z}).$$

三角方程不易直接求解时，可先利用三角恒等式将原方程化为最简方程. 在诸多三角恒等式中，“万能公式”在解三角方程时具有一定的优势，因为它可以将各种不同的三角函数化为同一个变量，把三角方程变成有理代数方程.

所谓“万能公式”，指的是以下一组代换公式：

若 $t=\tan\frac{x}{2}$，则有

$$\sin x=\frac{2t}{1+t^2},\quad \cos x=\frac{1-t^2}{1+t^2},\quad \tan x=\frac{2t}{1-t^2}.$$

例10 解方程：$a\sin x+b\cos x+c=0$.

解 设 $t=\tan\frac{x}{2}$，用“万能公式”作代换得

$$a\cdot\frac{2t}{1+t^2}+b\cdot\frac{1-t^2}{1+t^2}+c\cdot\frac{1+t^2}{1+t^2}=0,$$

去分母,得

$$(c-b)t^2+2at+(b+c)=0.$$

1°当 $c\neq b$ 时, $t=\dfrac{-a\pm\sqrt{a^2+b^2-c^2}}{c-b}$.

在 $a^2+b^2\geqslant c^2$ 时,解得

$$x=2\arctan\frac{-a\pm\sqrt{a^2+b^2-c^2}}{c-b}+2n\pi(n\in\mathbf{Z});$$

在 $a^2+b^2\leqslant c^2$ 时,此方程就无解.

2°当 $c=b$ 时, $2at+(b+c)=0$,即 $t=-\dfrac{b+c}{2a}$.

解得

$$x=2\arctan\frac{-(b+c)}{2a}+2n\pi\ (n\in\mathbf{Z}).$$

例 11 解方程: $3-7\cos^2x\cdot\sin x-3\sin^3x=0$.

解 设 $t=\sin x$,则 $\cos^2x=1-t^2$,替换后得

$$4t^3-7t+3=0,$$

析因得

$$4(t-1)\left(t-\frac{1}{2}\right)\left(t+\frac{3}{2}\right)=0,$$

所以 $t_1=1$, $t_2=\dfrac{1}{2}$, $t_3=-\dfrac{3}{2}$ (舍去).故原方程的解为

$$x=n\pi+\frac{\pi}{2}\ 或\ x=(-1)^n\cdot\frac{\pi}{6}+n\pi\ (n\in\mathbf{Z}).$$

例 12 解方程:

$$\frac{1+\tan x}{1-\tan x}=1+\sin 2x.$$

解 设 $\tan x=t$,则有

$$\sin 2x=\frac{2\tan x}{1+\tan^2x}.$$

将它代入原方程作替换,得

$$\frac{1+t}{1-t}=1+\frac{2t}{1+t^2},$$

析因得

$$2(1+t)t^2=0,$$

解得 $t_1=-1$，$t_2=0$. 所以

$$x_1=-\frac{\pi}{4}+n\pi,\ x_2=n\pi\ (n\in\mathbf{Z}).$$

例13 解方程：$5\cos 2x=4\sin x$.

解 设 $\sin x=t$，则有

$$\cos 2x=1-2\sin^2 x=1-2t^2.$$

代入原方程得

$$5-10t^2=4t,$$

化简得

$$10t^2+4t-5=0,$$

解得

$$t=\frac{-2\pm\sqrt{54}}{10}，即\ \sin x=\frac{-2\pm\sqrt{54}}{10},$$

所以

$$x=(-1)^n\arcsin\left(\frac{-2\pm\sqrt{54}}{10}\right)+n\pi\ (n\in\mathbf{Z}).$$

解三角方程时，除了应用“万能公式”外，也还有其他三角恒等式可以把较复杂的三角方程化为最简三角方程.

例14 解方程：$\sin kx=\sin px$ ($|k|\neq|p|$).

解 因为 $\sin kx-\sin px=0$，由和差化积公式，将它化为乘积的形式，得

$$2\sin\frac{k-p}{2}x\cdot\cos\frac{k+p}{2}x=0,$$

易得

$$\sin\frac{k-p}{2}x=0\ 或\ \cos\frac{k+p}{2}x=0.$$

所以

$$\frac{k-p}{2}x=n\pi \text{ 或 } \frac{k+p}{2}x=n\pi+\frac{\pi}{2},$$

即

$$x=\frac{2n\pi}{k-p} \text{ 或 } x=\frac{(2n+1)\pi}{k+p}.$$

将这两个解合并，写成一个表达式，得

$$x=\frac{n\pi}{k-(-1)^n p}\ (n\in\mathbf{Z}).$$

例15 解方程：$\sin x+\sin 2x+\sin 3x=1+\cos x+\cos 2x$.

解 将原方程各项重新组合

$$(\sin x+\sin 3x)+\sin 2x=(1+\cos 2x)+\cos x,$$

应用和差化积公式与倍角公式得

$$2\sin 2x\cdot\cos x+\sin 2x=2\cos^2 x+\cos x,$$

析因得

$$\sin 2x(2\cos x+1)=\cos x(2\cos x+1),$$

移项析因，得

$$\cos x(2\cos x+1)(2\sin x-1)=0,$$

故得

$$\cos x=0 \text{ 或 } \cos x=-\frac{1}{2} \text{ 或 } \cos x=\frac{1}{2}.$$

所以原方程的解为

$$x=n\pi+\frac{\pi}{2} \text{ 或 } x=\pm\frac{2\pi}{3}+2n\pi \text{ 或 } x=(-1)^n\frac{\pi}{6}+n\pi\ (n\in\mathbf{Z}).$$

例16 解方程：$\sin x+2\sin x\cdot\cos(a-x)-\sin a=0$.

解 应用积化和差的公式，将原方程化为

$$\sin x+\sin(2x-a)=0\Leftrightarrow\sin(2x-a)=\sin(-x)$$
$$\Leftrightarrow 2x-a=(-1)^n x+n\pi$$
$$\Leftrightarrow 2x+(-1)^{n+1}x=a+n\pi$$
$$\Leftrightarrow x[2+(-1)^{n+1}=a+n\pi,$$

所以

$$x=\frac{a+n\pi}{2+(-1)^{n+1}}\ (n\in\mathbf{Z}).$$

例 17 解方程：$a\sin(x+c)+b\sin(x+d)=0$，其中 $a\neq0$，$b\neq0$，c 和 d 的值均在 0 与 2π 之间，且 $c\neq d$.

解 将原方程化为

$$\frac{\sin(x+c)}{\sin(x+d)}=-\frac{b}{a}.$$

若 $a\neq-b$，应用合分比定理，再利用和差化积公式，得

$$\frac{\sin(x+c)+\sin(x+d)}{\sin(x+c)-\sin(x+d)}=-\frac{a-b}{a+b}$$

$$\Leftrightarrow\frac{\tan\left(x+\frac{c+d}{2}\right)}{\tan\frac{c-d}{2}}=\frac{b-a}{b+a},$$

此时在 $\frac{c-d}{2}\neq\frac{\pi}{2}$，即 $c\neq d+\pi$ 时，可得

$$\tan\left(x+\frac{c+d}{2}\right)=\frac{b-a}{b+a}\tan\frac{c-d}{2},$$

所以

$$x=-\frac{c+d}{2}+\arctan\left(\frac{b-a}{b+a}\tan\frac{c-d}{2}\right)+n\pi\ (n\in\mathbf{Z}).$$

若 $a=-b$ 时，原来的方程就不能利用合分比定理，而利用和差化积的公式，方程也能解出来.

如 $c=d+\pi$ 时，方程可变为

$$a\sin(x+c)-b\sin(x+c)=0.$$

1°当 $a\neq b$ 时，$\sin(x+c)=0$，即 $x=-c+n\pi\ (n\in\mathbf{Z})$；

2°当 $a=b$ 时，$x\in\mathbf{R}$.

对于某些三角方程，有时可以用引入辅助角的方法，把原方程化为最简单的三角方程来解.

例 18 解方程：$a\sin x+b\cos x=c$，其中 $a\neq0$，$b\neq0$.

解 引入下面条件所确定的辅助角

$$\frac{b}{\sin\varphi}=\frac{a}{\cos\varphi},$$

易得

$$\sin\varphi=\frac{b}{\pm\sqrt{a^2+b^2}},\quad \cos\varphi=\frac{a}{\pm\sqrt{a^2+b^2}},$$

选择根号前面的符号,只要满足 $\cos\varphi=\frac{a}{\pm\sqrt{a^2+b^2}}>0$ 即可.于是得

$$\tan\varphi=\frac{b}{a},\text{即 }\varphi=\arctan\frac{b}{a}.$$

在原方程两边同时除以 $\sqrt{a^2+b^2}$,按照上面的方法确定符号,得

$$\sin x\cdot\cos\varphi+\cos x\cdot\sin\varphi=\frac{c}{\sqrt{a^2+b^2}},$$

整理得

$$\sin(x+\varphi)=\frac{c}{\sqrt{a^2+b^2}},$$

所以

$$x=(-1)^n\arcsin\frac{c}{\sqrt{a^2+b^2}}+n\pi-\arctan\frac{b}{a}(n\in\mathbf{Z}).$$

从而,当 $a^2+b^2\geqslant c^2$ 时,原方程有解;当 $a^2+b^2<c^2$ 时,原方程无解.

例 19 解方程:$\sqrt{3}\cos x+\sin x=1$.

解 原方程化为

$$\frac{\sqrt{3}}{2}\cdot\cos x+\frac{1}{2}\cdot\sin x=\frac{1}{2},$$

引入辅助角 $\varphi=\frac{\pi}{3}$,则

$$\sin\left(x+\frac{\pi}{3}\right)=\frac{1}{2},$$

所以

$$x=(-1)^n\frac{\pi}{6}-\frac{\pi}{3}+n\pi\ (n\in\mathbf{Z}).$$

例 20 解方程:$a\cos x+b\sin x=a\cos mx+b\sin mx$.

解 引入辅助角 $\varphi=\arctan\dfrac{b}{a}$，得

$$\cos(x-\varphi)=\cos(mx-\varphi),$$

由此得

$$mx-\varphi=\pm(x-\varphi)+2k\pi,$$

所以

$$x=\frac{2}{m+1}\left(\arctan\frac{b}{a}+k\pi\right)\text{或 }x=\frac{2k\pi}{m-1}\ (k\in\mathbf{Z}).$$

此时的条件是 $m\neq\pm1$，因为 $m=1$，则原方程是恒等式. 当 $m=-1$ 时，则原方程变为 $b\sin x=-b\sin x$. $b\neq0$ 时，得 $\sin x=0$，解为 $x=k\pi$ $(k\in\mathbf{Z})$.

解三角方程时，根据具体情况也可以运用配方法，把方程化为最简三角方程.

例 21 解方程：$\sin^4x+\cos^4x+\sin 2x+a=0$.

解 因为

$$\begin{aligned}&\sin^4x+\cos^4x\\&=(\sin^2x+\cos^2x)^2-2\sin^2x\cdot\cos^2x\\&=1-\frac{1}{2}\sin^2 2x,\end{aligned}$$

所以

$$\sin^2 2x-2\sin 2x-2(1+a)=0.$$

设 $t=\sin 2x$，代入上面方程，得

$$t^2-2t-2(1+a)=0,$$

解之得

$$t=1\pm\sqrt{2a+3}.$$

由于 $|t|\leqslant1$，故对 $t=1+\sqrt{2a+3}$，a 仅能取 $a=-\dfrac{3}{2}$. 若对 $t=1-\sqrt{2a+3}$，则必须 $-1\leqslant1-\sqrt{2a+3}\leqslant1$，即 $-\dfrac{3}{2}\leqslant a\leqslant\dfrac{1}{2}$.

所以在 $-\dfrac{3}{2}\leqslant a\leqslant\dfrac{1}{2}$ 时，原方程的解为

$$x=\frac{1}{2}[(-1)^n \arcsin(1-\sqrt{2a+3})+n\pi]\ (n\in \mathbf{Z}).$$

五、反三角函数最简方程

反三角函数最简方程	函数值所在的区间	符合函数值所在区间的解
$\arcsin x=m$	$-\frac{\pi}{2}\leqslant m\leqslant\frac{\pi}{2}$	$x=\sin m$
$\arccos x=m$	$0\leqslant m\leqslant\pi$	$x=\cos m$
$\arctan x=m$	$-\frac{\pi}{2}< m<\frac{\pi}{2}$	$x=\tan m$
$\operatorname{arccot} x=m$	$0< m<\pi$	$x=\cot m$

解关于反三角函数符号下的方程时,可以通过各种途径把它转换为最简方程来解.

例1 解方程:

(1) $3\arcsin\sqrt{x}-\pi=0$;

(2) $4\arctan(x^2-3x+3)-\pi=0$;

(3) $\arctan(x+2)-\arctan(x+1)=\frac{\pi}{4}$;

(4) $\arccos x=\arctan x$.

解 (1)因为 $\arcsin\sqrt{x}=\frac{\pi}{3}$,所以 $\sqrt{x}=\frac{\sqrt{3}}{2}$,即 $x=\frac{3}{4}$.

(2) 因为 $\arctan(x^2-3x+3)=\frac{\pi}{4}$, 所以 $x^2-3x+3=1$, 解得 $x_1=1, x_2=2$.

(3) 两边取正切,运用正切差角公式,得 $x^2+3x+2=0$,解得 $x_1=-1, x_2=-2$.

(4)两边取余弦,利用反三角函数之间关系,得

$$\cos(\arctan x)=\frac{1}{\sqrt{1+x^2}},$$

化简得 $x=\frac{1}{\sqrt{1+x^2}}$,推得 $x^4+x^2-1=0$. 解得

$$x_1=\sqrt{\frac{\sqrt{5}-1}{2}},\ x_2=-\sqrt{\frac{\sqrt{5}-1}{2}}\text{(舍去)}.$$

例 2 解方程：$2\arcsin x=\arccos 2x$.

解 两边取余弦，得

$$\cos(2\arcsin x)=\cos(\arccos 2x)$$

$$\Leftrightarrow \cos^2(\arcsin x)-\sin^2(\arcsin x)=2x.$$

利用反三角函数之间关系 $\cos(\arcsin x)=\sqrt{1-x^2}$，得

$$1-x^2-x^2=2x\text{，即 }2x^2+2x-1=0,$$

解得

$$x_1=\frac{-1+\sqrt{3}}{2},\ x_2=\frac{-1-\sqrt{3}}{2}\text{(舍去)}.$$

§ 7 利用根与系数关系法

此方法就是利用一元 n 次方程根与系数的关系，也就是韦达定理来解方程或方程组. 韦达定理的内容，已在其他分册中作过详细的介绍，本节只在举例中插入说明.

例 1 解关于 x 的二次方程：$(a+b-c)x^2-2ax+(a-b+c)=0$.

解 因为方程各项系数之和为零，故至少有一个根是 $x_1=1$，即

$$(a+b-c)\cdot 1-2a\cdot 1+(a-b+c)=0,$$

又由韦达定理，得

$$x_1+x_2=\frac{2a}{a+b-c},\ x_1\cdot x_2=\frac{a-b+c}{a+b-c},$$

所以 $x_2=\dfrac{a-b+c}{a+b-c}$.

例 2 解方程组：

$$\begin{cases}x+y+z=9,\\ \dfrac{1}{x}+\dfrac{1}{y}+\dfrac{1}{z}=1,\\ xy+yz+zx=27.\end{cases}$$

解 如果方程 $x^3+ax^2+bx+c=0$ 的三个根为 x_1,x_2,x_3,则根与系数的关系是

$$\begin{cases}x_1+x_2+x_3=-a,\\x_1x_2+x_2x_3+x_3x_1=b,\\x_1x_2x_3=-c.\end{cases}$$

于是由第二个方程得

$$xy+yz+zx=xyz,$$

又由第三个方程得

$$xyz=27,$$

因此原方程组可以化为

$$\begin{cases}x+y+z=9,\\xy+yz+zx=27,\\xyz=27.\end{cases}$$

据韦达定理,以 x,y,z 为根,可以构造一个一元三次方程.设变量为 t,因此有

$$t^3-9t^2+27t-27=0,$$

析因得

$$(t-3)^3=0,$$

解得

$$t_1=t_2=t_3=3.$$

所以 $x=y=z=3$.

例3 解方程组:

$$\begin{cases}x+y+z=6, & \cdots\cdots①\\x^2+y^2+z^2=14, & \cdots\cdots②\\x^3+y^3+z^3=36. & \cdots\cdots③\end{cases}$$

解 由①²-②得

$$xy+yz+zx=11, \quad \cdots\cdots④$$

又因为

$$x^3+y^3+z^3-3xyz=(x+y+z)(x^2+y^2+z^2-xy-yz-zx)$$
$$=6(14-11)=18,$$

所以

$$xyz=\frac{1}{3}(36-18)=6. \quad \cdots\cdots⑤$$

由①④⑤可以构造一个以 x,y,z 为根的方程,得

$$t^3-6t^2+11t-6=0.$$

这个方程各项系数和为零,故有一个根为1,即 $t_1=1$. 再由综合除法得到析因式方程

$$(t-1)(t^2-5t+6)=0,$$

所以

$$t_1=1,\ t_2=2,\ t_3=3.$$

因此原方程组有六组解,即

$$(x,y,z)=(1,2,3)\vee(1,3,2)\vee(2,1,3)\vee(2,3,1)\vee(3,1,2)\vee(3,2,1).$$

例4 已知 $1-i$ 是下列方程的一个根,求解此方程:

$$x^4-4x^3+5x^2-2x-2=0.$$

解 由于实系数方程的复数根是成一对共轭根出现的, $1-i$ 是它的一个根,则 $1+i$ 也是方程的一个根.

设 α,β 是它的另外两个根,据韦达定理得

$$\begin{cases}\alpha+\beta+(1+i)+(1-i)=4,\\ \alpha\beta(1+i)(1-i)=-2,\end{cases}$$

化简后得

$$\begin{cases}\alpha+\beta=2,\\ \alpha\beta=-1.\end{cases}$$

再据韦达定理, α,β 作为二根,构造一个一元二次方程

$$x^2-2x-1=0,$$

所以

$$\alpha=1+\sqrt{2},\ \beta=1-\sqrt{2}.$$

因此原方程的四个根为

$$x_{1,2}=1\pm i,\ x_{3,4}=1\pm\sqrt{2}.$$

例5 k为何值时,方程 $x^3-13x^2-65x+k=0$ 中一个根是另外一个根的3倍,并求解此方程.

解 设方程的三个根为x_1,x_2,x_3,且 $x_2=3x_1$,由韦达定理得

$$\begin{cases}x_1+x_2+x_3=13,\\x_1x_2+x_1x_3+x_2x_3=-65,\\x_1x_2x_3=-k,\end{cases}$$

即

$$\begin{cases}4x_1+x_3=13,\\3x_1^2+4x_1x_3=-65,\\3x_1^2x_3=-k.\end{cases}$$

由前面两个方程得

$$(x_1-5)(x_1+1)=0,$$

即 $x_1=5$ 或-1,于是 $x_2=15$ 或-3.再由第一个方程得 $x_3=-7$ 或17,最后由第三个方程得到k的值.所以

当 $k=525$ 时,$(x_1,x_2,x_3)=(5,15,-7)$;

当 $k=-51$ 时,$(x_1,x_2,x_3)=(-1,-3,17)$.

例6 已知下列方程的两个根是 $2-i$ 和i,解此方程:

$$2x^5-7x^4+8x^3-2x^2+6x+5=0.$$

解 由于实系数方程的虚根是成对出现的,所以 $2-i$ 和i也是方程的根.再设第五个根为y,则据韦达定理,得

$$(2+i)+(2-i)+i-i+y=\frac{7}{2},$$

所以解得 $y=-\frac{1}{2}$.因此原方程的五个根为

$$x_{1,2}=2\pm i,\ x_{3,4}=\pm i,\ x_5=-\frac{1}{2}.$$

例7 已知方程:$x^3-2x^2-x+2=0$ 的一个根是另一个根的两倍,求解此方程.

解 设方程的三个根为 $\alpha,2\alpha,\beta$,则由根与系数的关系得

$$\begin{cases}\alpha+2\alpha+\beta=2,\\ \alpha\cdot 2\alpha\cdot\beta=-2,\end{cases}$$

解得 $\alpha=1$，$\beta=-1$. 所以方程的解为

$$(x_1,x_2,x_3)=(1,2,-1).$$

例8 已知方程：$2x^3-5x^2-4x+12=0$ 有一个二重根，求解此方程.

解 设此方程的三个根为 α,α,β，由根与系数的关系，得

$$\begin{cases}2\alpha+\beta=\dfrac{5}{2}, & \cdots\cdots①\\ \alpha^2+2\alpha\beta=-2, & \cdots\cdots②\\ \alpha^2\beta=-6. & \cdots\cdots③\end{cases}$$

由①式得

$$\beta=\frac{5}{2}-2a, \qquad \cdots\cdots④$$

将其代入②，得

$$3\alpha^2-5\alpha-2=0,$$

解得 $\alpha_1=-\dfrac{1}{3}$，$\alpha_2=2$. 将其代入④，得

$$(\alpha,\alpha,\beta)=\left(2,2,-\frac{3}{2}\right)\text{或}\left(-\frac{1}{3},-\frac{1}{3},\frac{19}{6}\right).$$

经检验前一组解满足方程，后一组解不满足方程.

例9 已知方程：$x^4-4x^3-24x^2+56x+52=0$ 的四个根成等差数列，求解这个方程.

解 设这四个根的公差为 $2b$，四个根为 $a-3b,a-b,a+b,a+3b$. 则据根与系数的关系，得

$$\begin{cases}4a=4,\\ 2(3a^2-5b^2)=-24,\\ 4a(a^2-5b^2)=-56,\\ (a^2-9b^2)(a^2-b^2)=52,\end{cases}$$

解之，得 $a=1$，$b=\pm\sqrt{3}$. 将其代入所设就得到原方程的四个根

$$x_{1,2}=1\pm\sqrt{3},\ x_{3,4}=1\pm3\sqrt{3}.$$

例 10 已知方程：$x^3-6\sqrt{3}x^2+35x-22\sqrt{3}=0$ 的三个根成等差数列,求解此方程式.

解 设此方程的三个根为 $a-d$, a, $a+d$. 据韦达定理,得

$$\begin{cases}a-d+a+a+d=6\sqrt{3},\\a(a^2-d^2)=22\sqrt{3},\end{cases}$$

解之,得 $a=2\sqrt{3}$, $d=\pm1$. 故原方程的三个根为

$$x_1=2\sqrt{3},\ x_{2,3}=2\sqrt{3}\pm1.$$

例 11 方程：$x^3-9\sqrt{2}x^2+46x-30\sqrt{2}=0$ 的三个根成等差数列,求解此方程.

解 设此方程的三个根为 $a-d$, a, $a+d$. 据韦达定理得

$$\begin{cases}a-d+a+a+d=9\sqrt{2},\\a(a^2-d^2)=30\sqrt{2},\end{cases}$$

解得 $a=3\sqrt{2}$, $d=\pm2\sqrt{2}$. 所以原方程的根为

$$x_1=3\sqrt{2},\ x_2=5\sqrt{2},\ x_3=\sqrt{2}.$$

§ 8 配方法

所谓配方法,是指将所给方程的函数式配成完全平方式,再通过开方或辅以讨论,来解方程或方程组的方法.

例 1 解方程：$x^2-4(x-1)\sqrt{x}+2x=0$.

解 由方程的存在域知：$x\geqslant0$. 由此可得 $4x=(2\sqrt{x})^2$,因此方程可以化为

$$(x-1)^2-4(x-1)\sqrt{x}+(2\sqrt{x})^2=1,$$

即

$$(x-1-2\sqrt{x})^2=1,$$

两边开平方,得

$$x-1-2\sqrt{x}=\pm 1,$$

解得

$$x_1=0,\ x_2=4+2\sqrt{3},\ x_3=4\text{（增根）},\ x_4=4-2\sqrt{3}\text{（增根）}.$$

例2 解方程：$x^2+x+2x\sqrt{x+2}=14$.

解 方程的存在域为 $x\geqslant -2$，即 $\sqrt{x+2}\geqslant 0$. 因此方程可化为

$$x^2+2x\sqrt{x+2}+(x+2)=16,$$

即

$$(x+\sqrt{x+2})^2=4^2,$$

两边开平方，得

$$x+\sqrt{x+2}=\pm 4,$$

解得 $x_1=2$，$x_2=7$（增根）. 所以原方程的解为 $x=2$.

例3 求方程的整数解：$x^2-2xy+2y^2=676$，其中 $x, y\in \mathbf{Z}$.

解 原方程可以化为

$$(x-y)^2+y^2=676,$$

而

$$676=576+100=24^2+10^2,$$

故原方程的解是以下方程组的整数解

$$\begin{cases}x-y=10,\\ y=24\end{cases} \text{或} \begin{cases}x-y=24,\\ y=10\end{cases} \text{或} \begin{cases}x-y=-10,\\ y=-24\end{cases} \text{或} \begin{cases}x-y=-24,\\ y=-10\end{cases}$$

$$\text{或} \begin{cases}x-y=-10,\\ y=24\end{cases} \text{或} \begin{cases}x-y=-24,\\ y=10\end{cases} \text{或} \begin{cases}x-y=10,\\ y=-24\end{cases} \text{或} \begin{cases}x-y=24,\\ y=-10.\end{cases}$$

所以原方程的解为

$$(x,y)=(34,24)\vee(34,10)\vee(-34,-24)\vee(-34,-10)\vee(-14,-24)\vee$$
$$(-14,10)\vee(-14,24)\vee(14,-10).$$

例4 解方程：$2\cdot 6^x+4^x=9^x$.

解 方程两边同除以 9^x，得

$$\left(\frac{2}{3}\right)^{2x}+2\cdot\left(\frac{2}{3}\right)^x+1=2,$$

化简得

$$\left[\left(\frac{2}{3}\right)^x+1\right]^2=2\text{，即}\left(\frac{2}{3}\right)^x=\pm\sqrt{2}-1.$$

由于 $a^x>0\,(a>0,a\neq1)$，因此将 $\left(\frac{2}{3}\right)^x=-\sqrt{2}-1$（舍去）. 故原方程的解为

$$x=\log_{\frac{2}{3}}(\sqrt{2}-1).$$

例 5　解方程：$32\cos^6 x-\cos 6x=1$.

解　因为

$$\cos 6x=4\cos^3 2x-3\cos 2x,$$

$$\cos^6 x=\left(\frac{1+\cos 2x}{2}\right)^3,$$

所以原方程可以变为

$$4\cos^2 2x+5\cos 2x+1=0,$$

配方得

$$\left(\cos 2x+\frac{5}{8}\right)^2=\left(\frac{3}{8}\right)^2,$$

解之得

$$\cos 2x=-1\text{ 或 }\cos 2x=-\frac{1}{4}.$$

所以原方程的解为

$$x_1=n\pi+\frac{\pi}{2},\ \ x_2=n\pi\pm\arccos\left(-\frac{1}{4}\right),\ \ n\in\mathbf{Z}.$$

例 6　解方程：$6\sin^2 x+3\sin x\cdot\cos x-5\cos^2 x=2$.

解　由于 $2=2\sin^2 x+2\cos^2 x$，所以方程可以化为

$$4\sin^2 x+3\sin x\cdot\cos x-7\cos^2 x=0,$$

由于 $\cos x\neq0$，方程两边同除以 $\cos^2 x$，得

$$4\tan^2 x+3\tan x-7=0,$$

配方得

$$\left(\tan x+\frac{3}{8}\right)^2=\left(\frac{11}{8}\right)^2,$$

解之得

$$\tan x = 1 \text{ 或 } \tan x = -\frac{7}{4}.$$

所以原方程的解为

$$x_1 = n\pi + \frac{\pi}{4},\ \ x_2 = n\pi - \arctan\left(\frac{7}{4}\right),\ \ n \in \mathbf{Z}.$$

例7 求方程的整数解：

$$\sqrt{x+\sqrt{x+\sqrt{x+\cdots+\sqrt{x+\sqrt{x}}}}} = y \text{(有2012重根号)}.$$

解 将方程两边平方，左边得到的根式应该是 $y^2 - x$，而 $y^2 - x$ 是整数，这样如此下去…，得到 $\sqrt{x+\sqrt{x}} = m$，$\sqrt{x} = k$，$k \in \mathbf{Z}$.

由此得到 $x = k^2$，$x + \sqrt{x} = m^2$，推得 $k(k+1) = m^2$. 当 $k > 0$ 时，

$$k^2 \leqslant k(k+1) \leqslant (k+1)^2,$$

所以 $k(k+1)$ 不可能是完全平方数.因此，原方程的唯一整数解是

$$x = y = 0.$$

例8 求方程的整数解：$x^2 + x = y^4 + y^3 + y^2 + y$.

解 在方程的两边乘以4，再分别加上1，得

$$\begin{aligned} &4x^2 + 4x + 1 = 4y^4 + 4y^3 + 4y^2 + 4y + 1 \\ \Leftrightarrow\ &(2x+1)^2 = (2y^2+y)^2 + 3y^2 + 4y + 1 \\ \Leftrightarrow\ &(2x+1)^2 = (2y^2+y+1)^2 - y^2 + 2y, \end{aligned}$$

其中 $2y^2 + y$ 与 $2y^2 + y + 1$ 是两个相继整数.

当 $y > 2$ 时，有

$$3y^2 + 4y + 1 > 0,\ \ -y^2 + 2y < 0,$$

于是推出

$$(2y^2+y+1)^2 > (2x+1)^2 > (2y^2+y)^2. \qquad \cdots\cdots①$$

但是当 $y > 2$ 时，①是不可能成立的，因为两个相继的整数之间，没有整数存在.此时方程无解.

当 $y < -1$ 时，有

$$3y^2+4y+1>0,\quad -y^2+2y<0,$$

同样推出

$$(2y^2+y+1)^2>(2x+1)^2>(2y^2+y)^2. \quad \cdots\cdots ②$$

同理,②也是不可能成立的.

既然$(y>2)\wedge(y<-1)$不能使方程有整数解,那么整数y可能存在的区间为$-1\leqslant y\leqslant 2\ (y\in\mathbf{Z})$. 因此,$y$只能在0,±1,2中间选取.由此得到以下六组解:

$$(x,y)=(0,0)\vee(-1,0)\vee(0,-1)\vee(-1,-1)\vee(-6,2)\vee(5,2).$$

例9 解方程组:

$$\begin{cases} x+y+z=0, & \cdots\cdots ① \\ x^2+y^2-z^2=20, & \cdots\cdots ② \\ x^4+y^4-z^4=560. & \cdots\cdots ③ \end{cases}$$

解 由①得

$$x+y=-z, \quad \cdots\cdots ④$$

由②得

$$x^2+y^2=(x+y)^2-2xy=20+z^2, \quad \cdots\cdots ⑤$$

将④代入⑤,化简得

$$z^2-2xy=20+z^2,$$

即

$$xy=-10, \quad \cdots\cdots ⑥$$

由③得

$$x^4+y^4=(x^2+y^2)^2-2(xy)^2=560+z^4,$$

将⑤⑥代入上式,得

$$(20+z^2)^2-200=560+z^4,$$

即

$$z=\pm 3. \quad \cdots\cdots ⑦$$

由④⑥⑦得到以下方程组

$$\begin{cases}x+y=3,\\xy=-10\end{cases}\text{或}\begin{cases}x+y=-3\\xy=-10.\end{cases}$$

1°以x,y为两根,应用韦达定理,得二次方程

$$t^2-3t-10=0 \text{ 或 } t^2+3t-10=0.$$

解得

$$(x,y,z)=(5,-2,-3)\vee(-2,5,-3)\vee(-5,2,3)\vee(2,-5,3).$$

2°也可以应用关系式

$$(x-y)^2=(x+y)^2-4xy=32+40=72,$$

推得 $x-y=\pm7$,与 $x+y=\pm3$ 构成方程组解之.

例 10 解方程:$2\cos^2x-\sin x\cos x=\dfrac{1}{2}$.

解 将原方程化为

$$4\cos^2x-2\sin x\cos x=\sin^2x+\cos^2x$$

$$\Leftrightarrow \sin^2x+2\sin x\cos x-3\cos^2x=0,$$

同除以 $\cos^2x\neq0$,得

$$\tan^2x+2\tan x+1=4,$$

即

$$(\tan x+1)^2=2^2,$$

解得

$$\tan x=1 \text{ 或 } \tan x=-3.$$

所以

$$x=k\pi+\frac{\pi}{4},\ \ x=k\pi+\arctan(-3)(k\in\mathbf{Z}).$$

例 11 解方程:$\log_{\sin x\cos x}\sin x\cdot\log_{\sin x\cos x}\cos x=\dfrac{1}{4}$.

解 原方程化为

$$\frac{\log_a\sin x+\log_a\cos x}{\log_a\sin x}\times\frac{\log_a\sin x+\log_a\cos x}{\log_a\cos x}=4$$

$$\Leftrightarrow(1+\log_{\sin x}\cos x)(1+\log_{\cos x}\sin x)=4$$

$$\Leftrightarrow(\log_{\sin x}\cos x-1)^2=0$$

$$\Leftrightarrow \log_{\sin x} \cos x = 1.$$

所以 $\sin x = \cos x$. 又 $\sin x > 0$, $\cos x > 0$, 故

$$x = 2k\pi + \frac{\pi}{4}(k \in \mathbf{Z}).$$

§ 9　构造辅助式或辅助方程(组)法

所谓构造辅助式或辅助方程(组)法,是指根据题设条件构造出一个过渡式的辅助函数式或辅助方程(组),试图通过它们的联结使原方程(组)容易解决.

用这种方法解方程(组),常见的有以下几个具体方法.

一、共轭因式法

当 $a \geqslant 0, b \geqslant 0$ 时, $\sqrt{a} + \sqrt{b}$ 与 $\sqrt{a} - \sqrt{b}$ 互相称为共轭因式,而 $(\sqrt{a} + \sqrt{b})(\sqrt{a} - \sqrt{b}) = a - b$. 因此,在解涉及此类的无理函数方程时,常引入共轭因式作为辅助式,使无理方程变成有理方程,从而使解法变得简捷.这种解法我们称之为共轭因式法.

例1　解方程: $\sqrt{x^2 + 5x - 2} - \sqrt{x^2 + 5x - 5} = 1.$　……①

解　方法一:方程左端乘以共轭因式,化简得

$(\sqrt{x^2 + 5x - 2} - \sqrt{x^2 + 5x - 5})(\sqrt{x^2 + 5x - 2} + \sqrt{x^2 + 5x - 5}) = 3,$ ……②

将①代入②,得

$$\sqrt{x^2 + 5x - 2} + \sqrt{x^2 + 5x - 5} = 3. \quad ……③$$

由①+③得

$$\sqrt{x^2 + 5x - 2} = 2,$$

两边平方,得

$$x^2 + 5x - 6 = 0.$$

解之得 $x_1 = 1$, $x_2 = -6$. 经检验它们都是原方程的根.

方法二:方程的两端取倒数,得

$$\frac{1}{\sqrt{x^2+5x-2}-\sqrt{x^2+5x-5}}=1,$$

左边分母有理化,得

$$\frac{\sqrt{x^2+5x-2}+\sqrt{x^2+5x-5}}{3}=1,$$

去分母得

$$\sqrt{x^2+5x-2}+\sqrt{x^2+5x-5}=3. \quad \cdots\cdots④$$

由①+④得

$$x^2+5x-6=0,$$

同样可以求得 $x_1=1$, $x_2=-6$.

例2 解方程:

$$\left(\sqrt{2+\sqrt{3}}\right)^x+\left(\sqrt{2-\sqrt{3}}\right)^x=4,$$

解 由于

$$(2+\sqrt{3})(2-\sqrt{3})=1,$$

所以

$$2-\sqrt{3}=\frac{1}{2+\sqrt{3}}=(2+\sqrt{3})^{-1}.$$

因此原方程可以化为

$$\left(\sqrt{2+\sqrt{3}}\right)^x+\left(\sqrt{2+\sqrt{3}}\right)^{-x}=4,$$

即

$$\left(\sqrt{2+\sqrt{3}}\right)^{2x}-4\left(\sqrt{2+\sqrt{3}}\right)^x+1=0,$$

解得

$$\left(\sqrt{2+\sqrt{3}}\right)^x=2\pm\sqrt{3}.$$

所以原方程的根为 $x_1=2$, $x_2=-2$.

例3 解方程:

$$\frac{1}{x-\sqrt{2-x^2}}-\frac{1}{x+\sqrt{2-x^2}}=1.$$

解 将各分式分母有理化,再通分相加,得

$$\frac{(x+\sqrt{2-x^2})-(x-\sqrt{2-x^2})}{x^2-(2-x^2)}=1,$$

化简得

$$\sqrt{2-x^2}=x^2-1,$$

整理得

$$x^4-x^2-1=0.$$

解之,原方程的解为

$$x=\pm\sqrt{\frac{1\pm\sqrt{5}}{2}}.$$

例4 解方程: $\sqrt{2x+6}-\sqrt{2x-6}=2.$ ……①

解 由于

$$(2x+6)-(2x-6)=12,$$

所以

$$(\sqrt{2x+6})^2-(\sqrt{2x-6})^2=12,\text{其中 } x\geqslant 3,$$

析因

$$(\sqrt{2x+6}+\sqrt{2x-6})(\sqrt{2x+6}-\sqrt{2x-6})=12, \quad \cdots\cdots②$$

以①代入②,得

$$\sqrt{2x+6}+\sqrt{2x-6}=6. \quad \cdots\cdots③$$

由①+③,得

$$2\sqrt{2x+6}=8,$$

解之,原方程的解为 $x=5$.

例5 解方程: $\sqrt{2x^2+5x-2}-\sqrt{2x^2+5x-9}=1.$

解 由于

$$(\sqrt{2x^2+5x-2})^2-(\sqrt{2x^2+5x-9})^2=7,$$

因此得到左端为共轭因式的方程组

$$\begin{cases}\sqrt{2x^2+5x-2}-\sqrt{2x^2+5x-9}=1,\\ \sqrt{2x^2+5x-2}+\sqrt{2x^2+5x-9}=7.\end{cases}$$

方程组中两式相加可得

$$2\sqrt{2x+5x-2}=8,$$

化简,整理得

$$(2x+9)(x-2)=0,$$

解之,原方程的解为 $x_1=2$, $x_2=-\dfrac{9}{2}$.

二、应用同解定理构造辅助方程

同解定理 方程

$$f(x)+\frac{k}{f(x)}=m+\frac{k}{m}(mk\neq 0)$$

与方程组

$$\begin{cases}f(x)=m,\\ f(x)=\dfrac{k}{m}\end{cases}$$

是同解的.

我们可以用同解定理来解形如“$af(x)+\dfrac{b}{f(x)}=c$”的方程.

例 1 解方程:

$$\frac{x^2+1}{x}+\frac{5x}{x^2+1}=\frac{9}{2}.$$

解 原方程改写成

$$\frac{x^2+1}{x}+\frac{5}{\frac{x^2+1}{x}}=2+\frac{5}{2},$$

则它与方程组

$$\begin{cases}\dfrac{x^2+1}{x}=2,\\ \dfrac{x^2+1}{x}=\dfrac{5}{2}\end{cases}$$

是同解的.方程组等价于

$$x+\frac{1}{x}=1+\frac{1}{1} \text{ 及 } x+\frac{1}{x}=2+\frac{1}{2},$$

解之得原方程的解为 $x_1=1$，$x_2=2$，$x_3=\frac{1}{2}$.

例2 解方程：

$$\sqrt{\frac{2x+2}{x+2}}-\sqrt{\frac{x+2}{2x+2}}=\frac{7}{12}.$$

解 原方程可以写成

$$\sqrt{\frac{2x+2}{x+2}}-\frac{1}{\sqrt{\frac{2x+2}{x+2}}}=\frac{4}{3}-\frac{1}{\frac{4}{3}},$$

则它与方程组

$$\begin{cases}\sqrt{\frac{2x+2}{x+2}}=\frac{4}{3},\\ \sqrt{\frac{2x+2}{x+2}}=-\frac{3}{4}(\text{舍去})\end{cases}$$

是同解的.解之得原方程的解为 $x=7$.

例3 解方程：

$$\left(\sqrt{2-\sqrt{3}}\right)^x+\left(\sqrt{2+\sqrt{3}}\right)^x=4.$$

解 原方程可以写成

$$\left(\sqrt{2-\sqrt{3}}\right)^x+\frac{1}{\left(\sqrt{2-\sqrt{3}}\right)^x}=(2-\sqrt{3})+\frac{1}{2-\sqrt{3}},$$

则它与方程组

$$\begin{cases}\left(\sqrt{2-\sqrt{3}}\right)^x=2-\sqrt{3},\\ \left(\sqrt{2-\sqrt{3}}\right)^x=\frac{1}{2-\sqrt{3}}\end{cases}$$

是同解的.解之得原方程的解为 $x_1=2$，$x_2=-2$.

三、用平方法构造辅助方程组

有形如以下的方程

$$\sqrt{ax+b}\pm\sqrt{cx+d}=k, \quad \cdots\cdots①$$

由于

$$(\sqrt{ax+b}\pm\sqrt{cx+d})^2=\left(\sqrt{\frac{c}{a}}\cdot\sqrt{ax+b}\pm\sqrt{\frac{a}{c}}\cdot\sqrt{cx+d}\right)^2+(a-c)\left(\frac{b}{a}-\frac{d}{c}\right),$$

设

$$p^2=(\sqrt{ax+b}\pm\sqrt{cx+d})^2+(c-a)\left(\frac{b}{a}-\frac{d}{c}\right),$$

则方程①与以下方程组

$$\begin{cases}\sqrt{ax+b}\pm\sqrt{cx+d}=k,\\ \sqrt{\frac{c}{a}}\cdot\sqrt{ax+b}\pm\sqrt{\frac{a}{c}}\cdot\sqrt{cx+d}=p\end{cases}$$

同解,其中 $p=\pm\sqrt{k^2+(c-a)\left(\frac{b}{a}-\frac{d}{c}\right)}$.

对于方程①,用加减消去法解同解方程组,比用平方法直接解要简便些.

例1 解方程:$\sqrt{x+3}+\sqrt{2x-1}=4$.

解 此处 $a=1,b=3,c=2,d=-1,k=4$. 由此得

$$p=\sqrt{4^2+(1-2)\left(-\frac{1}{2}-3\right)}=\sqrt{\frac{39}{2}}(\text{算术根只取正号}),$$

则辅助方程组为

$$\begin{cases}\sqrt{x+3}+\sqrt{2x-1}=4,\\ \sqrt{\frac{1}{2}}\cdot\sqrt{2x-1}+\sqrt{2}\cdot\sqrt{x+3}=\sqrt{\frac{39}{2}}.\end{cases}$$

用加减消去法,解得 $x=52-8\sqrt{39}$. 经检验它是原方程的根.

例2 解方程:$\sqrt{3x+1}-\sqrt{x+4}=1$.

解 此处 $a=3,b=1,c=1,d=4,k=1$. 由此得

$$p=\pm\sqrt{1^2+(1-3)\left(\frac{1}{3}-\frac{4}{1}\right)}=\pm\frac{5}{\sqrt{3}},$$

上式只取负号，因为 $\sqrt{3x+1}-\sqrt{x+4}=1$，故而 $\sqrt{3x+1}-3\sqrt{x+4}=5$ 不合理，所以舍去. 则解辅助方程组为

$$\begin{cases}\sqrt{3x+1}-\sqrt{x+4}=1,\\ \sqrt{3x+1}-3\sqrt{x+4}=-5,\end{cases}$$

两个方程相减，得

$$\sqrt{x+4}=3.$$

解得原方程的解为 $x=5$. 经检验它是原方程的根.

例3 解方程：$\sqrt{3x+9}+\sqrt{5x+4}=13$.

解 此处 $a=3,b=9,c=5,d=4,k=13$. 由此得

$$p=\pm\sqrt{13^2+(5-3)\left(3-\frac{4}{5}\right)}=\pm\sqrt{\frac{867}{5}}\text{(只取正值)},$$

则辅助方程组为

$$\begin{cases}\sqrt{3x+9}+\sqrt{5x+4}=13,\\ \sqrt{\frac{5}{3}}\cdot\sqrt{3x+9}+\sqrt{\frac{3}{5}}\cdot\sqrt{5x+4}=\sqrt{\frac{867}{5}}.\end{cases}$$

用加减消去法得

$$\sqrt{3x+9}=6,\text{即 } 3x+9=36,$$

解得原方程的根为 $x=9$. 经检验它是原方程的根.

四、由方程结构的一致性构造辅助方程

解方程组时，若发现各个方程的结构是一致的，我们就可以构造一个与方程组中各个方程结构相一致的辅助方程，并将辅助方程中的变量与方程组中的变量联结起来，然而解这个辅助方程，进而达到解原方程的目的.

例1 解方程组：

$$\begin{cases}x+2y=4,\\x+7y=49.\end{cases}$$

解 原方程组可以化为

$$\begin{cases}2^2-y\cdot2-x=0,\\7^2-y\cdot7-x=0.\end{cases}$$

可以构造一个方程,使得原方程组中的变量成为此方程中的常量或系数,原方程组中的常量成为此方程中的变量.于是利用韦达定理得到辅助方程

$$t^2-yt-x=0,$$

其中2和7是这个方程的两个根,于是有

$$\begin{cases}-x=2\times7,\\-y=-(2+7).\end{cases}$$

所以原方程的解为

$$\begin{cases}x=-14,\\y=9.\end{cases}$$

例2 已知a,b,c是互不相等的数,解下面的方程组:

$$\begin{cases}x+ay+a^2z=a^3,\\x+by+b^2z=b^3,\\x+cy+c^2z=c^3.\end{cases}$$

解 原方程组可以写成

$$\begin{cases}a^3-za^2-ya-x=0,\\b^3-zb^2-yb-x=0,\\c^3-zc^2-yc-x=0.\end{cases}$$

原方程组各个方程的构造是一致的,故可构造一个辅助方程,即

$$t^3-zt^2-yt-x=0,$$

由变形后的方程组知,此方程的解为

$$t_1=a,\ t_2=b,\ t_3=c,$$

再由韦达定理,求出原方程组的解为

$$\begin{cases}x=abc,\\y=-(ab+bc+ca),\\z=a+b+c.\end{cases}$$

例3 解方程组:

$$\begin{cases}4y-2x+1=0,\\y-4x+16=0.\end{cases}$$

解 将原方程组改写成

$$\begin{cases}\left(\dfrac{1}{2}\right)^2-x\cdot\dfrac{1}{2}+y=0,\\4^2-x\cdot 4+y=0.\end{cases}$$

由原方程组中各个方程构造的一致性可构造一个辅助方程:

$$t^2-xt+y=0,$$

再由改写后的方程组可知,此方程的解为

$$t_1=\frac{1}{2},\ t_2=4,$$

最后据韦达定理找出原方程组的解

$$x=\frac{1}{2}+4=\frac{9}{2},\ y=\frac{1}{2}\times 4=2.$$

例4 解方程组:

$$\begin{cases}3x-y-9z+27=0,\\4x-y-16z+64=0,\\5x-y-25z+125=0.\end{cases}$$

解 将原方程组改写成

$$\begin{cases}3^3-z\cdot 3^2+x\cdot 3-y=0,\\4^3-z\cdot 4^2+x\cdot 4-y=0,\\5^3-z\cdot 5^2+x\cdot 5-y=0.\end{cases}$$

因为上面方程组中各个方程具有一致性,故可构造一个辅助方程:

$$t^3-z\cdot t^2+x\cdot t-y=0,$$

由改写后的方程组,知其解是

$$t_1=3,\ t_2=4,\ t_3=5,$$

再根据韦达定理得原方程组的解

$$\begin{cases}z=3+4+5=12,\\x=3\times4+4\times5+5\times3=47,\\y=3\times4\times5=60.\end{cases}$$

五、由方程(组)的对称性构造辅助方程

若方程左端出现对称函数,则可以由其对称性推断出它的解.这样的方程或方程组虽不常见,但也是解方程(组)的一种思路.

例 解方程组:

$$\begin{cases}x_1+x_2+\cdots+x_n=n,\\x_1{}^2+x_2{}^2+\cdots+x_n{}^2=n,\\\qquad\cdots\\x_1{}^n+x_2{}^n+\cdots+x_n{}^n=n.\end{cases}\qquad\cdots\cdots①$$

解 由于①的左端是n元对称多项式,我们可以构造一个辅助函数

$$p(t)=(t-x_1)(t-x_2)\cdots(t-x_n)=t^n+a_1t^{n-1}+a_2t^{n-2}+\cdots+a_{n-1}t+a_n,$$

则当t取$x_1,x_2,\cdots,x_n$中任何一个时,$p(x_k)=0(1\leqslant k\leqslant n,\ k\in\mathbf{N}^*)$.所以

$$p(x_1)+p(x_2)+\cdots+p(x_n)=0,$$

也就是

$$\sum_{k=1}^{n}x_k{}^n+a_1\sum_{k=1}^{n}x_k{}^{n-1}+a_2\sum_{k=1}^{n}x_k{}^{n-2}+\cdots+a_{n-1}\sum_{k=1}^{n}x_k+a_nn=0$$

$$\Leftrightarrow n+a_1n+a_2n+\cdots+a_{n-1}n+a_nn=0$$

$$\Leftrightarrow n(1+a_1+a_2+\cdots+a_{n-1}+a_n)=n\cdot p(1)=n(1-x_1)(1-x_2)\cdots(1-x_n)=0.$$

这表明了:$x_1,x_2,\cdots,x_n$中至少有一个为1.根据函数的对称性知,原方程组的解为

$$x_1=x_2=\cdots=x_n=1.$$

六、由给定的条件及函数的性质构造辅助方程

该方法是指由题目给出的条件,根据相关的性质,构造一个中介函数作为过渡平台,从而达到解题的目的.

例 若 $a_k \in \mathbf{R}(0 \leqslant k \leqslant n)$, 且 $\frac{a_1}{1}+\frac{a_2}{2}+\cdots+\frac{a_n}{n}=0$. 求证:方程 $a_0+a_1x+a_2x^2+\cdots+a_nx^n=0$ 在$(0,1)$内至少有一个实根.

解 利用定积分中值定理:

若函数 $g(x)$ 在区间$[a,b]$上连续,则该区间内至少有一个值 $x=\xi$,在 $\xi \in (a,b)$时,下列等式成立

$$\frac{\int_a^b g(x)\mathrm{d}x}{b-a}=g(\xi).$$

根据这样一个定理,我们来构造一个辅助函数

$$f(x)=\frac{a_0}{1}x+\frac{a_1}{2}x^2+\frac{a_2}{3}x^3+\cdots+\frac{a_n}{n+1}x^{n+1}.$$

因为 $f(0)=0$, $f(1)=0$,所以 $f(0)=f(1)$,因而至少存在一个实根 ξ, $\xi \in (a,b)$,使得 $f'(\xi)=0$,又 $b-a=1$,由此而得到 $g(\xi)=0$,也就是说

$$a_0+a_1\xi+a_2\xi^2+\cdots+a_n\xi^n=0.$$

因此,原方程至少有一个实根 ξ.

七、运用三角对偶式构造辅助方程(组)

所谓三角对偶式是指:

若有 $(a\sin x+b\cos x)^2$,那么它的三角对偶式就可以看成是 $(a\cos x-b\sin x)^2$,这样它们的和恰好是一个常数 a^2+b^2. 即

$$(a\sin x+b\cos x)^2+(a\cos x-b\sin x)^2=a^2+b^2.$$

正因为三角对偶式有这样的性质,我们在解形如 $a\sin x+b\cos x=c$ 的方程时,往往可以解以下的辅助方程组来达到求解的目的:

$$\begin{cases}a\sin x+b\cos x=c,\\ a\cos x-b\sin x=\pm\sqrt{a^2+b^2-c^2}.\end{cases}$$

例1 解方程：$\sqrt{3}\cos x=\sqrt{2}-\sin x$.

解 原方程可以化为

$$\sin x+\sqrt{3}\cos x=\sqrt{2},$$

因为

$$(\sin x+\sqrt{3}\cos x)^2+(\cos x-\sqrt{3}\sin x)^2=4,$$

所以

$$\sqrt{3}\sin x-\cos x=\sqrt{2}.$$

因此，构造对偶辅助方程组

$$\begin{cases}\sin x+\sqrt{3}\cos x=\sqrt{2},\\ \sqrt{3}\sin x-\cos x=\sqrt{2}.\end{cases}$$

$$\Leftrightarrow\begin{cases}\sin x+\sqrt{3}\cos x=\sqrt{2},\\ 3\sin x-\sqrt{3}\cos x=\sqrt{6}.\end{cases}$$

方程两边相加，得

$$\sin x=\frac{\sqrt{6}+\sqrt{2}}{4}.$$

所以原方程的解为

$$x=\frac{\pi}{12}+2k\pi \text{ 或 } x=\frac{5\pi}{12}+2k\pi(k\in\mathbf{Z}).$$

例2 解方程：$4\sin x=3\cos x-5$.

解 原方程可以化为

$$4\sin x-3\cos x=-5, \quad \cdots\cdots①$$

此处 $a=4,b=-3,c=-5$. ①的对偶方程为

$$4\cos x+3\sin x=\sqrt{4^2+(-3)^2-(-5)^2}=0.$$

构造对偶辅助方程组

$$\begin{cases}4\sin x-3\cos x=-5,\\ 3\sin x+4\cos x=0.\end{cases}$$

$$\Leftrightarrow\begin{cases}16\sin x-12\cos x=-20,\\ 9\sin x+12\cos x=0.\end{cases}$$

方程两边相加,得

$$\sin x=-\frac{4}{5}.$$

所以原方程的解为

$$x=k\pi+(-1)^k\arcsin(-\frac{4}{5})(k\in\mathbf{Z}).$$

例3 解方程:$\sqrt{3}\cos x+\sin x=1$.

解 此处 $a=\sqrt{3},b=1,c=1$. 原方程的对偶方程为

$$\sqrt{3}\sin x-\cos x=\pm\sqrt{3+1-1}=\pm\sqrt{3}.$$

构造对偶方程组

$$\begin{cases}\sqrt{3}\cos x+\sin x=1,\\ \sqrt{3}\sin x-\cos x=\pm\sqrt{3}.\end{cases}$$

$$\Leftrightarrow\begin{cases}\sqrt{3}\cos x+\sin x=1,\\ -\sqrt{3}\cos x+3\sin x=\pm 3.\end{cases}$$

方程两边相加,得

$$4\sin x=1\pm 3,$$

所以

$$\sin x=1 \text{ 或 } \sin x=-\frac{1}{2}.$$

因此原方程的解为

$$x=(-1)^k\frac{\pi}{6}-\frac{\pi}{3}+k\pi(k\in\mathbf{Z}).$$

§ 10 判别式法

一元二次方程 $ax^2+bx+c=0$ 应用判别式 $\Delta=b^2-4ac$ 求根. 当 $\Delta>0$ 时,方程有相异的二实根;当 $\Delta=0$ 时,方程有相等二实根;当 $\Delta<0$ 时,方程无实数解. 利用这个知识来解方程的方法叫做判别式法.

例1 求方程的整数解:$x+y=x^2-xy+y^2$.

解　把原方程变形为关于x的一元二次方程

$$x^2-(y+1)x+(y^2-y)=0.$$

如果有整数解，方程判别式为

$$\Delta=(y+1)^2-4(y^2-y)\geqslant 0,$$

也就是

$$\frac{3-2\sqrt{3}}{3}\leqslant y\leqslant\frac{3+2\sqrt{3}}{3},\ y\in\mathbf{Z},$$

所以得到$y=0,1,2$.将它们逐一代入原方程，得到六组解：

$$\begin{cases}x_1=0,\\y_1=0\end{cases}\text{或}\begin{cases}x_2=1,\\y_2=0\end{cases}\text{或}\begin{cases}x_3=2,\\y_3=1\end{cases}\text{或}\begin{cases}x_4=0,\\y_4=1\end{cases}\text{或}\begin{cases}x_5=1,\\y_5=2\end{cases}\text{或}\begin{cases}x_6=2,\\y_6=2.\end{cases}$$

例2　解方程：$5x^2+6xy+2y^2-14x-8y+10=0$.

解　把原方程整理成关于x的一元二次方程

$$5x^2+(6y-14)x+(2y^2-8y+10)=0.$$

如果方程有整数解，则有

$$\begin{aligned}\Delta&=(6y-14)^2-4\times 5(2y^2-8x+10)\\&=-4(y+1)^2\geqslant 0,\end{aligned}$$

但是$(y+1)^2\geqslant 0$，且$-4(y+1)^2\leqslant 0$. 由此推得$y+1=0$，即$y=-1$. 代入原方程得$x=2$. 所以原方程的解为$x=2$，$y=-1$.

例3　设α为三角形的一个内角，且这个三角形两边的长为方程

$$x^2-2^{\frac{5}{4}}x+(2^{\frac{3}{2}}-\sin\alpha-\cos\alpha)=0$$

的两个根，求三角形的面积.

解　因为三角形的边长是实数，故此方程的判别式为

$$\Delta=2^{\frac{5}{2}}-4(2^{\frac{3}{2}}-\sin\alpha-\cos\alpha)\geqslant 0,$$

所以

$$4\sin\alpha+4\cos\alpha\geqslant 2^{\frac{5}{2}},$$

即

$$\sin\left(\frac{\pi}{4}+\alpha\right)\geqslant 1,$$

但 $-1\leqslant\sin\left(\frac{\pi}{4}+\alpha\right)\leqslant 1$,所以 $\sin\left(\frac{\pi}{4}+\alpha\right)=1$,易得 $\alpha=\frac{\pi}{4}$.

由于两边长的积为 $2^{\frac{3}{2}}-\sin\alpha-\cos\alpha$,两边长的和为 $2^{\frac{5}{4}}$,所以

1°当 α 为夹角时,三角形面积

$$S_{\triangle}=\frac{1}{2}\left(2^{\frac{3}{2}}-\sin\frac{\pi}{4}-\cos\frac{\pi}{4}\right)\sin\frac{\pi}{4}=\frac{1}{2}\left(2^{\frac{3}{2}}-\frac{\sqrt{2}}{2}-\frac{\sqrt{2}}{2}\right)\frac{\sqrt{2}}{2}=\frac{1}{2}.$$

2°当 α 不是这两边的夹角时,由 $\alpha=45°$ 知,此三角形为等腰直角三角形,两边夹角为90°,三角形面积

$$S_{\triangle}=\frac{1}{2}\left(2^{\frac{5}{4}}\div 2\right)^2\cdot\sin\frac{\pi}{2}=\frac{1}{2}\left(2^{\frac{1}{4}}\right)^2=2^{-\frac{1}{2}}.$$

例4 设方程 $x^2-2x+\lg(a^2-2a)=0$,问 a 为何值时,这个方程有一个正根和一个负根.

解 要使方程有一个正根和一个负根,a 必须满足以下条件

$$\begin{cases}\Delta=(-2)^2-4\times\lg(a^2-2a)>0,\\ \lg(a^2-2a)<0,\\ a^2-2a>0.\end{cases}$$

整理可得

$$\begin{cases}1-\sqrt{11}<a<1+\sqrt{11},\\ 1-\sqrt{2}<a<1+\sqrt{2},\\ a<0\text{ 或 }a>2.\end{cases}$$

综合以上情况,在 $1-\sqrt{2}<a<0$ 或 $2<a<1+\sqrt{2}$ 时,方程有一个正根与一个负根.

例5 若方程 $\lg(x^2-2ax)-\lg(8x+6a-3)=0$ 有唯一的实数解,

(1)求 a 的取值范围.

(2)当 $a=\frac{1}{3}$ 时,解这个方程.

解 由对数的定义得

$$x^2-2ax=8x+6a-3>0,\text{即 }x>\frac{3-6a}{8}.$$

将方程变形为

$$f(x)=x^2-2(a+4)x-(6a-3)=0,$$

则问题就转化为方程 $f(x)=0$ 在 $\left(\frac{3-6a}{8},+\infty\right)$ 上有唯一实数根.

1°若 $f(x)=0$ 在 $\left(\frac{3-6a}{8},+\infty\right)$ 上有两个相等的实数根,应满足

$$\begin{cases}\Delta=4(a+4)^2+4(6a-3)=0,\\ a+4>\frac{3-6a}{8}.\end{cases}$$

所以 $a=-1$.

2°若 $f(x)=0$ 时,在 $\left(\frac{3-6a}{8},+\infty\right)$ 只有一个实数根,应满足

$$\begin{cases}f\left(\frac{3-6a}{8}\right)<0,\\ \frac{3}{22}<a<\frac{1}{2}.\end{cases}$$

综合以上情况得:$a=-1$ 或者 $a\in\left(\frac{3}{22},\frac{1}{2}\right)$.

(2)当 $a=\frac{1}{3}$ 时,原方程可以化为

$$\lg\left(x^2-\frac{2}{3}x\right)=\lg(8x-1),$$

由对数定义得

$$x^2-\frac{2}{3}x=8x-1,$$

解得符合条件的原方程的解为

$$x=\frac{13-4\sqrt{10}}{3}.$$

例6 求所有满足方程 $(x-3)^2+(y-3)^2=6$ 的实数对(x,y),这些实数对使得 $\frac{y}{x}\in\mathbf{Z}$.

解 令 $\frac{y}{x}=t,t\in\mathbf{Z}$,则 $y=xt$,将它代入方程中,整理得

$$(t^2+1)x^2-6(t+1)x+12=0.$$

因为x是实数,它的判别式

$$\Delta=36(t+1)^2-48(t^2+1)\geqslant 0,$$

即

$$t^2-6t+1\leqslant 0,$$

故得

$$3-2\sqrt{2}\leqslant t\leqslant 3+2\sqrt{2},\ t\in \mathbf{Z}.$$

所以$t=1,2,3,4,5$.

例7 m为有理数,问k为何值时,方程:

$$x^2-4mx+4x+3m^2-2m+4k=0$$

的根是有理根.

解 将方程整理成

$$x^2+4(1-m)x+(3m^2-2m+4k)=0,$$

它的判别式为

$$\Delta=4(m^2-6m-4k+4).$$

要使方程的根为有理数,则需Δ为有理数的平方,也就是$\Delta_1=m^2-6m-4k+4$为关于m的完全平方式($m\in\mathbf{Q}$).令

$$\Delta_1=(m+r)^2=m^2+2mr+r^2=m^2-6m-4k+4,$$

则

$$\begin{cases}2r=-6,\\ r^2=-4k+4.\end{cases}$$

解得$k=-\frac{5}{4}$.因此,$k=-\frac{5}{4}$时方程有有理根.

例8 当k为整数时,求方程

$$x^2-2x+4=k(x^2-3x+3)$$

x的一切实数值.

解 将原方程变形为

$$k=1+\frac{x+1}{x^2-3x+3},$$

再设

$$t=\frac{x+1}{x^2-3x+3},$$

即

$$tx^2-(3t+1)x+(3t-1)=0,\ x\in\mathbf{R},$$

所以

$$\Delta=(3t+1)^2-4t(3t-1)\geqslant 0,$$

即

$$3t^2-10t-1\leqslant 0,$$

解得

$$\frac{5-\sqrt{28}}{3}\leqslant t\leqslant\frac{5+\sqrt{28}}{3}.$$

要使 $k\in\mathbf{Z}$,需 $t\in\mathbf{Z}$,由上面不等式知 $t=0,1,2,3$.所以,

(1)当 $t=0$,有 $x+1=0$,解得 $x_1=-1$;

(2)当 $t=1$,有 $x^2-4x+2=0$,解得 $x_{2,3}=2\pm\sqrt{2}$;

(3)当 $t=2$,有 $2x^2-7x+5=0$,解得 $x_4=1$, $x_5=\dfrac{5}{2}$;

(4)当 $t=3$,有 $3x^2-10x+8=0$,解得 $x_6=2$, $x_7=\dfrac{4}{3}$.

例 9 已知方程 $(m^2+n^2)x^2-2n(m+p)x+n^2+p^2=0$ 中的 m,n,p 成等比数列.问此方程有无实数解,为什么?

解 因为

$$\begin{aligned}\Delta&=4n^2(m+p)^2-4(m^2+n^2)(n^2+p^2)\\&=-4n^4+8n^2mp-4m^2n^2\\&=-4(n^2-mp)^2,\end{aligned}$$

又因为 m,n,p 成等比数列,故 $n^2=mp$,即 $n^2-mp=0$. 所以 $\Delta=0$.

因此,方程必有两个相等的实数根.

例 10 证明:方程 $2\sin x=5x^2+2x+3$ 无实数根.

证明 将方程改写成

$$5x^2+2x+(3-2\sin x)=0,$$

此方程的判别式为

$$\Delta=2^2-4\times5\times(3-2\sin x)=40\sin x-56,$$

由于 $-1\leqslant\sin x\leqslant1$，得

$$-96\leqslant\Delta\leqslant-16,$$

所以此方程无实数根.

例 11 设 a,b,c 为三角形的三边长，证明下列方程：

$$b^2x^2+(b^2+c^2-a^2)x+c^2=0$$

无实数解.

证明 由于判别式

$$\begin{aligned}\Delta&=(b^2+c^2-a^2)^2-4b^2c^2\\&=[b^2+c^2-a^2+2bc][b^2+c^2-a^2-2bc]\\&=[(b+c)^2-a^2][(b-c)^2-a^2],\end{aligned}$$

又由三角形边长的性质知 $b+c>a$ 且 $b-c<a$. 所以 $\Delta<0$，因此方程无实数解.

例 12 设 a,b 为正数，证明方程：

$$\frac{1}{x}+\frac{1}{x-a}+\frac{1}{x+a}=0$$

的两个实数根 x_1,x_2 满足 $\frac{a}{3}<x_1<\frac{2a}{3}$，$-\frac{2b}{3}<x_2<-\frac{b}{3}$.

证明 将方程去分母，整理得

$$f(x)=3x^2-2(a-b)x-ab=0.$$

因为 $a,b>0$，故而

$$\Delta=4(a-b)^2+12ab>0,$$

易求 $f\left(\frac{a}{3}\right)=-\frac{a^2}{3}-\frac{ab}{3}<0$，且 $f\left(\frac{2a}{3}\right)=\frac{ab}{3}>0$，故 $f(x)=0$ 的正根 x_1 必在 $\left(\frac{a}{3},\frac{2a}{3}\right)$ 区间内.

仿此可证明负根 x_2 必在 $\left(-\frac{2b}{3},-\frac{b}{3}\right)$ 区间内.

§ 11　公式法

对于一些方程，有时可直接利用公式求解或间接借助某些公式求解，这样的方法我们称之为公式法.

具体说来，公式法有以下一些类别.

一、开方公式法

二项方程式 $x^n-a=0(a\in\mathbf{C},\ a\neq 0)$ 可以用开方法来求解.开方的公式为

$$x_k=\sqrt[n]{r}\left(\cos\frac{\varphi+2k\pi}{n}+i\sin\frac{\varphi+2k\pi}{n}\right)(k=0,1,2,\cdots,n-1),$$

其中 r 代表 a 的模，φ 代表 a 的幅角.

例 1　解方程：$x^3-i=0$.

解　移项，得

$$x^3=i,$$

开立方得

$$x_k=\cos\frac{\frac{\pi}{2}+2k\pi}{3}+i\sin\frac{\frac{\pi}{2}+2k\pi}{3}(k=0,1,2),$$

所以

$$x_0=\frac{\sqrt{3}}{2}+\frac{1}{2}i,\ x_1=-\frac{\sqrt{3}}{2}+\frac{1}{2}i,\ x_2=-i.$$

例 2　解方程：$x^3+8=0$.

解　因为

$$x^3=-8=8(\cos 180°+i\sin 180°),$$

所以

$$x_k=2\left(\cos\frac{180°+k\cdot 360°}{3}+i\sin\frac{180°+k\cdot 360°}{3}\right)(k=0,1,2).$$

故当 $k=0,1,2$ 时,得方程的解

$$x_0=2(\cos 60^\circ+i\sin 60^\circ)=1+\sqrt{3}\cdot i,$$
$$x_1=2(\cos 180^\circ+i\sin 180^\circ)=-2,$$
$$x_2=2(\cos 300^\circ+i\sin 300^\circ)=1-\sqrt{3}\cdot i.$$

例3 解方程: $x^5-243=0$.

解 因为 $x^5=243$,所以

$$x_k=3\left(\cos\frac{360^\circ\cdot k}{5}+i\sin\frac{360^\circ\cdot k}{5}\right)(k=0,1,2,3,4).$$

故当 $k=0,1,2,3,4$ 时,得方程的解

$$x_0=3(\cos 0^\circ+i\sin 0^\circ)=3,$$
$$x_1=3(\cos 72^\circ+i\sin 72^\circ),$$
$$x_2=3(\cos 144^\circ+i\sin 144^\circ),$$
$$x_3=3(\cos 216^\circ+i\sin 216^\circ),$$
$$x_4=3(\cos 288^\circ+i\sin 288^\circ).$$

例4 解方程: $x^5-1=0$.

解 因为 $x^5=1$,所以

$$x_k=\cos\frac{2k\pi}{5}+i\sin\frac{2k\pi}{5}(k=0,1,2,3,4).$$

故当 $k=0,1,2,3,4$ 时,得方程的解

$$x_0=\cos 0+i\sin 0=1,$$
$$x_1=\cos\frac{2\pi}{5}+i\sin\frac{2\pi}{5},$$
$$x_2=\cos\frac{4\pi}{5}+i\sin\frac{4\pi}{5},$$
$$x_3=\cos\frac{6\pi}{5}+i\sin\frac{6\pi}{5},$$
$$x_4=\cos\frac{8\pi}{5}+i\sin\frac{8\pi}{5}.$$

例5 解方程: $x^6+1=0$.

解 因为

$$x^6=-1=\cos\pi+i\sin\pi,$$

所以

$$x_k=\cos\frac{\pi+2k\pi}{6}+i\sin\frac{\pi+2k\pi}{6}(k=0,1,2,3,4,5).$$

故当$k=0,1,2,3,4,5$时,得方程的解

$$x_0=\cos\frac{\pi}{6}+i\sin\frac{\pi}{6},$$

$$x_1=\cos\frac{\pi}{2}+i\sin\frac{\pi}{2},$$

$$x_2=\cos\frac{5\pi}{6}+i\sin\frac{5\pi}{6},$$

$$x_3=\cos\frac{7\pi}{6}+i\sin\frac{7\pi}{6},$$

$$x_4=\cos\frac{3\pi}{2}+i\sin\frac{3\pi}{2},$$

$$x_5=\cos\frac{11\pi}{6}+i\sin\frac{11\pi}{6}.$$

例6 解方程:$x^5+2\sqrt{3}-2i=0$.

解 因为

$$x^5=-2\sqrt{3}+2i=4\left(-\frac{\sqrt{3}}{2}+\frac{1}{2}i\right),$$

所以

$$x_k=\sqrt[5]{4}\left(\cos\frac{150^\circ+k\cdot360^\circ}{5}+i\sin\frac{150^\circ+k\cdot360^\circ}{5}\right)(k=0,1,2,3,4).$$

故当$k=0,1,2,3,4$时,得方程的解

$$x_0=\sqrt[5]{4}(\cos30^\circ+i\sin30^\circ),$$

$$x_1=\sqrt[5]{4}(\cos102^\circ+i\sin102^\circ),$$

$$x_2=\sqrt[5]{4}(\cos174^\circ+i\sin174^\circ),$$

$$x_3=\sqrt[5]{4}(\cos246^\circ+i\sin246^\circ),$$

$$x_4=\sqrt[5]{4}(\cos318^\circ+i\sin318^\circ).$$

例7 解方程:$(x+1)^2(x^2-x+1)^2+3=0$.

解 将原方程变形为

$$(x^3+1)^2+3=0,$$

解得

$$x^3=-1\pm i\sqrt{3}=2\left(\cos\frac{2\pi}{3}\pm i\sin\frac{2\pi}{3}\right),$$

所以

$$x_k=\sqrt[3]{2}\left(\cos\frac{\frac{2\pi}{3}+2k\pi}{3}\pm i\sin\frac{\frac{2\pi}{3}+2k\pi}{3}\right)(k=0,1,2).$$

故当$k=0,1,2$时,得方程的解

$$x_0=\sqrt[3]{2}\left(\cos\frac{2\pi}{9}+i\sin\frac{2\pi}{9}\right),$$

$$x_1=\sqrt[3]{2}\left(\cos\frac{8\pi}{9}+i\sin\frac{8\pi}{9}\right),$$

$$x_2=\sqrt[3]{2}\left(\cos\frac{14\pi}{9}+i\sin\frac{14\pi}{9}\right).$$

二、求根公式法

1. 一元二次或三次方程的根式解法

(1)设一元二次方程 $ax^2+bx+c=0(a\neq 0)$,则 $x=\dfrac{-b\pm\sqrt{b^2-4ac}}{2a}$ 为其解.其中判别式 $\Delta=b^2-4ac$ 满足

$$\begin{cases}\Delta>0,\text{方程有两个相异的实根;}\\ \Delta=0,\text{方程有两个相等的实根;}\\ \Delta<0,\text{没有实数根，有一对虚根.}\end{cases}$$

(2)设复系数一元三次方程 $x^3+ax^2+bx+c=0$.若要求其解先令 $x=y-\dfrac{a}{3}$,代入原方程中,去掉二次项,得

$$y^3+px+q=0,$$

其中 $p=-\dfrac{a^2}{3}+b$, $q=\dfrac{2a^3}{27}-\dfrac{ab}{3}+c$. 欲得 $y^3+px+q=0$ 的三个根,可由卡当(Cardan)公式求得,即

$$y_1=\sqrt[3]{-\frac{q}{2}+\sqrt{R}}+\sqrt[3]{-\frac{q}{2}-\sqrt{R}},$$

$$y_2=\omega\sqrt[3]{-\frac{q}{2}+\sqrt{R}}+\omega^2\sqrt[3]{-\frac{q}{2}-\sqrt{R}},$$

$$y_3=\omega^2\sqrt[3]{-\frac{q}{2}+\sqrt{R}}+\omega\sqrt[3]{-\frac{q}{2}-\sqrt{R}},$$

其中 $\omega=-\frac{1}{2}+i\frac{\sqrt{3}}{2}$,而 $R=\frac{q^2}{4}+\frac{p^3}{27}$.

如果令 $u=\sqrt[3]{-\frac{q}{2}+\sqrt{R}}$, $v=\sqrt[3]{-\frac{q}{2}-\sqrt{R}}$,求根公式可以简写成

$$y_1=u+v,$$

$$y_2=-\frac{1}{2}(u+v)+i\frac{\sqrt{3}}{2}(u-v),$$

$$y_3=-\frac{1}{2}(u+v)-i\frac{\sqrt{3}}{2}(u-v),$$

其中 $uv=-\frac{p}{3}$.

例 1 方程 $2x^2-4x\sin\theta+3\cos\theta=0$ 有两个相等的根,且 θ 为锐角,求出 θ 和方程的两个根.

解 由题意得判别式的值为零,即

$$\Delta=16\sin^2\theta-24\cos\theta=0,$$

析因得

$$(2\cos\theta-1)(\cos\theta+2)=0,$$

解得

$$\cos\theta=\frac{1}{2},\quad \cos\theta=-2(\text{舍去}),$$

所以 $\theta=\frac{\pi}{3}$. 故方程为

$$2x^2-2\sqrt{3}x+\frac{3}{2}=0,$$

解得 $x_1=x_2=\frac{\sqrt{3}}{2}$.

例2 当k取什么整数时，方程$(k^2-1)x^2-6(3k-1)x+72=0$有两个不相等的正整数根.

解 当$k\neq\pm1$时，原方程的根是

$$x_1=\frac{12}{k+1},\ x_2=\frac{6}{k-1}.$$

要使x_1,x_2均为正数，只需

$$\begin{cases}k+1>0,\\k-1>0.\end{cases}$$

解得$k>1$.要使x_1,x_2都是正整数，除$k>1$以外，还需$(k+1)|12$，$(k-1)|6$.在这两种情况下，k只能取2或3.

当$k=2$时，方程有两个不相等的正整数根.但当$k=3$时，有两个相等的根$x_1=x_2=3$，这不符合题目要求，故舍去.

例3 若k满足方程：$x^2-kx-7=0$和$x^2-6x-(k+1)=0$，且使两方程具有公共根，求k的值、所有公共根及所有相异根.

解 两个方程相减，消去x^2项，得

$$(6-k)x=6-k.$$

当$k\neq6$时，$x=1$为其公共根，将$x=1$代入一个方程得$k=-6$.所以当$k=-6$时，两个方程为$x^2+6x-7=0$和$x^2-6x+5=0$，因此公共根为$x=1$，相异根为-7和5.

当$k=6$时，两方程变成为一个$x^2-6x-7=0$，公共根为7，-1，而不存在相异根.

例4 解方程：$x^3-6x+6=0$.

解 这是缺少二次项的一元三次方程，故可以直接用卡当公式来解.此处$p=-6,q=6$，则

$$u=\sqrt[3]{-\frac{q}{2}+\sqrt{\frac{q^2}{4}+\frac{p^3}{27}}}=\sqrt[3]{-3+\sqrt{9-8}}=-\sqrt[3]{2},$$

$$uv=-\frac{p}{3}=2,$$

$$v=-\frac{2}{\sqrt[3]{2}}=-\sqrt[3]{4}.$$

所以,此方程的三个根可以写成

$$x_1=u+v=-\sqrt[3]{2}-\sqrt[3]{4}\approx-2.843,$$

$$x_2=-\frac{1}{2}(u+v)+i\cdot\frac{\sqrt{3}}{2}(u-v)\approx1,422+0.327i,$$

$$x_3=-\frac{1}{2}(u+v)-i\cdot\frac{\sqrt{3}}{2}(u-v)\approx1.422-0.327i.$$

例5 解方程: $f(y)=y^3+3y^2+27y-31=0.$

解 此处 $a=3, b=27, c=-37$. 设 $y=x-\frac{a}{3}=x-1$, 将其代入 $f(y)$, 把它化为缺少二次项的三次方程式,即

$$g(x)=f(x-\frac{a}{3})=f(x-1)=x^3+24x-56=0,$$

其中 $p=24$, $q=-56$. 则

$$u=\sqrt[3]{-\frac{q}{2}+\sqrt{\frac{q^2}{4}+\frac{p^3}{27}}}=\sqrt[3]{64}=4, 4\omega, 4\omega^2,$$

其中 $\omega=\frac{-1+i\sqrt{3}}{2}$为1的三次原根. 若取 $u=4$, $uv=-\frac{p}{3}=-8$, 可得 $v=-2$. 所以 $g(x)=0$ 的三个解为

$$x_1=u+v=4-2=2,$$

$$x_2=u\omega+v\omega^2=-1+3\sqrt{3}\cdot i,$$

$$x_3=u\omega^2+v\omega=-1-3\sqrt{3}\cdot i.$$

由 $y=x-1$, 得 $f(y)=0$ 的解为

$$y_1=1,\ y_2=-2+3\sqrt{3}\cdot i,\ y_3=-2-3\sqrt{3}\cdot i.$$

例6 解方程: $x^3-6x-9=0.$

解 此处 $p=-6, q=-9$, 易得 $u=2, uv=-\frac{p}{3}=2, v=1$. 所以原方程的解为

$$x_1=u+v=2+1=3,$$

$$x_2 = u\omega + v\omega^2 = \frac{-3+i\sqrt{3}}{2},$$

$$x_3 = u\omega^2 + v\omega = \frac{-3-i\sqrt{3}}{2}.$$

例7 解方程：$x^3 - 24x - 32 = 0$.

解 此处 $p=-24, q=-32$. 易得

$$u^3 = -\frac{q}{2} + \sqrt{\frac{q^2}{4}+\frac{p^3}{27}} = 16+16i = 16\sqrt{2}\left(\cos\frac{\pi}{4} + i\sin\frac{\pi}{4}\right),$$

即

$$u = 2\sqrt{2}\left(\cos\frac{\frac{\pi}{4}+2k\pi}{3} + i\sin\frac{\frac{\pi}{4}+2k\pi}{3}\right).$$

当 $k=0,1,2$ 时，u^3 的立方根是

$$u_0 = 2\sqrt{2}\left(\cos\frac{\pi}{12} + i\sin\frac{\pi}{12}\right),$$

$$u_1 = 2\sqrt{2}\left(\cos\frac{3\pi}{4} + i\sin\frac{3\pi}{4}\right),$$

$$u_2 = 2\sqrt{2}\left(\cos\frac{17\pi}{12} + i\sin\frac{17\pi}{12}\right).$$

又因为 $v^3 = -\frac{q}{2} - \sqrt{\frac{q^2}{4}+\frac{p^3}{27}}$ 的三个立方根为

$$v_0 = -\frac{p}{3u_0} = 2\sqrt{2}\left(\cos\frac{\pi}{12} - i\sin\frac{\pi}{12}\right),$$

$$v_1 = -\frac{p}{3u_1} = 2\sqrt{2}\left(\cos\frac{3\pi}{4} - i\sin\frac{3\pi}{4}\right),$$

$$v_2 = -\frac{p}{3u_2} = 2\sqrt{2}\left(\cos\frac{17\pi}{12} - i\sin\frac{17\pi}{12}\right).$$

所以，原方程的三个根为

$$x_1 = u_0 + v_0 = 4\sqrt{2}\cos\frac{\pi}{12} = 2+2\sqrt{3},$$

$$x_2 = u_1 + v_1 = 4\sqrt{2}\cos\frac{3\pi}{4} = -4,$$

$$x_3=u_2+v_2=4\sqrt{2}\cos\frac{17\pi}{12}=2-2\sqrt{3}.$$

2. 一元四次方程的根式解法

设有复系数的四次方程

$$x^4+ax^3+bx^2+cx+d=0,\quad\cdots\cdots①$$

若找到一个关于t的三次方程

$$8t^3-4bt^2+(2ac-8d)t+(4bd-a^2d-c^2)=0,\quad\cdots\cdots②$$

则②称为①的三次预解方程.设t_0为②的任一个根,并有$\sqrt{\frac{a^2}{4}-b+2t_0}$与$\sqrt{t_0{}^2-d}$满足下列条件

$$\pm\sqrt{\frac{a^2}{4}-b+2t_0}\times\sqrt{t_0{}^2-d}=\frac{at_0-c}{2},\quad\cdots\cdots③$$

③中$\frac{a^2}{4}-b+2t_0$与$t_0{}^2-d$取适当的平方根.

故原方程①的四个根就可以由以下两个二次方程④和⑤解得

$$\begin{cases}x^2+\left(\dfrac{a}{2}+\sqrt{\dfrac{a^2}{4}-b+2t_0}\right)x+\left(t_0+\sqrt{t_0{}^2-d}\right)=0,&\cdots\cdots④\\[2ex] x^2+\left(\dfrac{a}{2}-\sqrt{\dfrac{a^2}{4}-b+2t_0}\right)x+\left(t_0-\sqrt{t_0{}^2-d}\right)=0.&\cdots\cdots⑤\end{cases}$$

例8 解方程:$x^4+x^2+4x-3=0$.

解 因为$a=0,b=1,c=4,d=-3$.故三次预解方程为

$$8t^3-4t^2+24t-28=0,$$

即

$$2t^3-t^2+6t-7=0,$$

$t_0=1$是它的一个根.又因为

$$\frac{a^2}{4}-b+2t_0=1,\ t_0{}^2-d=4,\ \frac{at_0-c}{2}=-2,$$

故可取$\frac{a^2}{4}-b+2t_0$的平方根为1,取$t_0{}^2-d$的平方根为-2(或者取前者为-1,后者为2).所以原方程的四个根可以由以下两个方程给出

$$x^2+x-1=0\text{和}x^2-x+3=0.$$

分别解这两个方程,就得到原方程的四个解为

$$x_{1,2}=\frac{-1\pm\sqrt{5}}{2},\ x_{3,4}=\frac{1\pm i\sqrt{11}}{2},$$

经检验都是原方程的根.

例9 解方程: $x^4-2x^3+4x^2+2x-5=0.$

解 此处 $a=-2,b=4,c=2,d=-5$. 此方程的三次预解方程为

$$8t^3-16t^2+32t-64=0,$$

即

$$t^3-2t^2+4t-8=0,$$

易得它的一个根为 $t_0=2$. 又由于

$$\frac{a^2}{4}-b+2t_0=1,\ {t_0}^2-d=9,\quad \frac{at_0-c}{2}=-3,$$

故 $\frac{a^2}{4}-b+2t_0$与${t_0}^2-d$ 的平方根可取为 1 与−3. 于是原方程的根可以从以下两个方程解得

$$x^2-1=0\text{和}x^2-2x+5=0.$$

解之得原方程的四个根为

$$x_{1,2}=\pm1,\ x_{3,4}=1\pm2i.$$

3. 一元四次方程的费拉雷(Ferrari)根式解法

费拉雷是卡当的学生,下面是他研究的四次方程根式解中最早的一种解法.

若设一元四次方程

$$x^4+ax^3+bx^2+cx+d=0.\qquad\cdots\cdots①$$

把方程①中的后三项移到等式的右端,两边再加上 $\frac{a^2x^2}{4}$,得

$$\left(x^2+\frac{ax}{2}\right)^2=\left(\frac{a^2}{4}-b\right)x^2-cx-d.$$

再将上面式子的两端同加上 $\left(x^2+\frac{ax}{2}\right)y+\frac{y^2}{4}$,得

$$\left(x^2+\frac{ax}{2}+\frac{y}{2}\right)^2=\left(\frac{a^2}{4}-b+y\right)x^2+\left(\frac{ay}{2}-c\right)x+\left(\frac{y^2}{4}-d\right). \quad \cdots\cdots ②$$

若使方程②右端变成完全平方式，因此可设

$$\frac{a^2}{4}-b+y=A^2,\quad \frac{ay}{2}-c=2AB,\quad \frac{y^2}{4}-d=B^2.$$

因为 $4A^2\cdot B^2=(2AB)^2$，所以

$$4\left(\frac{a^2}{4}-b+c\right)\left(\frac{y^2}{4}-d\right)=\left(\frac{ay}{2}-c\right)^2.$$

将上式化简就得到一个三次方程，我们把它称之为原四次方程的三次预解方程式：

$$y^3-by^2+(ac-4d)y-[d(a^2-4b)+c^2]=0. \quad \cdots\cdots ③$$

若方程③的任一个根 $y=y_0$ 代入方程②，方程②的右端就变成了完全平方式 $(Ax+B)^2$，此时方程②就成为

$$(x^2+\frac{ax}{2}+\frac{y_0}{2})^2=(Ax+B)^2,$$

两边开平方，得到两个二次方程

$$x^2+\frac{ax}{2}+\frac{y_0}{2}=Ax+B \text{ 和 } x^2+\frac{ax}{2}+\frac{y_0}{2}=-Ax-B.$$

分别把它们解出来，就得到原方程的四个根.

将上面方程②③中的 y 替换成 t，那就变成前面（例 8）的四次方程根式解法所作的说明.

例 10 解方程：$x^4-8x^3+18x^2-27=0$.

解 此处 $a=-8, b=18, c=0, d=-27$. 将它们代入三次预解方程

$$y^3-by^2+(ac-4d)y-[d(a^2-4b)+c^2]=0,$$

得

$$y^3-18y^2+108y-216=0. \quad \cdots\cdots ①$$

要解此三次方程，可以设 $y=z-\frac{-18}{3}=z+6$，将它代入方程①，解得 $z_1=z_2=z_3=0$，由所设得 $y_1=y_2=y_3=6$.

我们再来求A,B：

$$A^2=\frac{a^2}{4}-b+y=16-18+6=4,$$

$$2AB=\frac{ay}{2}-c=-24,$$

$$B^2=\frac{y^2}{4}-d=9+27=36.$$

易知$2AB<0$，故A与B的符号相反，因此可取$A=2,B=-6$. 把$A=2$，$B=-6,y_0=6$代入两个二次方程中，得

$$x^2-4x+3=2x-6 \text{ 和 } x^2-4x+3=-2x+6,$$

即

$$x^2-6x+9=0 \text{ 和 } x^2-2x-3=0.$$

解得原方程的根为

$$x_1=x_2=3,\ x_3=-1,\ x_4=3.$$

4. 四次方程的罗巴契夫斯基(Лобачевский)根式解法

这是一元四次方程的另外一种根式解法，它是由俄罗斯数学家罗巴契夫斯基发现，并记载于《代数》一书中.

设一元四次方程

$$f(x)=x^4+ax^3+bx^2+cx+d=0, \quad \cdots\cdots①$$

以$x=y-\frac{a}{4}$，代入方程①得到一个不含三次项的方程

$$y^4+py^2+qy+r=0. \quad \cdots\cdots②$$

要想解出方程②，先来讨论下面两个关于z的辅助方程

$$z^3-yz^2+y'z+y''=0, \quad \cdots\cdots③$$

$$z^3+yz^2+y'z-y''=0, \quad \cdots\cdots④$$

方程③④中的y代表方程②的任意一个根.

我们根据韦达定理不难看出，若z_1,z_2,z_3是方程③的根，则$-z_1,-z_2,-z_3$必是方程④的根.

由③×④得

$$(z^3+y'z)^2-(yz^2-y'')^2=0, \quad \cdots\cdots⑤$$

即

$$(z^2)^3-(2y'-y^2)(z^2)^2+(y'^2+2yy')(z^2)-y''^2=0, \quad \cdots\cdots⑥$$

令

$$u=z^2,\ l=2y'-y^2,\ m=y''^2+2yy'',\ n=y''^2, \quad \cdots\cdots⑦$$

将⑦代入⑥得

$$u^3+lu^2+mu-n=0, \quad \cdots\cdots⑧$$

再由⑦消去 y' 和 y'',得

$$y^4+2ly^2+8y\sqrt{n}+(l^2-4m)=0. \quad \cdots\cdots⑨$$

比较⑨和②,得

$$l=\frac{p}{2},\ n=\frac{q^2}{64},\ m=\frac{p^2}{16}-\frac{r}{4},$$

再把它代入⑧,得

$$u^3+\frac{1}{2}pu^2+\frac{1}{4}\left(\frac{p^2}{4}-r\right)u-\frac{q}{64}=0. \quad \cdots\cdots⑩$$

设 u_1,u_2,u_3 是方程⑩的三个根,如果方程③的三个根为 $\sqrt{u_1},\sqrt{u_2},\sqrt{u_3}$,就必须有以下条件

$$\sqrt{u_1}+\sqrt{u_2}+\sqrt{u_3}=y,\sqrt{u_1}\cdot\sqrt{u_2}\cdot\sqrt{u_3}=-y''=-\frac{q}{8}.$$

若 $z_1=\sqrt{u_1},\ z_2=\sqrt{u_2},\ z_3=\sqrt{u_3}$,且满足 $z_1z_2z_3=-\frac{q}{8}$,则这样的三个 z_1, z_2, z_3的值,构成下面的组合:

$$(z_1,-z_2,-z_3),(-z_1,z_2,-z_3),(-z_1,-z_2,z_3),$$

这同样代表 $\sqrt{u_1},\sqrt{u_2},\sqrt{u_3}$ 在满足同一条件下的三组值.因此所给出的四次方程的四个根可由下面的公式给出:

$$y_1=z_1+z_2+z_3,$$
$$y_2=z_1-z_2-z_3,$$
$$y_3=-z_1+z_2-z_3,$$
$$y_4=-z_1-z_2+z_3.$$

例11 用罗巴契夫斯基根式解法求下面四次方程的根:

$$2y^4-7y^2+2y+\frac{21}{8}=0.$$

解 方程两边各项同除以2,得

$$y^4-\frac{7}{2}y^2+y+\frac{21}{16}=0.$$

此处 $p=-\frac{7}{2},q=1,r=\frac{21}{16}$.把它们代入

$$u^3+\frac{1}{2}pu^2+\frac{1}{4}\left(\frac{p^2}{4}-r\right)u-\frac{q}{64}=0,$$

得

$$u^3-\frac{7}{4}u^2+\frac{7}{16}u-\frac{1}{64}=0.$$

解此三次方程,得

$$u_1=\frac{1}{4},\ u_2=\frac{3+2\sqrt{2}}{4},\ u_3=\frac{3-2\sqrt{2}}{4}.$$

因为 $q=1>0$,所以要满足 $z_1\cdot z_2\cdot z_3=-\frac{q}{8}=-\frac{1}{8}$,可令

$$z_1=-\sqrt{u_1}=-\frac{1}{2},\ z_{2,3}=\sqrt{\frac{3\pm2\sqrt{2}}{4}}=\frac{\sqrt{2}\pm1}{2},$$

由此得

$$y_1=-\frac{1}{2}+\frac{\sqrt{2}+1}{2}+\frac{\sqrt{2}-1}{2}=\frac{-1+2\sqrt{2}}{2},$$

$$y_2=-\frac{1}{2}-\frac{\sqrt{2}+1}{2}-\frac{\sqrt{2}-1}{2}=\frac{-1-2\sqrt{2}}{2},$$

$$y_3=\frac{1}{2}+\frac{\sqrt{2}+1}{2}-\frac{\sqrt{2}-1}{2}=\frac{3}{2},$$

$$y_4=\frac{1}{2}-\frac{\sqrt{2}+1}{2}+\frac{\sqrt{2}-1}{2}=-\frac{1}{2}.$$

例12 解方程: $x^4-4x^3+5x^2-2x-2=0.$

解 此处 $a=-4,b=5,c=-2,d=-2$. 令 $x=y-\frac{a}{4}=y+1$,将其代入原方程,得

$$(y+1)^4-4(y+1)^3+5(y+1)^2-2(y+1)-2=0,$$

即

$$y^4-y^2-2=0,$$

设 $u=y^2$,作替换,得

$$u^2-u-2=0.$$

解得 $u_1=2$, $u_2=-1$. 故有 $y_2=2$, $y_2=-1$,解得 $y_{1,2}=\pm\sqrt{2}$, $y_{3,4}=\pm i$.

所以原方程的根为

$$x_{1,2}=1\pm\sqrt{2},\ x_{3,4}=1\pm i.$$

三、求根公式的逆用法

一般情况下,解方程时求根公式是直接引用的,但在某些特殊情况下,也可以反向引用来解题.虽然这仅是特例,但可以培养学生的逆向发散思维能力,从而理解“法无定法”的辩证思维特征.

例 解方程: $\sqrt{2}x^3+4x^2+2\sqrt{2}x+2-\sqrt{2}=0$.

解 方程两边同除以 $\sqrt{2}$,得

$$x^3+2\sqrt{2}x^2+2x+\sqrt{2}-1=0.$$

设 $t=\sqrt{2}\in\mathbf{R}$,将上面的方程变为关于 t 的二次方程

$$xt^2+(2x^2+1)t+(x^3-1)=0,$$

所以

$$t=\frac{-(2x^2+1)\pm\sqrt{(2x^2+1)^2-4x(x^3-1)}}{2x},$$

解得

$$t=1-x \text{ 或 } t=-\frac{x^2+x+1}{x}.$$

由所设得

$$1-x=\sqrt{2} \text{ 或 } -\frac{x^2+x+1}{x}=\sqrt{2},$$

解之,得

$$x_1=1-\sqrt{2},\ x_{2,3}=\frac{-(\sqrt{2}+1)\pm\sqrt{2\sqrt{2}-1}}{2}.$$

四、乘法公式法

解方程时可巧用各类乘法公式.乘法公式分述如下.

(1)利用公式 $(a \pm b)^3 = a^3 \pm b^3 \pm 3ab(a \pm b)$ 来解形如

$$\sqrt[3]{p(x)} + \sqrt[3]{q(x)} = R(x)$$

的方程.

例 1 解方程:$\sqrt[3]{x} + \sqrt[3]{2-x} = 2$.

解 将原方程两边立方,得

$$x + (2-x) + 3\sqrt[3]{x} \cdot \sqrt[3]{2-x}\,(\sqrt[3]{x} + \sqrt[3]{2-x}) = 8.$$

把原方程 $\sqrt[3]{x} + \sqrt[3]{2-x} = 2$ 代入上面的方程,得

$$2 + 6\sqrt[3]{x} \cdot \sqrt[3]{2-x} = 8,$$

化简得

$$\sqrt[3]{x(2-x)} = 1,$$

两边立方得

$$x^2 - 2x + 1 = 0,$$

解得原方程的解为 $x_1 = x_2 = 1$.

(2)利用公式 $a^2 - b^2 = (a+b)(a-b)$, $(a \pm b)^2 = a^2 \pm 2ab + b^2$ 来解方程或方程组.

例 2 解方程组:

$$\begin{cases} \sqrt{x+y} - \sqrt{x-y} = 4, & \cdots\cdots① \\ x^2 - y^2 = 25. & \cdots\cdots② \end{cases}$$

解 因为 $\sqrt{x+y} > 0, \sqrt{x-y} > 0$,所以②可以变形为

$$(\sqrt{x+y})^2 \cdot (\sqrt{x-y})^2 = 25,$$

两边开平方得

$$\sqrt{x+y} \cdot \sqrt{x-y} = 5, \qquad \cdots\cdots③$$

①^2+4×③,再开平方,得

$$\sqrt{x+y}+\sqrt{x-y}=6, \qquad \cdots\cdots④$$

解①④构成的方程组,得

$$\sqrt{x+y}=5,\quad \sqrt{x-y}=1.$$

由此解得原方程组的解为

$$(x,y)=(13,12).$$

(3)利用公式 $a^3+b^3+c^3-3abc=(a+b+c)(a^2+b^2+c^2-ab-bc-ca)$ 来解方程或方程组.

例3 解方程: $\sqrt[3]{13x+37}=\sqrt[3]{13x-37}+\sqrt[3]{2}$.

解 移项得

$$\sqrt[3]{13x+37}-\sqrt[3]{13x-37}-\sqrt[3]{2}=0.$$

设 $\sqrt[3]{13x+37}=a$, $-\sqrt[3]{13x-37}=b$, $-\sqrt[3]{2}=c$, 于是就有 $a+b+c=0$, 因此利用公式

$$a^3+b^3+c^3-3abc=(a+b+c)(a^2+b^2+c^2-ab-bc-ca)=0$$

可得

$$a^3+b^3+c^3=3abc.$$

代入所设得

$$(\sqrt[3]{13x+37})^3+(-\sqrt[3]{13x-37})^3+(-\sqrt[3]{2})^3=3(\sqrt[3]{13x+37})(-\sqrt[3]{13x-37})(-\sqrt[3]{2}),$$

化简得

$$x^2=49.$$

所以原方程的解为 $x_1=7$, $x_2=-7$.

(4)利用公式 $(x-1)(x^{n-1}+x^{n-2}+\cdots+x+1)=x^n-1$ 来解方程.

例4 解方程: $x^4+x^3+x^2+x+1=0$.

解 因为

$$x^4+x^3+x^2+x+1=\frac{x^5-1}{x-1}=0,$$

所以 $x^5-1=0$, 除去 $x=1$ 的根, 故而原方程的解为

$$x_k=\cos\frac{2k\pi}{5}+i\sin\frac{2k\pi}{5}(k=1,2,3,4,\text{除去}k=0),$$

即

$$x_1=\cos\frac{2\pi}{5}+i\sin\frac{2\pi}{5},\ x_2=\cos\frac{4\pi}{5}+i\sin\frac{4\pi}{5},$$

$$x_3=\sin\frac{6\pi}{5}+i\sin\frac{6\pi}{5},\ x_4=\cos\frac{8\pi}{5}+i\sin\frac{8\pi}{5}.$$

(5)利用万能公式解方程.

在解三角方程时,遇见各类三角函数常把它们化为同一类正切函数.为便于解题,可设

$$\tan\frac{x}{2}=t,$$

那么

$$\sin x=\frac{2t}{1+t^2},\quad \cos x=\frac{1-t^2}{1+t^2},\quad \tan x=\frac{2t}{1-t^2}.$$

这一组公式叫做万能公式.在解形如 $f(\sin x,\ \cos x,\ \tan x,\ \tan\frac{x}{2})=0$ 的三角方程时,可利用它们将其转化为 $g(\tan\frac{x}{2})=0$,即$g(t)=0$ 这样的方程来解.

利用万能公式求解方程须注意:当 $x=2k\pi+\pi,k\in\mathbf{Z}$时,$\tan\frac{x}{2}$ 的值是不存在的,因而可能缩小了原方程中未知数x的允许值的范围,原方程可能失去了 $x=2k\pi+\pi,k\in\mathbf{Z}$ 这些解,因此到最后还应该把 $x=2k\pi+\pi,k\in\mathbf{Z}$ 代回到原方程中去检验.

例5 解方程:$\sin x+\tan\frac{x}{2}=2$.

解 设 $\tan\frac{x}{2}=t$,则 $\sin x=\frac{2t}{1+t^2}$,将它们代入原方程中,得

$$\frac{2t}{1+t^2}+t=2$$
$$\Leftrightarrow t^3-2t^2+3t-2=0$$
$$\Leftrightarrow (t-1)(t^2-t+2)=0.$$

因为 $t\in\mathbf{R}$,所以 $t^2-t+2\neq0$,则 $t-1=0$. 故 $t=1$,即 $\tan\frac{x}{2}=1$. 所以原方程的解为

$$\left\{x \middle| x=2k\pi+\frac{\pi}{2},\ k\in\mathbf{Z}\right\}.$$

例6 解方程：$\sin x-\cos x=1$.

解 设$\tan\frac{x}{2}=t$，则原方程化为

$$\frac{2t}{1+t^2}+\frac{1-t^2}{1+t^2}=1$$

$$\Leftrightarrow 2t-1+t^2=1+t^2.$$

解之$t=1$，即$\tan\frac{x}{2}=1$. 故

$$x=2k\pi+\frac{\pi}{2},\ k\in\mathbf{Z}.$$

当t不存在时，即$x=2k\pi+\pi$, $k\in\mathbf{Z}$，将$x=2k\pi+\pi$代入原方程，经检验仍然是原方程的根.

所以原方程的解集为

$$\{x|x=2k\pi+\pi,\ k\in\mathbf{Z}\}\cup\left\{x \middle| x=2k\pi+\frac{\pi}{2},\ k\in\mathbf{Z}\right\}.$$

五、克莱姆(Cramer)公式法

若给定方程组

$$\begin{cases}a_{11}x_1+a_{12}x_2+\cdots+a_{1n}x_n=b_1,\\ a_{21}x_1+a_{22}x_2+\cdots+a_{2n}x_n=b_2,\\ \cdots\\ a_{n1}x_1+a_{n2}x_2+\cdots+a_{nn}x_n=b_n.\end{cases}$$

它的系数行列式是一个n阶方阵行列式

$$D=\left|a_{ij}\right|_n\ (1\leqslant i,\ j\leqslant n),$$

也就是

$$D=\begin{vmatrix}a_{11} & a_{12} & \cdots & a_{1n}\\ a_{21} & a_{22} & \cdots & a_{2n}\\ \cdots & \cdots & \cdots & \cdots\\ a_{n1} & a_{n2} & \cdots & a_{nn}\end{vmatrix}.$$

如果我们分别把D的第$1,2,\cdots,n$列元素：

$$\begin{pmatrix} a_{11} \\ a_{21} \\ \vdots \\ a_{n1} \end{pmatrix}, \begin{pmatrix} a_{12} \\ a_{22} \\ \vdots \\ a_{n2} \end{pmatrix}, \cdots \begin{pmatrix} a_{1n} \\ a_{2n} \\ \vdots \\ a_{nn} \end{pmatrix}$$

分别换成常数列$\begin{pmatrix} b_1 \\ b_2 \\ \vdots \\ b_n \end{pmatrix}$元素，便得到

$$D_1 = \begin{vmatrix} b_1 & a_{12} & \vdots & a_{1n} \\ b_2 & a_{22} & \vdots & a_{2n} \\ \vdots & \vdots & \vdots & \vdots \\ b_n & a_{n2} & \vdots & a_{nn} \end{vmatrix}, D_2 = \begin{vmatrix} a_{11} & b_1 & \vdots & a_{1n} \\ a_{21} & b_2 & \vdots & a_{2n} \\ \vdots & \vdots & \vdots & \vdots \\ a_{n1} & b_n & \vdots & a_{nn} \end{vmatrix}, \cdots,$$

$$D_n = \begin{vmatrix} a_{11} & a_{12} & \vdots & b_1 \\ a_{21} & a_{22} & \vdots & b_2 \\ \vdots & \vdots & \vdots & \vdots \\ a_{n1} & a_{n2} & \vdots & b_n \end{vmatrix},$$

那么，方程组在$D\neq 0$时，有唯一一组解，即

$$x_1 = \frac{D_1}{D}, x_2 = \frac{D_2}{D}, \cdots, x_n = \frac{D_n}{D}.$$

上面这种解方程组的方法，我们称之为克莱姆(Cramer)法则.

例1 解方程组：

$$\begin{cases} 2x + 3y - 5z = 3, \\ x - 2y + z = 0, \\ 3x + y + 3z = 7. \end{cases}$$

解 计算方程组的系数行列式

$$D = \begin{vmatrix} 2 & 3 & -5 \\ 1 & -2 & 1 \\ 3 & 1 & 3 \end{vmatrix} = -49 \neq 0,$$

故方程组有唯一一组解.用常数列$(3,0,7)^T$分别替换D中x,y,z的系数列，得到行列式

$$D_1=\begin{vmatrix}3&3&-5\\0&-2&1\\7&1&3\end{vmatrix}=-70,\qquad D_2=\begin{vmatrix}2&3&-5\\1&0&1\\3&7&3\end{vmatrix}=-49,$$

$$D_3=\begin{vmatrix}2&3&3\\1&-2&0\\3&1&7\end{vmatrix}=-28.$$

所以原方程组的解为

$$x=\frac{D_1}{D}=\frac{10}{7},\ y=\frac{D_2}{D}=1,\ z=\frac{D_3}{D}=\frac{4}{7}.$$

例 2　解线性方程组：

$$\begin{cases}5x_1+3x_2-x_3-x_4=5,\\8x_1+7x_2-3x_3-3x_4=-10,\\x_1-2x_2-x_3+2x_4=16,\\x_1-x_2-x_3+2x_4=18.\end{cases}$$

解　方程组的系数行列式为

$$D=\begin{vmatrix}5&3&-1&-1\\8&7&-3&-3\\1&-2&-1&2\\1&-1&-1&2\end{vmatrix}=-21\neq 0,$$

故方程组有唯一一组解.用常数列$(5,-10,16,18)^T$分别替换D中x_1,x_2,x_3,x_4的系数列,得到行列式

$$D_1=\begin{vmatrix}5&3&-1&-1\\-10&7&-3&-3\\16&-2&-1&2\\18&-1&-1&2\end{vmatrix}=-63,\ D_2=\begin{vmatrix}5&5&-1&-1\\8&-10&-3&-3\\1&16&-1&2\\1&18&-1&2\end{vmatrix}=-42,$$

$$D_3=\begin{vmatrix}5&3&5&-1\\8&7&-10&-3\\1&-2&16&2\\1&-1&18&2\end{vmatrix}=-105,\ D_4=\begin{vmatrix}5&3&-1&5\\8&7&-3&-10\\1&-2&-1&16\\1&-1&-1&18\end{vmatrix}=-231.$$

所以原方程组的解为

$$x_1=\frac{D_1}{D}=3,\ x_2=\frac{D_2}{D}=2,\ x_3=\frac{D_3}{D}=5,\ x_4=\frac{D_4}{D}=11.$$

例 3　问k取什么值时,方程组:

$$\begin{cases} kx_1 + x_2 = 0, \\ x_1 + kx_2 = 0 \end{cases}$$

才有非零解.

解 因为齐次线性方程组若有非零解,它的系数行列式必等于零,所以得

$$D = \begin{vmatrix} k & 1 \\ 1 & k \end{vmatrix} = 0.$$

于是 $k^2 - 1 = 0$,即 $k = \pm 1$. 当 $k = 1$ 或 $k = -1$ 时,得到如下的方程组

$$\begin{cases} x_1 + x_2 = 0, \\ x_1 + x_2 = 0 \end{cases} \text{或} \begin{cases} -x_1 + x_2 = 0, \\ x_1 - x_2 = 0. \end{cases}$$

它们的解分别为

$$x_1 = t,\ x_2 = -t (t \in \mathbf{C}), \text{或 } x_1 = x_2 = t (t \in \mathbf{C}),$$

也就是说,它们除了有零解以外,还有非零解.

例 4 解方程组:

$$\begin{cases} x_1 + 2x_2 - x_3 + 3x_4 = 2, \\ 2x_1 - x_2 + 3x_3 - 2x_4 = 7, \\ 3x_2 - x_3 + x_4 = 6, \\ x_1 - x_2 + x_3 + 4x_4 = -4. \end{cases}$$

解 方程组系数行列式为

$$D = \begin{vmatrix} 1 & 2 & -1 & 3 \\ 2 & -1 & 3 & -2 \\ 0 & 3 & -1 & 1 \\ 1 & -1 & 1 & 4 \end{vmatrix} = -39,$$

再将方程组的常数列 $(2,7,6,-4)^T$ 分别替换 D 中 x_1, x_2, x_3, x_4 的系数列

$$D_1 = \begin{vmatrix} 2 & 2 & -1 & 3 \\ 7 & -1 & 3 & -2 \\ 6 & 3 & -1 & 1 \\ -4 & -1 & 1 & 4 \end{vmatrix} = -39, D_2 = \begin{vmatrix} 1 & 2 & -1 & 3 \\ 2 & 7 & 3 & -2 \\ 0 & 6 & -1 & 1 \\ 1 & -4 & 1 & 4 \end{vmatrix} = -117,$$

$$D_3 = \begin{vmatrix} 1 & 2 & 2 & 3 \\ 2 & -1 & 7 & -2 \\ 0 & 3 & 6 & 1 \\ 1 & -1 & -4 & 4 \end{vmatrix} = -78, D_4 = \begin{vmatrix} 1 & 2 & -1 & 2 \\ 2 & -1 & 3 & 7 \\ 0 & 3 & -1 & 6 \\ 1 & -1 & 1 & -4 \end{vmatrix} = 39.$$

因为 $D=-39\neq 0$,所以方程组有唯一一组解

$$x_1=\frac{D_1}{D}=1,\ x_2=\frac{D_2}{D}=3,\ x_3=\frac{D_3}{D}=2,\ x_4=\frac{D_4}{D}=-1.$$

§ 12 乘方法

所谓乘方法,就是应用下面的乘方定理来解方程或方程组.

乘方定理 设方程

$$f(x_1,x_2,\cdots,x_n)=g(x_1,x_2,\cdots,x_n) \quad \cdots\cdots①$$

与方程

$$f^m(x_1,x_2,\cdots,x_n)=g^m(x_1,x_2,\cdots,x_n), \quad \cdots\cdots②$$

那么②是①的结果方程.也就是说,①的解集是②的解集的子集,但②的解集不一定是①的解集,用②解方程时要注意增根的检验.

例1 解方程:$\sqrt{2x-3}+\sqrt{3x-5}-\sqrt{5x-6}=0$.

解 移项得

$$\sqrt{2x-3}+\sqrt{3x-5}=\sqrt{5x-6},$$

两边平方,整理后得

$$\sqrt{(2x-3)(3x-5)}=1,$$

两边再平方,得

$$6x^2-19x+14=0,$$

解得

$$x_1=2,\ x_2=\frac{7}{6}(\text{增根,舍去}).$$

所以原方程的根为 $x=2$.

例2 解方程:$\sqrt[3]{x+1}+\sqrt[3]{x-1}=\sqrt[3]{5x}$.

解 由于正数的奇数次方幂是正数,负数的奇数次方幂是负数,零的奇数次方幂是零,所以本题应用乘方法解方程不会产生增根.

将原方程两边立方,得

$$x+1+x-1+3\sqrt[3]{(x+1)^2(x-1)}+3\sqrt[3]{(x+1)(x-1)^2}=5x,$$

整理析因,得

$$\sqrt[3]{(x+1)(x-1)}(\sqrt[3]{x+1}+\sqrt[3]{x-1})=x.$$

用原方程作等值替换

$$\sqrt[3]{(x+1)(x-1)}\cdot\sqrt[3]{5x}=x,$$

两边再立方,得

$$5x(x^2-1)=x^3,$$

解得

$$x_1=0,\ x_2=\frac{\sqrt{5}}{2},\ x_3=-\frac{\sqrt{5}}{2}.$$

经检验它们都是原方程的根.

例3 解方程:$\sin x-\cos x=1$.

解 两边平方,得

$$\sin^2 x+\cos^2 x-2\sin x\cos x=1,$$

即

$$\sin x\cdot\cos x=0.$$

由 $\sin x=0$,得 $x=k\pi(k\in\mathbf{Z})$;

由 $\cos x=0$,得 $x=k\pi+\frac{\pi}{2}(k\in\mathbf{Z})$.

经检验知 $x=2k\pi$ 与 $x=2k\pi+\frac{3\pi}{2}$ 是增根,故而将其舍去.所以原方程的根为

$$x=2k\pi+\pi \text{ 或 } x=2k\pi+\frac{\pi}{2}(k\in\mathbf{Z}).$$

§ 13 唯一性法

所谓唯一性法,是指在解某些方程或方程组时,可以通过适当的同解变换,使之具有形式上的唯一性,并利用这种形式上的唯一性来确定未知数的方法.具体有以下一些做法.

一、利用无理数表达形式的唯一性

例 求方程的整数解：$x+\sqrt{y}=\sqrt{13+6\sqrt{2}}$（其中 $x>y>0$）.

解 因为

$$x+\sqrt{y}=\sqrt{3^2+6\sqrt{2}+2^2}=\sqrt{(3+\sqrt{2})^2},$$

所以

$$x+\sqrt{y}=3+\sqrt{2}.$$

在 $x>y>0$，且 $x,y\in\mathbf{Z}$ 的条件下，若 $\sqrt{y}$ 为有理数，则 $x+\sqrt{y}$ 为有理数，但 $3+\sqrt{2}$ 为无理数，故他们不相等，所以表达形式具有唯一性，因此方程的整数解为 $x=3$，$y=2$.

二、利用复数相等时，其实部与虚部对应相等的唯一性

例 复数 a 为何值时，方程组：

$$\begin{cases}x-a+i=yi,\\ xi+1=2a-y\end{cases}$$

有实数解，并求出此实数解.

解 设 $a=m+ni$（$m,n\in\mathbf{R}$），代入原方程组，得

$$\begin{cases}x-m+(1-n)i=yi,\\ 2m-y+2ni=1+xi.\end{cases}$$

由题设 $x,y\in\mathbf{R}$，比较各方程两边的实部和虚部，得

$$\begin{cases}x-m=0,\\ 1-n=y,\\ 2m-y=1,\\ 2n=x.\end{cases}$$

解得 $m=\dfrac{4}{5}$，$n=\dfrac{2}{5}$，$x=\dfrac{4}{5}$，$y=\dfrac{3}{5}$.

所以 $a=\dfrac{4}{5}+\dfrac{2}{5}i$，方程组的实数解为

$$x=\frac{4}{5},\ y=\frac{3}{5}.$$

三、利用分数变换成连分数形式的唯一性

例1 求下列四元方程的正整数解：

$$31(xytz+xy+xt+zt+1)=40(yzt+y+t).$$

解 在正整数集 $\mathbf{Z}^+$ 内解方程，原方程与下列方程同解

$$\frac{xyzt+xy+xt+zt+1}{yzt+y+t}=\frac{40}{31}.$$

将方程两边各自化成连分式与连分数的形式

$$\text{左端}=\frac{xyzt+xy+xt+zt+1}{yzt+y+t}=x+\cfrac{1}{\cfrac{yzt+y+t}{zt+1}}$$

$$=x+\cfrac{1}{y+\cfrac{1}{\cfrac{zt+1}{t}}}=x+\cfrac{1}{y+\cfrac{1}{z+\cfrac{1}{t}}},$$

$$\text{右端}=\frac{40}{31}=1+\cfrac{1}{\cfrac{31}{9}}=1+\cfrac{1}{3+\cfrac{1}{\cfrac{9}{4}}}=1+\cfrac{1}{3+\cfrac{1}{2+\cfrac{1}{4}}}.$$

比较等式左端与右端，由一个分数其连分数表达的唯一性可得

$$x=1,\ y=3,\ z=2,\ t=4.$$

例2 求以下四元方程的正整数解：

$$541(10yzt+5y+2t)=258(20xyzt+10xy+4xt+2zt+1).$$

解 在正整数集 $\mathbf{Z}^+$ 内，原方程与以下方程同解

$$\frac{20xyzt+10xy+4xt+2zt+1}{10yzt+5y+2t}=\frac{541}{258}.$$

将方程两边各自化成连分式与连分数的形式

$$\text{左端}=2x+\cfrac{1}{\cfrac{10yzt+5y+2t}{2zt+1}}=2x+\cfrac{1}{5y+\cfrac{1}{\cfrac{2zt+1}{2t}}}=2x+\cfrac{1}{5y+\cfrac{1}{z+\cfrac{1}{2t}}},$$

$$右端=\frac{541}{258}=2+\frac{1}{\frac{258}{25}}=2+\cfrac{1}{10+\cfrac{1}{3+\cfrac{1}{8}}}.$$

比较左右两端,由表达的唯一性得

$$2x=2,\ 5y=10,\ z=3,\ 2t=8.$$

因此原方程的正整数解为

$$x=1,\ y=2,\ z=3,\ t=4.$$

例3 求下列三元方程的正整数解:

$$29xyz-94zy+29x+29z-94=0.$$

解 因为 $x,y,z\in\mathbf{Z}^{+}$,原方程与下列方程同解

$$29(xyz+x+z)=94(zy+1)$$

$$\Leftrightarrow\frac{xyz+x+z}{zy+1}=\frac{94}{29}$$

$$\Leftrightarrow x+\cfrac{1}{y+\cfrac{1}{z}}=3+\cfrac{1}{4+\cfrac{1}{7}}.$$

比较等式两边连分式及连分数的对应部分,由其表达形式的唯一性,得原方程的正整数解为

$$x=3,\ y=4,\ z=7.$$

四、利用相同数量方幂同形项的和相等,其对应指数的唯一性

例 求方程的整数解:

$$2^{x}+2^{y}+2^{z}+2^{t}=20.625,$$

其中 $x>y>z>t$ 且都是整数.

解 因为

$$20.625=2^{4}+2^{2}+2^{-1}+2^{-3},$$

所以

$$2^{x}+2^{y}+2^{z}+2^{t}=2^{4}+2^{2}+2^{-1}+2^{-3}.$$

又因为 $x>y>z>t$,且都是整数,由其表达形式的唯一性得

$$x=4,\ y=2,\ z=-1,\ t=-3.$$

五、利用相同数量分式同形项的和相等，分子对应相等，其分母的唯一性

例　求下列方程的正整数解：

$6a(x-2)(x-3)+6b(x-1)(x-3)+6c(x-1)(x-2)=(2a+3b+6c)(x-1)(x-2)(x-3)$，其中 $a>b>c>0$，$x>3$.

解　因为 $x>3$，原方程与下列方程同解

$$\frac{a(x-2)(x-3)+b(x-1)(x-3)+c(x-1)(x-2)}{(x-1)(x-2)(x-3)}=\frac{2a+3b+6c}{6},$$

等价于

$$\frac{a}{x-1}+\frac{b}{x-2}+\frac{c}{x-3}=\frac{a}{4-1}+\frac{b}{4-2}+\frac{c}{4-3}.$$

又因为 a,b,c 为正数，$x>3$，由这种表现形式的唯一性，得 $x=4$. 所以原方程的根为 $x=4$.

§ 14　有理系数方程的有理根求法

不存在求任意次数方程的复数根和实数根的一般方法，但是有办法求出任意有理系数一元 n 次方程的有理根.

一元 n 次有理系数方程有理根的求法，主要根据以下的定理：

定理　设 $f(x)=a_0x^n+a_1x^{n-1}+\cdots+a_{n-1}x+a_n=0\ (a_0\neq 0)$.

(1)若 $f(x)$ 是一个整系数多项式，有理数 $\frac{u}{v}$ 是 $f(x)=0$ 的一个根，这里 u 和 v 是互素的，那么 v 整除 $f(x)$ 的最高次数项系数 a_0，而 u 整除 $f(x)$ 的常数项 a_n，则 $f(x)=\left(x-\frac{u}{v}\right)\cdot q(x)$，$q(x)$ 是一个整系数多项式.

(2)若 $f(x)$ 是一个有理系数多项式，那么在方程的两边同乘以整数 k，得到 $kf(x)=0$，并使得 $kf(x)=0$ 为一个整系数多项式，则

$kf(x)=0$ 与 $f(x)=0$ 有相同的根.

例1 解方程：$f(x)=3x^4+5x^3+x^2+5x-2=0$.

解 这个方程最高次数 $\partial(f(x))=4$，系数是3，3的因数是 ±1，±3，$f(x)$ 的常数项是-2，-2的因数是±1，±2，所以 $f(x)=0$ 所有可能的有理根为 $\frac{u}{v}=\pm1,\pm2,\pm\frac{1}{3},\pm\frac{2}{3}$. 下面我们用综合除法，逐一地加以判别它们是否是方程的根.

$$\begin{array}{rrrrrl} & 3 & 5 & 1 & 5 & -2 \mid \underline{-2} \\ +) & & -6 & 2 & -6 & 2 \\ \hline & 3 & -1 & 3 & -1 & 0 \end{array}$$

由于余数为0，故-2是原方程的根，即 $f(x)=(x+2)\cdot q(x)$; $q(x)=3x^3-x^2+3x-1$，再对 $q(x)$ 继续试根

$$\begin{array}{rrrrl} & 3 & -1 & 3 & -1 \mid \underline{\frac{1}{3}} \\ +) & & 1 & 0 & 1 \\ \hline & 3 & 0 & 3 & 0 \end{array}$$

显然余数为0，所以-2和 $\frac{1}{3}$ 是原方程的有理根，即

$$f(x)=(x+2)\left(x-\frac{1}{3}\right)(3x^2+3)=0.$$

由此得原方程的根为

$$x_1=-2,\ x_2=\frac{1}{3},\ x_3=i,\ x_4=-i.$$

例2 求方程的有理根：$4x^3-7x^2-x+3=0$.

解 方程所有可能的根为±1，±3，$\pm\frac{1}{2}$，$\pm\frac{3}{2}$，$\pm\frac{1}{4}$，$\pm\frac{3}{4}$. 分别用综合除法对上面可能的根进行判根检验.

$$\begin{array}{rrrrl} & 4 & -7 & -1 & 3 \mid \underline{\frac{3}{4}} \\ +) & & 3 & -3 & -3 \\ \hline & 4 & -4 & -4 & 0 \end{array}$$

因此原方程为

$$(4x-3)(x^2-x-1)=0,$$

故而原方程仅有有理根 $\frac{3}{4}$ 和无理根 $\frac{1\pm\sqrt{5}}{2}$.

从上面的例题中,我们不难发现,如果按照前面的定理解方程,得到的可能的有理根 $\frac{u}{v}$ 个数很多,那么对它们逐一判断就相当的麻烦.因此,我们可以采用以下的方法,使得试根的过程加以简化:

首先,1 和 −1 在 $\frac{u}{v}$ 的各种情况下都会出现,因此我们先来计算 $f(1)$ 和 $f(-1)$. 另一方面,若 $\alpha(\neq\pm1)$ 是 $f(x)$ 的根,则有 $f(x)=(x-\alpha)\cdot q(x)$,其中 $q(x)$ 是一个整系数多项式,所以商

$$\frac{f(1)}{1-\alpha}=q(1)\in\mathbf{Z},\quad \frac{f(-1)}{1+\alpha}=-q(-1)\in\mathbf{Z}.$$

它们都应该是整数,不能使它们是整数的 α 就不是 $f(x)$ 的根.因此,用这样的办法,就可以从可能根中剔除一部分不可能的根.

例 3 求方程的有理根:

$$f(x)=2x^4-2x^3-9x^2-8x-3=0.$$

解 这个方程的可能有理根为 $\pm1, \pm3, \pm\frac{1}{2}, \pm\frac{3}{2}$. 易知 $f(1)=-20\neq0$, $f(-1)=0$. 由此知 −1 是 $f(x)=0$ 的根,1 不是 $f(x)=0$ 的根,故把 1 剔去.又因为

$$\frac{f(1)}{1-3}=\frac{-20}{-2}=10\in\mathbf{Z}, \frac{f(1)}{1+3}=\frac{-20}{4}=-5\in\mathbf{Z}, \frac{f(1)}{1+\frac{1}{2}}=\frac{-20}{\frac{3}{2}}=\frac{-40}{3}\notin\mathbf{Z}, \cdots$$

仿此,凡不能使它为整数的都剔去,为整数的留下来验根.

$$\begin{array}{rrrrrl} 2 & -2 & -9 & -8 & -3 & \underline{|3} \\ \underline{+)} & \underline{6} & \underline{12} & \underline{9} & \underline{3} & \\ 2 & 4 & 3 & 1 & 0 & \end{array}$$

故 −1 与 3 为原方程的有理根,即

$$(x+1)(x-3)(2x^2+2x+1)=0.$$

所以原方程的根为

$$x_1=-1,\ x_2=3,\ x_3=\frac{-1+i}{2},\ x_4=\frac{-1-i}{2}.$$

例4 求方程的有理根：

$$f(x)=x^3-6x^2+15x-14=0.$$

解 此方程是首项系数为1的整系数方程式，如果有有理根则必为整数，而且是常数项的因数．而常数项-14的因数为 $\pm1,\pm2,\pm7,\pm14$.

1° $f(1)=-4\neq0, f(-1)=-36\neq0$. 所以$\pm1$不是方程的根；

2°又因为 $-2-1=-3, -7-1=-8, -14-1=-15, 14-1=13$ 它们都不能整除 $f(1)=-4$，所以$-2, -7, -14, 14$ 都不是 $f(x)=0$ 的根；$7+1=8$，也不能整除 $f(-1)=-36$，所以它也不是 $f(x)=0$ 的根.

3°在所有的可能根中剔除后只剩下2，最后可利用综合除法验根：

$$\begin{array}{rrrrl} & 1 & -6 & 15 & -14 \ \underline{|2} \\ +) & & 2 & -8 & 14 \\ \hline & 1 & -4 & 7 & 0 \end{array}$$

显然 $f(2)=0$，所以原方程的有理根仅有 $x=2$.

例5 求方程的有理根：

$$f(x)=2x^5-4x^4-5x^3+10x^2-3x+6=0.$$

解 因为2的因数有$\pm1,\pm2$，6的因数有$\pm1,\pm2,\pm3,\pm6$.因此所有既约分数可能根 $\frac{u}{v}$ 有：$\pm1,\pm2,\pm3,\pm6,\ \pm\frac{1}{2},\ \pm\frac{3}{2}$.

筛选可能根，缩小其试根范围：

1° $f(1)=6\neq0, f(-1)=18\neq0$，因此$\pm1$不是 $f(x)=0$ 的根；

2°又因为 $-3-1=-4, 6-1=5, -6-1=-7, -2-3=-5$，它们都不能整除 $f(1)=6$，故而$-3,\ -\frac{3}{2}$，$6, -6$ 都不是原方程 $f(x)=0$ 的根；$3+1=4, 2+3=5$ 它们都不能整除 $f(-1)=18$，所以$3,\ \frac{3}{2}$也不是原方

程 $f(x)=0$ 的根.

3°剩下来的可能根只有 ± 2, $\pm\frac{1}{2}$,可用综合除法验根.

$$\begin{array}{rrrrrrl} 2 & -4 & -5 & 10 & -3 & 6 & \underline{|2} \\ +) & 4 & 0 & -10 & 0 & -6 & \\ \hline 2 & 0 & -5 & 0 & -3 & 0 & \end{array}$$

显然 $f(2)=0$,故2是原方程的有理根.

但是, $f(-2)=9\neq 0$, $f\left(\frac{1}{2}\right)=-\frac{33}{8}\neq 0$, $f\left(-\frac{1}{2}\right)=-\frac{33}{8}\neq 0$,所以 -2, $\pm\frac{1}{2}$ 都不是原方程的根.

例6 求方程的有理根:

$$f(x)=3x^5+\frac{11}{2}x^4-8x^3-13x^2+4x+4=0.$$

解 先将原方程化为整系数方程

$$g(x)=2f(x)=6x^5+11x^4-16x^3-26x^2+8x+8=0.$$

显然 $f(x)=0$, $g(x)=0$ 有相同的根, $g(x)=0$ 的有理根可能是: ± 1, ± 2, ± 4, ± 8, $\pm\frac{1}{2}$, $\pm\frac{1}{3}$, $\pm\frac{2}{3}$, $\pm\frac{4}{3}$, $\pm\frac{8}{3}$, $\pm\frac{1}{6}$.

1°由于 $f(1)=-9\neq 0$, $f(-1)=-5\neq 0$,所以± 1不是 $f(x)=0$ 的根.

2°又因为 $1-8=-7$, $1-\frac{1}{3}=\frac{2}{3}$, $1-\frac{8}{3}=-\frac{5}{3}$, $1-\frac{1}{6}=\frac{5}{6}$,它们不能整除 $f(1)=-9$,故而 8, $\frac{1}{3}$, $\frac{8}{3}$, $\frac{1}{6}$ 都不是原方程的根.

3° 又因为 $-2-1=-3$, $-8-1=-9$, $-\frac{1}{3}-1=-\frac{4}{3}$, $-\frac{4}{3}-1=-\frac{7}{3}$, $-\frac{8}{3}-1=-\frac{11}{3}$, $-\frac{1}{6}-1=-\frac{7}{6}$,它们都不能整除 $f(-1)=-5$,所以 -8, $-\frac{1}{3}$, $-\frac{4}{3}$, $-\frac{8}{3}$, $-\frac{1}{6}$ 也都不是原方程的根.

4°余下的可能是原方程有理根的是 -2, ± 4, $\pm\frac{1}{2}$, $\pm\frac{2}{3}$, $\frac{4}{3}$. 用综合除法来验根:

$$
\begin{array}{rrrrrrrl}
 & 6 & 11 & -16 & -26 & 8 & 8 & \underline{|-2} \\
+) & & -12 & 2 & 28 & -4 & -8 & \\ \hline
 & 6 & -1 & -14 & 2 & 4 & \underline{|0} & \underline{|-\frac{1}{2}} \\
+) & & -3 & 2 & 6 & -4 & & \\ \hline
 & 6 & -4 & -12 & 8 & \underline{|0} & & \\
 & 6 & -4 & -12 & 8 & \underline{|\frac{2}{3}} & & \\
+) & & 4 & 0 & -8 & & & \\ \hline
 & 6 & 0 & -12 & 0 & & &
\end{array}
$$

由此可知 $-2, -\frac{1}{2}, \frac{2}{3}$ 是 $g(x)$ 的有理根，故有

$$f(x)=(x+2)\left(x+\frac{1}{2}\right)\left(x-\frac{2}{3}\right)(6x^2-12)=0.$$

所以原方程的有理根为 $-2, -\frac{1}{2}, \frac{2}{3}$.

例7 求方程的整数根：$f(x)=x^3-2x^2-x-6=0$.

解 常数项 $a_n=-6$，它的因数有 $\pm1, \pm2, \pm3, \pm6$.

1°因为 $f(1)=-8\neq0$，$f(-1)=-8\neq0$，所以 ±1 不是 $f(x)=0$ 的根.

2°又因为 $-2-1=-3$，$-6-1=-7$，它们不能整除 $f(1)=-8$. $-2-1=-3$，$-6-1=-7$，它们不能整除 $f(-1)=-8$，所以 $\pm2, \pm6$ 都不是 $f(x)=0$ 的根.

3°剩下 ±3 是否是 $f(x)=0$ 的根，可通过综合除法验根：

$$
\begin{array}{rrrrrl}
 & 1 & -2 & -1 & -6 & \underline{|3} \\
+) & & 3 & 3 & 6 & \\ \hline
 & 1 & 1 & 2 & 0 &
\end{array}
$$

故 $f(x)=(x-3)(x^2+x+2)=0$. 所以 $f(x)=0$ 仅有整数根 3.

例8 求方程的整数根：

$$f(x)=\frac{1}{10}x^5-\frac{11}{10}x^4+\frac{37}{10}x^3-\frac{12}{5}x^2-\frac{57}{10}x+1=0.$$

解 设

$$f(x)=\frac{1}{10}(x^5-11x^4+37x^3-24x^2-57x+10)=\frac{1}{10}\cdot g(x)=0.$$

显然 $f(x)=0$ 与 $g(x)=0$ 有相同的根，现在我们来求解 $g(x)=0$. 它的常数项 $a_n=10$，因数为±1，±2，±5，±10.

1°因为 $g(1)=-44\neq0$，$g(-1)=-6\neq0$，所以±1都不是 $g(x)=0$ 的根.

2° 又因为 $1+2=3$，$1+5=6$，$1-10=-9$，它们都不能整除 $g(1)=-44$，$-10+1=-9$，不能整除 $g(-1)=-6$，所以-2，-5，±10都不是 $g(x)=0$ 的根.

3°现在仅剩下2与5可能是 $g(x)=0$ 的根，用综合除法判根：

	1	−11	37	−24	−57	10	5
+)		5	−30	35	55	−10	
	1	−6	7	11	−2	0	2
+)		2	−8	−2	18		
	1	−4	−1	9	16		

所以只有5是原方程的有理根.

§ 15　三角代换法

所谓三角代换法，是指对于某些代数方程，可以通过三角代换把代数方程转化为含三角函数式的方程，再通过三角变换求解方程的方法.

例1　解方程：

$$x+\frac{x}{\sqrt{x^2-1}}=2\sqrt{2}.$$

解　由分母 $\sqrt{x^2-1}\neq0$，知 $x>1$ 或 $x<1$. 故可设 $x=\sec\alpha$，则方程变为

$$\sec\alpha+\frac{\sec\alpha}{\tan\alpha}=2\sqrt{2},$$

所以当 $0<\alpha<\frac{\pi}{2}$ 时，原方程可化为

$$\frac{1}{\cos\alpha}+\frac{1}{\sin\alpha}=2\sqrt{2},$$

即

$$\sin\alpha+\cos\alpha=2\sqrt{2}\sin\alpha\cdot\cos\alpha,$$

两边平方得

$$1+\sin 2\alpha=2\sin^2 2\alpha,$$

移项析因,得

$$(2\sin 2\alpha+1)(\sin 2\alpha-1)=0,$$

解得

$$\sin 2\alpha=1,\quad \sin 2\alpha=-\frac{1}{2}(\text{舍去}).$$

容易求出 $\alpha=45°$,故原方程的解为 $x=\sqrt{2}$.

例2 解方程:

$$\frac{1}{x}+\frac{1}{\sqrt{1-x^2}}=\frac{35}{12}.$$

解 因为 $|x|<1$,故可设 $\cos\beta=x$. 于是方程可以化为

$$\frac{1}{\sin\beta}+\frac{1}{\cos\beta}=\frac{35}{12},$$

即

$$\frac{\sin\beta+\cos\beta}{\sin\beta\cdot\cos\beta}=\frac{35}{12},$$

等价于

$$\sin\beta\cdot\cos\beta=\frac{12}{35}(\sin\beta+\cos\beta). \qquad \cdots\cdots①$$

又因为

$$(\sin\beta+\cos\beta)^2=1+2\sin\beta\cos\beta, \qquad \cdots\cdots②$$

把①代入②,得

$$(\sin\beta+\cos\beta)^2=1+\frac{24}{35}(\sin\beta+\cos\beta).$$

移项后再析因,得

$$[7(\sin\beta+\cos\beta)+5][5(\sin\beta+\cos\beta)-7]=0,$$

即

$$\sin\beta+\cos\beta=-\frac{5}{7} \text{或} \sin\beta+\cos\beta=\frac{7}{5}.$$

将其代入①,得

$$\sin\beta\cdot\cos\beta=-\frac{12}{49} \text{或} \sin\beta\cdot\cos\beta=\frac{12}{25}.$$

和与积组合得以下方程组

$$\begin{cases}\sin\beta+\cos\beta=-\frac{5}{7},\\ \sin\beta\cdot\cos\beta=-\frac{12}{49}\end{cases} \text{或} \begin{cases}\sin\beta+\cos\beta=\frac{7}{5},\\ \sin\beta\cdot\cos\beta=\frac{12}{25}.\end{cases}$$

解得

$$\cos\beta=\frac{-5\pm\sqrt{73}}{14},\quad \cos\beta=\frac{4}{5},\quad \cos\beta=\frac{3}{5}.$$

经验证 $x_1=\frac{4}{5}$, $x_2=\frac{3}{5}$ 为原方程的根, $x=\frac{-5\pm\sqrt{73}}{14}$ 为增根.

例3 解方程:

$$\frac{1-2x^2}{2x\sqrt{1-x^2}}=\frac{\sqrt{1-x^2}-x}{\sqrt{1-x^2}+x}.$$

解 因为 $-1<x<1$,故设 $x=\sin\alpha$. 原方程可以转化为三角方程

$$\frac{1-2\sin^2\alpha}{2\sin\alpha\cdot\cos\alpha}=\frac{\cos\alpha-\sin\alpha}{\cos\alpha+\sin\alpha}$$

$$\Leftrightarrow\frac{\sin 2\alpha}{\cos 2\alpha}=\frac{\sqrt{2}\cos\left(\alpha+\frac{\pi}{4}\right)}{\sqrt{2}\sin\left(\alpha+\frac{\pi}{4}\right)}$$

$$\Leftrightarrow\cot 2\alpha=\cot\left(\alpha+\frac{\pi}{4}\right).$$

所以 $2\alpha=k\pi+\alpha+\frac{\pi}{4}$. 又因为 $-\frac{\pi}{2}<\alpha<\frac{\pi}{2}$,所以 $k=0$, $\alpha=\frac{\pi}{4}$. 因此原方程的解为

$$x=\sin\alpha=\frac{\sqrt{2}}{2}.$$

例4 解方程组:

$$\begin{cases}x^2-y^2=1, & \cdots\cdots① \\ \sqrt{\dfrac{x-1}{x+1}}=\dfrac{2y-1}{y}. & \cdots\cdots②\end{cases}$$

解 由①可设 $x=\sec\theta$,则 $y=\tan\theta$. 将其代入②,得

$$\sqrt{\frac{1-\cos\theta}{1+\cos\theta}}=2-\frac{1}{\tan\theta},$$

化简可得

$$\pm\tan\frac{\theta}{2}=\frac{\tan^2\dfrac{\theta}{2}+4\tan\dfrac{\theta}{2}-1}{2\tan\dfrac{\theta}{2}},$$

即

$$\tan^2\frac{\theta}{2}-4\tan\frac{\theta}{2}+1=0 \text{ 或 } 3\tan^2\frac{\theta}{2}+4\tan\frac{\theta}{2}-1=0.$$

当 $\tan\dfrac{\theta}{2}>0$ 时,解得 $\tan\dfrac{\theta}{2}=2\pm\sqrt{3}$;

当 $\tan\dfrac{\theta}{2}<0$ 时,解得 $\tan\dfrac{\theta}{2}=-\dfrac{2+\sqrt{7}}{2}$.

又因为

$$x=\sec\theta=\frac{1}{\cos\theta}=\frac{1+\tan^2\dfrac{\theta}{2}}{1-\tan^2\dfrac{\theta}{2}},\quad y=\tan\theta=\frac{2\tan\dfrac{\theta}{2}}{1-\tan^2\dfrac{\theta}{2}},$$

由此得

$$\begin{cases}x_1=\dfrac{2\sqrt{3}}{3}, \\ y_1=\dfrac{\sqrt{3}}{3}\end{cases} \text{或} \begin{cases}x_2=-\dfrac{2\sqrt{3}}{3}, \\ y_2=-\dfrac{\sqrt{3}}{3}\end{cases} \text{或} \begin{cases}x_3=-\dfrac{2+2\sqrt{7}}{3}, \\ y_3=\dfrac{4+\sqrt{7}}{3}.\end{cases}$$

例5 解方程:

$$\sqrt{2+2x}-\sqrt{1+\sqrt{1-x^2}}=\frac{\sqrt{2}}{2}.$$

解 因为 $-1\leqslant x\leqslant 1$,故可设 $x=\cos\theta\,(0\leqslant\theta\leqslant\pi)$. 原方程可以化为

$$\sqrt{2(1+\cos\theta)}-\sqrt{1+\sqrt{1-\cos^2\theta}}=\frac{\sqrt{2}}{2}$$

$$\Leftrightarrow 2\cos\frac{\theta}{2}-\sqrt{1+\sin\theta}=\frac{\sqrt{2}}{2}$$

$$\Leftrightarrow 2\cos\frac{\theta}{2}-\sqrt{\left(\sin\frac{\theta}{2}+\cos\frac{\theta}{2}\right)^2}=\frac{\sqrt{2}}{2}$$

$$\Leftrightarrow \cos\frac{\theta}{2}-\sin\frac{\theta}{2}=\frac{\sqrt{2}}{2}$$

$$\Leftrightarrow \cos\left(\frac{\theta}{2}-\frac{\pi}{4}\right)=\frac{1}{2}. \quad \cdots\cdots①$$

又因为 $0\leqslant\theta\leqslant\pi$，故有 $0\leqslant\frac{\theta}{2}\leqslant\frac{\pi}{2}$，所以 $\frac{\pi}{4}\leqslant\frac{\theta}{2}+\frac{\pi}{4}\leqslant\frac{\pi}{2}+\frac{\pi}{4}=\frac{3\pi}{4}$. 又由①得

$$\frac{\theta}{2}-\frac{\pi}{4}=\frac{\pi}{3},$$

即

$$\theta=\frac{\pi}{6}.$$

故原方程的根为

$$x=\cos\frac{\pi}{6}=\frac{\sqrt{3}}{2}.$$

§ 16　分式方程变形法

所谓分式方程求解变形法，是指在解分式方程的过程中，可充分利用分式自身的变形和其他形式的恒等变换，使得解分式方程变得简单易行，从而找到解题捷径达到解题目的的方法. 常见的方法有以下几种.

一、真分式法

在解分式方程中，可把分式方程中的假分式化成整式与真分式的和，再经过化简，使得原分式方程由繁杂变得简单，缩短解题过程.

例1　解方程：

$$\frac{x-8}{x-10}+\frac{x-4}{x-6}=\frac{x-5}{x-7}+\frac{x-7}{x-9}.$$

解　移项得

$$\frac{x-8}{x-10}-\frac{x-7}{x-9}=\frac{x-5}{x-7}-\frac{x-4}{x-6},$$

化为整式和真分式

$$\frac{x-10+2}{x-10}-\frac{x-9+2}{x-9}=\frac{x-7+2}{x-7}-\frac{x-6+2}{x-6}$$

$$\Leftrightarrow \frac{1}{x-10}-\frac{1}{x-9}=\frac{1}{x-7}-\frac{1}{x-6}.$$

两边各自通分相减，得

$$\frac{1}{(x-9)(x-10)}=\frac{1}{(x-6)(x-7)},$$

去分母，得

$$x^2-19x+90=x^2-13x+42,$$

即 $6x=48$. 所以原方程的根为 $x=8$.

例2　解方程：

$$\frac{x+1}{x+2}+\frac{x+6}{x+7}=\frac{x+2}{x+3}+\frac{x+5}{x+6}.$$

解　将各分式化成真分式与整式和的形式

$$1-\frac{1}{x+2}+1-\frac{1}{x+7}=1-\frac{1}{x+3}+1-\frac{1}{x+6},$$

化简，移项得

$$\frac{1}{x+2}-\frac{1}{x+3}=\frac{1}{x+6}-\frac{1}{x+7},$$

两边通分相减，得

$$\frac{1}{x^2+5x+6}=\frac{1}{x^2+13x+42},$$

去分母，得

$$x^2+13x+42=x^2+5x+6,$$

即 $8x=-36$. 所以原方程的解为 $x=-\frac{9}{2}$.

例3 解方程：

$$\frac{6x-1}{3x+2}-\frac{4x-7}{2x-5}=0.$$

解 将各分化为真分式

$$\frac{6x+4-5}{3x+2}-\frac{4x-10+3}{2x-5}=0$$

$$\Leftrightarrow \frac{3}{2x-5}+\frac{5}{3x+2}=0,$$

去分母，得

$$9x+6+10x-25=0.$$

所以原方程的解为 $x=1$.

例4 解方程：

$$\frac{x+7}{x+6}+\frac{x+9}{x+8}=\frac{x+10}{x+9}+\frac{x+6}{x+5}.$$

解 将方程中各个分式化为真分式

$$\frac{x+6+1}{x+6}+\frac{x+8+1}{x+8}=\frac{x+9+1}{x+9}+\frac{x+5+1}{x+5}$$

$$\Leftrightarrow \frac{1}{x+6}-\frac{1}{x+5}=\frac{1}{x+9}-\frac{1}{x+8},$$

通分化简，得

$$\frac{1}{(x+6)(x+5)}=\frac{1}{(x+9)(x+8)},$$

去分母，得

$$x^2+11x+30=x^2+17x+72,$$

即 $6x=-42$. 所以原方程的根为 $x=-7$.

例5 解方程：

$$\frac{x-8}{x-3}-\frac{x-9}{x-4}=\frac{x+7}{x+8}-\frac{x+2}{x+3}.$$

解 将原方程中各个分式化为带分式的形式

$$1-\frac{5}{x-3}-1+\frac{5}{x-4}=1-\frac{1}{x+8}-1+\frac{1}{x+3}$$

$$\Leftrightarrow \frac{5}{x-4}-\frac{5}{x-3}=\frac{1}{x+3}-\frac{1}{x+8},$$

通分化简,得

$$\frac{5}{(x-4)(x-3)}=\frac{5}{(x+3)(x+8)},$$

去分母,得

$$x^2-7x+12=x^2+11x+24,$$

即 $18x=-12$. 所以原方程的解为 $x=-\frac{2}{3}$.

例6 解关于x的方程:

$$\frac{ax+c}{x-p}+\frac{bx+d}{x-q}=a+b.$$

解 将原方程各个分式化为带分式的形式

$$\frac{ax-ap+ap+c}{x-p}+\frac{bx-bq+bq+d}{x-q}=a+b$$

$$\Leftrightarrow a+\frac{ap+c}{x-p}+b+\frac{bq+d}{x-q}=a+b$$

$$\Leftrightarrow \frac{ap+c}{x-p}+\frac{bq+d}{x-q}=0,$$

通分化简,得

$$\frac{x(c+d+ap+bq)-(cq+dp+apq+bpq)}{(x-p)(x-q)}=0,$$

由分式的定义域得 $x\neq p, x\neq q$, 于是 $(x-p)(x-q)\neq 0$. 所以

$$x(c+d+ap+bq)-(cq+dp+apq+bpq)=0.$$

故原方程的解为

$$x=\frac{cq+dp+(a+b)pq}{c+d+ap+bq}.$$

二、乘公分母化整法

解某些分式方程时,可以在分式方程的两边同乘以各分式的最简公分母,将它化为整式方程来解,使解方程过程缩短.这种方法称为乘公分母化整法.

例1 解方程:

$$\frac{3}{x}+\frac{6}{x-1}-\frac{x+13}{x(x-1)}=0.$$

解 在方程的两边,同乘以 $x(x-1)$,把分式方程化为整式方程,

$$3(x-1)+6x-(x-3)=0,$$

即

$$8x=16.$$

所以原方程的解为 $x=2$.

定理 方程

$$f(x,y,\cdots,z)=g(x,y,\cdots,z), \quad \cdots\cdots①$$

两边同乘以 $h(x,y,\cdots,z)\neq0$,且 $h(x,y,\cdots,z)$ 在①的函数定义域中有意义,则得

$$h(x,y,\cdots,z)\cdot f(x,y,\cdots,z)=h(x,y,\cdots,z)\cdot g(x,y,\cdots,z). \quad \cdots\cdots②$$

因此,①与②就为同解方程,它们的解集是一致的.

假如 $h(x,y,\cdots,z)$ 在方程①函数定义域中无意义,①与②就不同解.在这种情况下,我们把②称为①的推演式.从解集合的情况来看,①的解集是②的解集的子集,②的解集中可能有不适合①的增根,因此解题时要注意检验是否有增根.

例2 解方程:

$$\frac{x-1}{x-3}-\frac{x}{6-2x}=\frac{11}{5}.$$

解 将原方程变形为

$$\frac{x-1}{x-3}+\frac{x}{2(x-3)}=\frac{11}{5}.$$

方程两边同乘以分式的公分母 $10(x-3)$,将原方程化为整式方程

$$10x-10+5x=22x-66,$$

即

$$7x=56.$$

解之,得 $x=8$. 经检验 $x=8$ 是原方程的根.

例3 解方程:

$$\frac{2}{x+1}+\frac{3}{x-1}=\frac{6}{x^2-1}.$$

解　方程两边同乘以 $(x+1)(x-1)$，得

$$2(x-1)+3(x+1)=6.$$

解之，得 $x=1$. 经检验 $x=1$ 不在原方程函数定义域内，它使原方程中函数无意义，因此它是增根，故而原方程的解集为 $\{x|x\in\varnothing\}$.

例4　解方程：

$$\frac{1}{x+2}+\frac{4x}{x^2-4}-\frac{2}{x-2}=1.$$

解　方程两边用乘以 $(x+2)(x-2)$，得

$$(x-2)+4x-2(x+2)=(x+2)(x-2),$$

析因，得

$$(x-1)(x-2)=0.$$

解之，得 $x=1, x=2$. 经检验 $x=2$ 使得原方程中的函数无意义，故为增根舍去.但 $x=1$ 是原方程的根.

三、约分法

所谓约分法，是指在解分式方程时，消约分式中分子分母的公因式，使得分式方程简化易解.

例1　解方程：

$$\frac{x^3+1}{x+1}-\frac{x^3-1}{x-1}=20.$$

解　先将分式中分子析因，再约分，得

$$\frac{(x+1)(x^2-x+1)}{x+1}-\frac{(x-1)(x^2+x+1)}{x-1}=20.$$

即

$$-2x=20,$$

解之，得 $x=-10$. 经检验 $x=-10$ 是方程的解.

例12　解方程：

$$\frac{x^2+2x+1}{x^2+5x+4}+\frac{x-1}{x^2+3x-4}=0.$$

解 将分式中分子分母析因,得

$$\frac{(x+1)^2}{(x+1)(x+4)}+\frac{x-1}{(x-1)(x+4)}=0.$$

约分化简得

$$\frac{x+1}{x+4}+\frac{1}{x+4}=0,$$

去分母,得

$$(x+1)+1=0,$$

解之,得 $x=-2$. 经检验 $x=-2$ 是原方程的根.

例3 在实数集 **R** 内解方程:

$$\frac{x^2+7x-8}{x-1}+\frac{x^2+3x+2}{x+2}+\frac{2x^2+7x+3}{x+3}=\frac{4x^2-6x-40}{x-4}.$$

解 将各个分式中分子析因,得

$$\frac{(x-1)(x+8)}{x-1}+\frac{(x+2)(x+1)}{x+2}+\frac{(2x+1)(x+3)}{x+3}=\frac{(4x+10)(x-4)}{x-4}.$$

约分化简,得

$$(x+8)+(x+1)+(2x+1)=4x+10.$$

显然 $4x+10=4x+10$ 为一恒等式.所以 x 为不等于 $1,-2,-3,4$ 的一切实数解.

例4 解方程:

$$\frac{2}{x-2}+x=\frac{x}{x-2}.$$

解 移项,变形后再约分,得

$$x=\frac{x}{x-2}-\frac{2}{x-2}.$$

解之,得 $x=1$. 经验证 $x=1$ 是原方程的根.

四、换元法

对于某些分式方程,若分式中存在共同的部分,我们可以通过换元使方程得到简化易于求解,这种换元解法我们称之为换元法.

例1 解方程:

$$\frac{1}{x^2+2x-3}+\frac{3}{x^2+2x+2}-\frac{1}{x^2+2x+1}=0.$$

解 方程各分式中出现共同部分 x^2+2x,若实行换元 $x^2+2x=y$,方程就可以简化,解起来就方便.

设 $y=x^2+2x$,原方程可化为

$$\frac{1}{y-3}+\frac{3}{y+2}-\frac{1}{y+1}=0.$$

去分母,得

$$(y+2)(y+1)+3(y-3)(y+1)-(y-3)(y+2)=0,$$

化简,得

$$3y^2-2y-1=0,$$

析因,得

$$(3y+1)(y-1)=0.$$

解得 $y=1$, $y=-\frac{1}{3}$. 再将其代入所设,得

$$x^2+2x=1 \text{ 或 } x^2+2x=-\frac{1}{3}.$$

由此解得

$$x_{1,2}=-1\pm\sqrt{2},\ x_{3,4}=\frac{-3\pm\sqrt{6}}{3}.$$

经检验它们都是原方程的根.

例2 解方程:

$$\frac{8(x^2+2x)}{x^2-1}+\frac{3(x^2-1)}{x^2+2x}=11.$$

解 设 $y=\frac{x^2+2x}{x^2-1}$,作变元替换,得

$$8y+\frac{3}{y}=11,$$

整理,得

$$8y^2-11y+3=0,$$

析因,得

$$(8y-3)(y-3)=0,$$

解得 $y=1$, $y=\frac{3}{8}$. 代入所设,得

$$x^2+2x=x^2-1 \text{ 或 } 5x^2+16x+3=0.$$

解之,得

$$x_1=-\frac{1}{2}, x_2=-\frac{1}{5}, x_3=-3.$$

经检验它们都是方程的解.

例3 解方程:

$$\frac{(x-a)^2}{(x-b)(x-c)}+\frac{(x-b)^2}{(x-c)(x-a)}+\frac{(x-c)^2}{(x-a)(x-b)}=3,$$

其中 a,b,c 是互不相等的实常数.

解 设 $t_1=x-a$, $t_2=x-b$, $t_3=x-c$,原方程经过换元,得

$$\frac{t_1^{\ 2}}{t_2\cdot t_3}+\frac{t_2^{\ 2}}{t_1\cdot t_3}+\frac{t_3^{\ 2}}{t_1\cdot t_2}=3.$$

整理,得

$$t_1^{\ 3}+t_2^{\ 3}+t_3^{\ 3}=3t_1t_2t_3,$$

析因,得

$$(t_1+t_2+t_3)(t_1^{\ 2}+t_2^{\ 2}+t_3^{\ 2}-t_1t_2-t_2t_3-t_3t_1)=0.$$

因为 a,b,c 为互不相等的实数,所以 t_1,t_2,t_3 也为互不相等的实数.故而得

$$t_1^{\ 2}+t_2^{\ 2}+t_3^{\ 2}-t_1t_2-t_2t_3-t_3t_1>0,$$

因此得

$$t_1+t_2+t_3=0,$$

即

$$(x-a)+(x-b)+(x-c)=0.$$

所以原方程的解为 $x=\frac{a+b+c}{3}$.

五、比例法

对于某些分式方程(组),它们具有比例式的特征,我们可以利用比例的性质来化简,使分式方程易于求解.

例1 解方程组:

$$\begin{cases}\dfrac{x+y}{x-y}=\dfrac{a+b}{a-b}, & \cdots\cdots①\\ ax+by=a-c. & \cdots\cdots②\end{cases}$$

解 运用合分比性质化简,得

$$\frac{(x+y)+(x-y)}{(x+y)-(x-y)}=\frac{(a+b)+(a-b)}{(a+b)-(a-b)},$$

整理,得

$$\frac{x}{y}=\frac{a}{b}.$$

设 $\frac{x}{a}=\frac{y}{b}=t$,得 $x=at$,$y=bt$,将其代入②,得

$$t=\frac{a-c}{a^2+b^2}.$$

再代入所设,得原方程组的解

$$x=\frac{a(a-c)}{a^2+b^2},\quad y=\frac{b(a-c)}{a^2+b^2}.$$

例2 解方程:

$$\frac{x^2-x+2}{x^2+x+2}=\frac{x+1}{3x+1}.$$

解 应用合分比性质化简,得

$$\frac{2x^2+4}{-2x}=\frac{4x+2}{-2x}.$$

$x=0$ 是在原方程的允许值之内的,故可去分母,得

$$-2x(2x^2+4)=-2x(4x+2),$$

析因,得

$$2(x-1)^2=0 \text{ 或 } x=0,$$

所以原方程的解为

$$x_1=1,\ x_2=0.$$

六、讨论法

分式方程(组)中含有常数且常数存在的区间题目条件中又没有限定,这时我们就必须进行讨论.讨论的方法是首先要设定常数可能存在的各个区间段,且区间分段时不能重复,也不能遗漏,然后再在各个区间段内求解方程或方程组.

例1 解关于x的方程:

$$\frac{1}{x}=\frac{b}{a-x}.$$

解 去分母得

$$a-x=bx,$$

整理,得

$$(b+1)x=a.$$

本题a,b的值不同得出的解答也就可能不同,因此要讨论:

1°若 $a\neq0$ 或 $b\neq0$,则方程有唯一解 $x=\frac{a}{b+1}$.代入原方程,使得分式分母不为零,故而是它的解.

2°若 $a=0,b=0$,则原方程无解.

3°若 $b=-1,a\neq0$,则使得 $x=\frac{a}{b+1}$ 的分母为零,此时方程无解.

4°若 $b=-1,a=0$,则方程变成 $0\cdot x=0$ 的情况,方程的解为一切不为零的实数.故解集是 $\{x|x\neq0,\ x\in\mathbf{R}\}$.

例2 解关于x的方程:

$$\frac{m(x+a)}{x+b}+\frac{n(x+b)}{x+a}=m+n.$$

解 在 $x\neq-a,x\neq-b$ 时,去分母,得

$$m(x+a)^2+n(x+b)^2=(m+n)(x+a)(x+b).$$

展开整理得

$$(a-b)(m-n)x=(a-b)(nb-ma). \quad \cdots\cdots(*)$$

对于未设限的常数加以讨论：

当 $a=b$ 时，(*)是恒等式.

当 $a\neq b$ 时，方程(*)可变为 $(m-n)x=nb-ma$，则

1°若 $m=n=0$，则(*)是恒等式.

2°若 $m=n\neq 0$，则(*)是矛盾方程，无解.

3°若 $m\neq n$，则方程(*)的解为 $x=\dfrac{nb-ma}{m-n}$.

综合以上情况，得出的结论是：

①当 $a=b$ 或 $a\neq b, m=n=0$ 时，方程有 $x\neq -a$ 且 $x\neq -b$ 的一切解；

②当 $a\neq b, m=n\neq 0$ 时，方程无解；

③当 $a\neq b, m\neq n$ 时，方程有唯一解 $x=\dfrac{nb-ma}{m-n}$.

例3 解方程：

(1) $\dfrac{1}{a}+\dfrac{a}{x}=\dfrac{1}{b}+\dfrac{b}{x}(a\neq b)$；

(2) $\dfrac{x+m}{x-n}+\dfrac{x+n}{x-m}=2$.

解 (1)去分母得

$$(b-a)x=ab(b-a).$$

当 $a\neq b$ 时，得

$$x=ab.$$

对于未设限的常数加以讨论：

1°当 $a\neq 0, b\neq 0$ 时，$x=ab$ 为方程的解；

2°当 $a=0$ 或 $b=0$ 时，$x=ab$ 为方程的增根.

(2)去分母得

$$2(m+n)x=(m+n)^2.$$

对未设限的常数进行讨论：

1°当 $m\neq \pm n$ 时，方程的解为 $x=\dfrac{m+n}{2}$；

2°当 $m=-n$ 或 $m=n=0$ 时，方程有无穷多个解；

3°当 $m=n\neq 0$ 时，方程无解.

七、部分分式法

所谓部分分式法，就是将分式方程中的真分式化为部分分式（或称分项分式），与相关项合并或抵消，使得求解的分式方程变得简捷易解.

部分分式变形所依据的定理主要有：

(1)若 $\frac{A}{PSR}$ 为真分式，分母 P,S,R 之间互质，那么这个分式就可以化为以下真分式的和

$$\frac{A}{PSR}=\frac{B}{P}+\frac{D}{S}+\frac{E}{R}.$$

(2)若 $\frac{A}{PS^3}$ 为真分式，分母 P 与 S 互质，则它可以化为以下真分式的和

$$\frac{A}{PS^3}=\frac{B}{P}+\frac{C_1}{S}+\frac{C_2}{S^2}+\frac{C_3}{S^3}.$$

例1 解方程：

$$\frac{2x}{x^2-1}+\frac{x-5}{x+1}-\frac{2}{x(x^2-1)}=0.$$

解 把其中某些分式化为分项分式和的形式

$$\frac{2x}{x^2-1}=\frac{1}{x+1}+\frac{1}{x-1},$$

$$-\frac{2}{x(x^2-1)}=\frac{A}{x}+\frac{B}{x+1}+\frac{C}{x-1}, \qquad \cdots\cdots①$$

用待定系数法，确定①中 A,B,C 的值，则

$$(A+B+C)x^2+(C-B)x-A=-2,$$

比较等式两边同类项的系数，得

$$\begin{cases}A+B+C=0,\\C-B=0,\\A=2.\end{cases}$$

解之得 $A=2, B=C=-1$. 将各分项分式结果代入原方程,得

$$\frac{1}{x+1}+\frac{1}{x-1}+\frac{x-5}{x+1}+\frac{2}{x}-\frac{1}{x+1}-\frac{1}{x-1}=0,$$

整理,得

$$\frac{x-5}{x+1}+\frac{2}{x}=0,$$

化简,得

$$x^2-3x+2=0.$$

解之得 $x_1=2, x_2=1$. 经检验 $x=2$ 为原方程的根, $x=1$ 为增根(舍).

例2 解方程:

$$\frac{x^3-2x^2-6x-21}{x^2-4x-5}=x+2+\frac{4}{x+1}+\frac{6}{x-5}.$$

解 现将左边的分式用长除法,把它化为带分式的形式

$$\frac{x^3-2x^2-6x-21}{x^2-4x-5}=x+2+\frac{7x-11}{x^2-4x-5},$$

再将右边最后一个真分式化为分项分式

$$\frac{7x-11}{x^2-4x-5}=\frac{7x-11}{(x+1)(x-5)}=\frac{A}{x+1}+\frac{B}{x-5}.$$

用待定系数法确定 A, B 的值,则

$$7x-11=(A+B)x+(B-5A).$$

比较等式两边同类项的系数,得

$$\begin{cases}A+B=7,\\5A-B=11.\end{cases}$$

解得 $A=3, B=4$. 将所得的结果代入原方程,得

$$x+2+\frac{3}{x+1}+\frac{4}{x-5}=x+2+\frac{4}{x+1}+\frac{6}{x-5},$$

整理,得

$$\frac{1}{x+1}+\frac{2}{x-5}=0,$$

化简,得

$$3x=3,$$

解之 $x=1$, 且经检验是原方程的根.

例3 解方程:

$$\frac{x^4+x^3-8x^2+6x-32}{(x-2)^5}-\frac{22}{(x-2)^3}-\frac{18}{(x-2)^4}+\frac{28}{(x-2)^5}=0.$$

解 将左边第一个分式的分子多项式,用秦九韶法表示成 $x-2$ 的方幂和的形式:

$$x^4+x^3-8x^2+6x-32=(x-2)^4+9(x-2)^3+22(x-2)^2+18(x-2)-28,$$

所以

$$\frac{x^4+x^3-8x^2+6x-32}{(x-2)^5}=\frac{1}{x-2}+\frac{9}{(x-2)^2}+\frac{22}{(x-2)^3}+\frac{18}{(x-2)^4}-\frac{28}{(x-2)^5}.$$

代入原方程,得

$$\frac{1}{x-2}+\frac{9}{(x-2)^2}=0,$$

去分母,得

$$(x-2)^2+9(x-2)=0,$$

析因,得

$$(x+7)(x-2)=0.$$

解之 $x=-7$, $x=2$. 经验证, $x=-7$ 是原方程的根, $x=2$ 是增根应舍去.

例4 解方程:

$$\frac{x^2+x-3}{(x-1)(x-2)(x-3)}=-\frac{2}{2(x-1)}-\frac{3}{x-2}+\frac{5}{2(x-3)}.$$

解 将左边分式化为最简分项分式.设

$$\frac{x^2+x-3}{(x-1)(x-2)(x-3)}=\frac{A}{x-1}+\frac{B}{x-2}+\frac{C}{x-3},$$

去分母,得

$$x^2+x-3=A(x-2)(x-3)+B(x-1)(x-3)+C(x-1)(x-2). \quad \cdots\cdots①$$

分别令 $x=1,2,3$ 代入①,得 $A=-\frac{1}{2}, B=-3, C=\frac{9}{2}$. 所以

$$\frac{x^2+x-3}{(x-1)(x-2)(x-3)}=-\frac{1}{2(x-1)}-\frac{3}{x-2}+\frac{9}{2(x-3)}.$$

代入原方程,化简得

$$\frac{1}{2(x-1)}=\frac{4}{2(3-x)},$$

去分母，得

$$6-2x=8x-8.$$

所以原方程的解为 $x=\frac{7}{5}$.

八、分段通分法

所谓分段通分法，是指在解分式方程时，若出现较多的分式项，可针对实际情况将适合合并化简的局部构成若干段组，各自通分化简，出现公因式时也可以提取析因再来求解.

例1 解方程：

$$\frac{2}{x+8}+\frac{5}{x+9}-\frac{3}{x+15}-\frac{4}{x+6}=0.$$

解 移项构成两个段组，分别通分

$$\left(\frac{2}{x+8}-\frac{3}{x+15}\right)+\left(\frac{5}{x+9}-\frac{4}{x+6}\right)=0$$

$$\Leftrightarrow\frac{6-x}{(x+8)(x+15)}-\frac{6-x}{(x+9)(x+6)}=0$$

$$\Leftrightarrow(6-x)\left(\frac{1}{(x+8)(x+15)}-\frac{1}{(x+9)(x+6)}\right)=0,$$

由此得

$$6-x=0\text{ 及 }(x+8)(x+15)=(x+9)(x+6).$$

解得原方程的根为

$$x_1=6,\ x_2=-\frac{33}{4}.$$

例2 解方程：

$$\frac{3x+2}{x^2+x}-\frac{x-5}{x^2-1}-\frac{x-2}{x^2-x}=0.$$

解 移项构成两个段组，通分化简

$$\left(\frac{3x+2}{x^2+x}-\frac{x-2}{x^2-x}\right)-\frac{x-5}{x^2-1}=0$$

$$\Leftrightarrow \frac{2x}{x^2-1}-\frac{x-5}{x^2-1}=0.$$

当 $x\neq\pm1$ 时,得 $x=-5$. 故原方程的根为 $x=-5$.

九、行列式法

所谓行列式法,是指对于某些分式方程很适合构造一个行列式,再用行列式的性质简化分式方程,求出解答.

例1 解方程:

$$\frac{x^2+x+1}{x^2-x-1}=\frac{x^2-x+2}{x^2+x-2}.$$

解 这个分式方程很适合构造一个二阶行列式来求解,即

$$\begin{vmatrix} x^2+x+1 & x^2-x+2 \\ x^2-x-1 & x^2+x-2 \end{vmatrix}=0.$$

将行列式第二行乘以1,加到第一行上去,得

$$\begin{vmatrix} 2x^2 & 2x^2 \\ x^2-x-1 & x^2+x-2 \end{vmatrix}=0,$$

将上面行列式第一列乘以-1,加到第二列上去,得

$$\begin{vmatrix} 2x^2 & 0 \\ x^2-x-1 & 2x-1 \end{vmatrix}=0,$$

将行列式展开,得

$$2x^2(2x-1)=0.$$

解得原方程的根为 $x_1=0$, $x_2=\frac{1}{2}$.

例2 解方程:

$$\frac{6x-1}{3x+2}-\frac{4x-7}{2x-5}=0.$$

解 此分式方程适合构造一个二阶行列式来求解,即

$$\begin{vmatrix} 6x-1 & 4x-7 \\ 3x+2 & 2x-5 \end{vmatrix}=0.$$

将上面行列式中的第二行各元素乘以-2,加到第一行上去,得

$$\begin{vmatrix} -5 & 3 \\ 3x+2 & 2x-5 \end{vmatrix} = 0,$$

展开行列式,得

$$-5(2x-5)-3(3x+2)=0,$$

化简,得

$$-19x+19=0.$$

解之 $x=1$,且经检验 $x=1$ 是原方程的根.

§ 17 零点分段法

所谓零点分段法,是指对于含有绝对值符号的方程,可以先令每一个含有绝对值符号的项的代数值为零,求出其零点值,再根据这些零点值把实数集 **R** 划分为若干区间,最后依次在被划分的各个区间内去掉绝对值符号,使它变成不含有绝对值符号的一般方程来解.

例 1 解关于 x 的方程:

$$|x|+|x-1|+|x-2|=a(a>0).$$

解 分别求出含有绝对值符号的各个项的零点值.令

$$x=0,\ x-1=0,\ x-2=0,$$

则

$$x_1=0,\ x_2=1,\ x3=2.$$

根据这三个零点值,把实数集 **R**,划分为四个段区间:$(-\infty,0]$,$(0,1]$,$(1,2)$,$[2,+\infty)$.在各个区间里去掉绝对值的符号来求解方程:

(1)当 $x\leqslant 0$ 时,解得 $x=\frac{3-a}{3}(a\geqslant 3)$;

(2)当 $0<x\leqslant 1$ 时,解得 $x=3-a(2\leqslant a<3)$;

(3)当 $1<x<2$ 时,解得 $x=a-1(2<a<3)$; .

(4)当 $x\geqslant 2$ 时,解得 $x=\frac{a+3}{3}(a\geqslant 3)$.

解含有绝对值的方程,有时可以直接根据绝对值的定义来求解.在应用零点分段法时,注意不能忽略其他附加条件、函数定义域、值域的限制.

例2 解方程：

$$\left|\frac{1-x}{x+1}\right|=\frac{1-x}{x+1}.$$

解 由绝对值的性质，得

$$\left|\frac{1-x}{x+1}\right|=\frac{1-x}{x+1}\geqslant 0,$$

解之，得 $-1<x\leqslant 1$ 为此方程的解.

例3 若 $|x-2|\leqslant 3$，试解方程：

$$|x+1|+|x-3|+|x-5|=8.$$

解 由 $|x-2|\leqslant 3$，得 $-1\leqslant x\leqslant 5$. 再由原方程得其零点值为 -1，3，5，这三个零点值把原方程的定义域划分成两个区间：$[-1,3]$，$(3,5]$.在这两个区间内分别求解：

（1）当 $-1\leqslant x\leqslant 3$ 时，方程化为

$$x+1+3-x+5-x=8,$$

所以 $x=1$ 为原方程的解.

（2）当 $3<x\leqslant 5$ 时，方程化为

$$x+1+x-3+5-x=8,$$

所以 $x=5$ 为原方程的解.

综合以上情况，当 $-1\leqslant x\leqslant 5$ 时，方程的解为1或5.

例4 解方程组：

$$\begin{cases}\lg|x+y|=1, & \cdots\cdots① \\ \lg y-\lg|x|=\dfrac{1}{\log_4 100}. & \cdots\cdots②\end{cases}$$

解 由②知 $y>0$.

（1）当 $x>0$ 时，$x+y>0$. 则由①得 $x+y=10$. 再将②变形为

$$\lg\frac{y}{x}=\lg 2,$$

解得 $y=2x$. 联立方程组

$$\begin{cases}x+y=10,\\ y=2x.\end{cases}$$

解得 $x=\frac{10}{3}$，$y=\frac{20}{3}$.

(2)当 $x<0$ 时,又 $y>0$,故得 $y=-2x$.

在 $|x+y|=10$ 中,假设 $x+y<0$ 的话,就有 $x+y=-10$,又 $y=-2x$,而得 $x=10,y=-20$,这与 $x<0,y>0$ 不相容.所以 $x+y>0$,故得

$$\begin{cases}x+y=10,\\ y=-2x.\end{cases}$$

解得 $x=-10$，$y=20$.

所以原方程组的解为

$$\begin{cases}x_1=\frac{10}{3},\\ y_1=\frac{20}{3}\end{cases} 或 \begin{cases}x_2=-10,\\ y_2=20.\end{cases}$$

例5 解方程:

$$|x|+|x-1|+|x-2|=a(a>0).$$

解 先求出方程中含有绝对值符号项的零点值.

令 $x=0,x-1=0,x-2=0$,得零点值为0,1,2.这些零点值把实数域 **R** 分割成四个区间段:$(-\infty,0]$,$(0,1)$,$[1,2)$,$[2,+\infty)$.再在各个区间内求出方程的解及未限定常数 a 的存在范围:

(1)当 $-\infty<x\leqslant 0$ 时,有 $-x+1-x+2-x=a$,则 $x=\frac{3-a}{3}\leqslant 0$,解得 $a\geqslant 3$;

(2)当 $0<x<1$ 时,有 $x+1-x+2-x=a$,则 $0<x=3-a<1$,解得 $2<a<3$;

(3)当 $1\leqslant x<2$ 时,有 $x+x-1+2-x=a$,则 $1\leqslant x=a-1<2$,解得 $2\leqslant a<3$;

(4)当 $2\leqslant x<+\infty$ 时,有 $x+x-1+x-2=a$,则 $x=\frac{3+a}{3}\geqslant 2$,解

得 $a \geqslant 3$.

综合以上情况,从未限定常数 a 存在的区间确定解的情形:

①当 $0<a<2$ 时,方程无解;

②当 $a=2$ 时,解为 $x=1$;

③当 $2<a<3$ 时,解为 $x_1=3-a$, $x_2=a-1$;

④当 $a \geqslant 3$ 时,解为 $x_1=\dfrac{3-a}{3}$, $x_2=\dfrac{3+a}{3}$.

例6 解方程:

$$\left|x^2-4x-5\right|+3\sqrt{2x^2+x-1}=0.$$

解 原方程与下列方程同解

$$\left||x^2-4x-5\right|+3\left|2x^2+x-1\right|=0,$$

即

$$\left|(x-5)(x+1)\right|+3\left|(2x-1)(x+1)\right|=0.$$

由于两个非负数的和为零,当且仅当各个非负数的值同时为零才有可能,所以得

$$\left|(x-5)(x+1)\right|=0 \text{ 和 } \left|(2x-1)(x+1)\right|=0.$$

故原方程的解为 $x=-1$.

§ 18 常量与变量互换法

解某些特定方程时,可以把常量和变量的位置互换,结合联想推理,求出常量后再逆推出变量数值.这种方法我们称之为常量与变量互换法.

例1 解方程: $|x-3|+|1-x|=0$.

解 本题除了可以用零点分段法来解以外,还可以用常量与变量互换法来解.为此方程改写成:

$$\sqrt{(x-3)^2+0}+\sqrt{(x-1)^2+0}=10.$$

假如我们用 y^2 与0互换,得

$$\sqrt{(x-3)^2+y^2}+\sqrt{(x-1)^2+y^2}=2\times 5.$$

联想到椭圆的轨迹定义，长半轴 $a=5$，半焦点距 $c=1$，则半短轴 $b=\sqrt{5^2-1^2}=\sqrt{24}$. 椭圆的对称中心为(2,0)，那么椭圆的方程式就可以写成：

$$\frac{(x-2)^2}{5^2}+\frac{y^2}{(\sqrt{24})^2}=1.$$

又由于 $y^2=0$，得

$$(x-2)^2=25.$$

这样就得到原方程的解为 $x_1=-3$，$x_2=7$.

例2 解方程：$\sqrt{x^2+2x+5}+\sqrt{x^2-2x+5}=6$.

解 原方程可以化为

$$\sqrt{(x+2)^2+1}+\sqrt{(x-2)^2+1}=2\times 3,$$

令 $y^2=1$，代入上面的方程，得

$$\sqrt{(x+2)^2+y^2}+\sqrt{(x-2)^2+y^2}=2\times 3.$$

联想此方程就是对称中心在(0,0)，半长轴 $a=3$，半短轴 $b=\sqrt{3^2-2^2}=\sqrt{5}$，半焦距 $c=\sqrt{3^2-5}=2$ 的椭圆方程.则

$$\frac{x^2}{9}+\frac{y^2}{5}=1,$$

用 $y^2=1$ 代换，解得 $x=\pm\frac{6\sqrt{5}}{5}$.

例3 p,q 恰巧是方程

$$x^2+px+q=0$$

的根，求解此方程.

解 设方程的两个根为 x_1,x_2，则根据韦达定理得

$$\begin{cases}x_1+x_2=-p,\\ x_1\cdot x_2=q.\end{cases}$$

用 p,q 替换 x_1,x_2，得

$$\begin{cases} p+q=-p, \\ p\cdot q=q. \end{cases}$$

也就是

$$\begin{cases} 2p+q=0, \\ q(p-1)=0. \end{cases}$$

当 $q=0$ 时，$p=0$；当 $p=1$ 时，$q=-2$. 代入原方程得

$$x^2=0 \text{ 或 } x^2+x-2=0.$$

由此得方程的解为

$$x_1=x_2=0 \text{ 或 } x_1=1,\ x_2=-2.$$

例 4 解方程：$(12x-1)(6x-1)(4x-1)(3x-1)=5$.

解 令 $x=\dfrac{a}{12}$，以此作替换得

$$(a-1)(a-2)(a-3)(a-4)=2\times3\times4\times5=120=(-2)(-3)(-4)(-5).$$

因为以任何整数代入方程的左边，总能得到四个相邻整数的乘积. 我们先来求 a 的值，再把 a 的值与原方程中的 x 互换，就得到了原方程的解. 为此若设

$$a-1=-2 \text{ 或 } a-1=5,$$

那么 $a_1=-1$ 或 $a_2=6$. 又设关于 a 的四次方程的另两个根为 a_3，a_4，则方程

$$(a-1)(a-2)(a-3)(a-4)=120 \quad \cdots\cdots ①$$

的常数项是

$$a_1\cdot a_2\cdot a_3\cdot a_4=(-1)\cdot 6\cdot a_3\cdot a_4=-120+(-1)(-2)(-3)(-4),$$

所以

$$a_3\cdot a_4=16. \quad \cdots\cdots ②$$

方程①的三次系数是

$$-(-1+6+a_3+a_4)=-1-2-3-4,$$

所以

$$a_3+a_4=5. \quad \cdots\cdots ③$$

由②③构成的方程为

$$a^2-5a+16=0,$$

解得

$$a_{3,4}=\frac{5\pm i\sqrt{39}}{2}.$$

以a_1,a_2,a_3,a_4的值代入 $x=\frac{a}{12}$,这样就得到了原方程的解

$$x_1=-\frac{1}{12},\ x_2=\frac{1}{2},\ x_{3,4}=\frac{5\pm i\sqrt{39}}{24}.$$

§ 19　方程组消元法

解多元方程组时,每个多元方程的解都不确定,若运用各种方法消元使之成为一元方程,那么它的解就确定了,从而再求出其他未知元的解.这种方法我们称之为方程组消元法.

用消元法解方程组,常有以下一些方法.

一、代入消元法

把方程组中一个方程的某一个未知数用其他未知数来表示,再将它代入到其余方程中消去这个未知数,如此继续下去,直到最后一个方程可解,然后再求出其他变量.我们把这种解方程组的方法叫做代入消元法.

例1　求方程组的整数解:

$$\begin{cases}x^{x+y}=y^4, & \cdots\cdots①\\ y^{x+y}=x. & \cdots\cdots②\end{cases}$$

解　将②代入①中,消去x得

$$y^{(x+y)^2}=y^4.$$

所以

$$(x+y)^2=4,即\ x+y=\pm2.$$

取 $x+y=-2$ 时，方程组不能取整数解，故舍去. 取 $x+y=2$，即 $x=2-y$，将它代入②得

$$y^2=2-y,\text{即}(y+2)(y-1)=0,$$

解之 $y_1=1$，$y_2=-2$. 所以原方程组的解为

$$(x,y)=(1,1)\text{或}(4,-2).$$

例2 解方程组：

$$\begin{cases}\log_{xy}(x-y)=1, & \cdots\cdots①\\ \log_{xy}(x+y)=0. & \cdots\cdots②\end{cases}$$

解 利用换底公式，得

$$\begin{cases}\dfrac{\lg(x-y)}{\lg xy}=1,\\ \dfrac{\lg(x+y)}{\lg xy}=0,\end{cases}\text{即}\begin{cases}x-y=xy,\\ x+y=1.\end{cases}$$

把 $x=1-y$ 代入 $x-y=xy$ 中，得

$$y^2-3y+1=0.$$

解得

$$y=\frac{3-\sqrt{5}}{2}\text{或}y=\frac{3+\sqrt{5}}{2}(\text{舍}).$$

再把 y 的值代入 $x=1-y$ 中，得

$$x=\frac{-1+\sqrt{5}}{2}.$$

故原方程组的解为

$$\begin{cases}x=\dfrac{-1+\sqrt{5}}{2},\\ y=\dfrac{3-\sqrt{5}}{2}.\end{cases}$$

例3 解方程组：

$$\begin{cases}\log_4 x-\log_2 y=0,\\ x^2-5y^2+4=0.\end{cases}$$

解 因为 $x>0, y>0$，由 $\log_4 x=\log_2 y$，得 $\log_4 x=\log_4 y^2$. 推得

$$x=y^2. \quad \cdots\cdots ①$$

把①代入 $x^2-5y^2+4=0$ 中，得

$$x^2-5x+4=0.$$

析因得

$$(x-1)(x-4)=0,$$

解得 $x_1=1$，$x_2=4$. 再将它代入①，得

$$y_1=1, \ y_2=2.$$

所以原方程组的解为

$$(x, y)=(1,1) 或 (4,2).$$

例4 解方程组：

$$\begin{cases}10^{xy}=10^x \cdot 10^y, \\ \lg(2x+1)+\lg(y-2)=1.\end{cases}$$

解 原方程组可以化为

$$\begin{cases}10^{xy}=10^{x+y}, \\ \lg(2x+1)(y-2)=\lg 10.\end{cases}$$

等价于

$$\begin{cases}xy=x+y, \\ 2xy-4x+y-12=0.\end{cases}$$

将第一个方程代入第二个方程，得

$$3y-2x=12,$$

即 $x=\dfrac{3y-12}{2}$，把它代入 $xy=x+y$，得

$$3y^2-17y+12=0.$$

解得 $y=\dfrac{17\pm\sqrt{145}}{6}$，将它再代入 $x=\dfrac{3y-12}{2}$ 中，得

$$x=\frac{-7\pm\sqrt{145}}{4}.$$

所以原方程组的解为

$$(x,y)=\left(\frac{-7+\sqrt{145}}{4},\frac{17+\sqrt{145}}{6}\right)\text{或}\left(\frac{-7-\sqrt{145}}{4},\frac{17-\sqrt{145}}{6}\right).$$

例5 解方程组：

$$\begin{cases}x+y+z=1, & \cdots\cdots①\\ x^2+y^2+z^2=7, & \cdots\cdots②\\ x^3+y^3+z^3=13. & \cdots\cdots③\end{cases}$$

解 由②得：

$$x^2+y^2+z^2=(x+y+z)^2-2(xy+yz+zx)=7.$$

以①代入上式，得

$$1^2-2(xy+yz+zx)=7.$$

化简得

$$xy+yz+zx=-3, \qquad \cdots\cdots④$$

又由③得

$$\begin{aligned}x^3+y^3+z^3&=(x^3+y^3+z^3-3xyz)+3xyz\\&=(x+y+z)(x^2+y^2+z^2-xy-yz-zx)+3xyz.\end{aligned}$$

把①②④代入上式，得

$$1\cdot(7+3)+3xyz=13,$$

所以

$$xyz=1. \qquad \cdots\cdots⑤$$

由①④⑤，再根据韦达定理，我们就可以确定x,y,z是以下方程的根，即

$$u^3-u^2-3u-1=0,$$

化简得

$$(u+1)(u^2-2u-1)=0.$$

解得

$$(u_1,u_2,u_3)=(-1,1+\sqrt{2},1-\sqrt{2}).$$

由于x,y,z的值可以等于u_1,u_2,u_3三个值的轮换值，故方程组的解共有六组：

$$(x,y,z)=(-1,1+\sqrt{2},1-\sqrt{2})\text{ 或 }(-1,1-\sqrt{2},1+\sqrt{2})$$
$$\text{或 }(1+\sqrt{2},-1,1-\sqrt{2})\text{ 或 }(1+\sqrt{2},1-\sqrt{2},-1)$$
$$\text{或 }(1-\sqrt{2},1+\sqrt{2},-1)\text{ 或 }(1-\sqrt{2},-1,1+\sqrt{2}).$$

二、比较消元法

所谓比较消元法，是指在解多元方程组时，若方程组中各方程的右边可以变换成同一未知量的表达式，那么在比较之下就得到了右边函数相等的方程，从而达到了消去未知量的目的.

例1 解方程组:

$$\begin{cases}x+5y=7,\\2x=16-12y.\end{cases}$$

解 把原方程变为比较的形式

$$\begin{cases}x=7-5y, & \cdots\cdots①\\x=8-6y. & \cdots\cdots②\end{cases}$$

比较①②,得

$$7-5y=8-6y.$$

解得 $y=1$,将其代入①,得 $x=2$. 所以原方程组的解为

$$(x,y)=(2,1).$$

例2 解方程组:

$$\begin{cases}x^2-y^2-2x-y-3=0,\\x^2-2y^2-2x-2y-1=0.\end{cases}$$

解 将原方程变为适合比较的形式

$$\begin{cases}x^2-2x-3=y^2+y,\\x^2-2x-3=2y^2+2y-2.\end{cases}$$

比较两个方程得到仅含一元变量的方程式

$$y^2+y=2y^2+2y-2.$$

化简得

$$y^2+y-2=0,$$

即

$$(y-1)(y+2)=0,$$

所以 $y=1$ 或 -2. 将其代入 $x^2-2x-3=y^2+y$,得

$$x^2-2x-5=0.$$

解得 $x=1\pm\sqrt{6}$. 所以原方程组的解为

$$(x,y)=(1+\sqrt{6},1) \text{ 或 } (1-\sqrt{6},1) \text{ 或 } (1+\sqrt{6},-2) \text{ 或 } (1-\sqrt{6},-2).$$

三、加减消元法

所谓加减消元法,是指在解多元方程组时,观察各个方程中的同一个未知数的系数,选择适当的数乘以方程的两边,使各个方程中同一个未知数的系数的绝对值相等,再把各个方程相加或相减,从而消去这个未知数.如此继续下去,最后得到一元的方程解之,再求其他变量的数值.

例1 解方程组:

$$\begin{cases}3x+4y=16, & \cdots\cdots ① \\ 5x-6y=33. & \cdots\cdots ②\end{cases}$$

解 由①×3+②×2得

$$19x=114,$$

解之 $x=6$. 再以 $x=6$ 代入①,得 $y=-\frac{1}{2}$. 所以原方程组的解为

$$(x,y)=\left(6,-\frac{1}{2}\right).$$

例2 解方程组:

$$\begin{cases}\sin x\cdot\sin y=a, & \cdots\cdots ① \\ \cos x\cdot\cos y=b. & \cdots\cdots ②\end{cases}$$

解 由②-①得

$$\cos(x+y)=b-a. \quad \cdots\cdots ③$$

由②+①得

$$\cos(x-y)=b+a. \quad \cdots\cdots④$$

由③④得

$$-1\leqslant b-a\leqslant 1,\quad -1\leqslant b+a\leqslant 1.$$

根据三角函数的性质推得

$$\begin{cases}-a-1\leqslant b\leqslant a+1,\\ a-1\leqslant b\leqslant -a+1,\end{cases}\text{即}\begin{cases}-1\leqslant a\leqslant 0,\\ 0\leqslant a\leqslant 1.\end{cases}$$

再由③④解得

$$\begin{cases}x+y=\pm\arccos(b-a)+2m\pi,\\ x-y=\pm\arccos(b+a)+2n\pi\end{cases}(m,n\in\mathbf{Z}).$$

上面两方程相加减,再除以2,便得原方程组的解

$$\begin{cases}x=\pm\dfrac{1}{2}[\arccos(b-a)+\arccos(b+a)]+(m+n)\pi,\\ y=\pm\dfrac{1}{2}[\arccos(b-a)-\arccos(b+a)]+(m-n)\pi\end{cases}(m,n\in\mathbf{Z}).$$

四、高斯消元法

所谓高斯消元法,就是把多元线性方程组的系数矩阵化,再利用矩阵的初等变换(换法变换、倍法变换、消法变换),把它化为标准形矩阵或阶梯形矩阵来求解原方程组的一种方法.

设一般的线性方程组为:

$$\sum_{s=1}^{n}a_{ks}x_s=b_k(k=1,2,\cdots,n).$$

若要把n个方程都写出来,所构成的方程组就是如下的形式:

$$\begin{cases}a_{11}x_1+a_{12}x_2+\cdots+a_{1n}x_n=b_1,\\ a_{21}x_1+a_{22}x_2+\cdots+a_{2n}x_n=b_2,\\ \cdots\\ a_{n1}x_1+a_{n2}x_2+\cdots+a_{nn}x_n=b_n.\end{cases}\quad(1)$$

方程组(1)的系数按原来的位置排成一个数表,这个数表就称为矩

阵,把它命名为 $\boldsymbol{A}$,$\boldsymbol{A}$ 就称之为方程组(1)的系数矩阵:

$$\boldsymbol{A}=\begin{pmatrix} a_{11} & a_{12} & \cdots & a_{1n} \\ a_{21} & a_{22} & \cdots & a_{2n} \\ \cdots & \cdots & \cdots & \cdots \\ a_{n1} & a_{n2} & \cdots & a_{nn} \end{pmatrix}.$$

方程组的系数矩阵 $\boldsymbol{A}$,再增加方程组的常数列作为其最后一列,构成了矩阵 $\overline{\boldsymbol{A}}$,$\overline{\boldsymbol{A}}$ 就称之为方程组的增广矩阵:

$$\overline{\boldsymbol{A}}=\begin{pmatrix} a_{11} & a_{12} & \cdots & a_{1n} & b_1 \\ a_{21} & a_{22} & \cdots & a_{2n} & b_2 \\ \cdots & \cdots & \cdots & \cdots & \cdots \\ a_{n1} & a_{n2} & \cdots & a_{nn} & b_n \end{pmatrix}.$$

用高斯(Gauss)消元法解线性方程组(1),具体做法是:

若矩阵 $|\boldsymbol{A}|\neq 0$ 时,方程组(1)就有唯一一组解.首先把(1)的增广矩阵 $\overline{\boldsymbol{A}}$ 写出,用矩阵的初等行变换(换法变换、倍法变换、消法变换)把矩阵化为阶梯形矩阵,或者再进一步把阶梯形矩阵化为标准形矩阵,最后写出对应的方程组,解这个方程组得(1)的解.

①先将增广矩阵 $\overline{\boldsymbol{A}}$,用初等变换化为阶梯形矩阵或标准形矩阵:

$$\overline{\boldsymbol{A}}\rightarrow\begin{pmatrix} c_{11} & c_{12} & \cdots & c_{1n} & d_1 \\ & c_{22} & \cdots & c_{2n} & d_2 \\ & & \cdots & \cdots & \cdots \\ & & & c_{nn} & d_n \end{pmatrix}\text{(阶梯形矩阵)},$$

或者再进一步化为标准形矩阵

$$\overline{\boldsymbol{A}}\rightarrow\begin{pmatrix} 1 & 0 & \cdots & 0 & m_1 \\ & 1 & \cdots & 0 & m_2 \\ & & \cdots & \cdots & \cdots \\ & & & 1 & m_n \end{pmatrix}\text{(标准形矩阵)}.$$

②写出标准形矩阵所对应的方程组,就得到了原方程组的解.

$$\begin{cases} x_1 & & & = m_1, \\ & x_2 & & = m_2, \\ & & \cdots\ \cdots & \cdots \\ & & x_n & = m_n. \end{cases}$$

所谓矩阵的初等行变换是指

(1)换法变换:互换矩阵任意两行;

(2)倍法变换:用一个非零常数乘以矩阵某一行的各个元素;

(3)消法变换:用一个数乘以某一行的所有元素,再把它加到另一行对应的元素上去.

初等行变换的依据是方程组的同解定理.也就是说,经过初等变换得到的矩阵对应的方程组的解未变,与原方程组是同解的.

例1 解方程组:

$$\begin{cases} x-y+z=4, \\ 4x-4y+z=7, \\ x+2y-z=1. \end{cases}$$

解 先求出方程组系数矩阵行列式的值

$$|\boldsymbol{A}|=\begin{vmatrix} 1 & -1 & 1 \\ 4 & -4 & 1 \\ 1 & 2 & -1 \end{vmatrix}=4+8-1+4-2-4=9\neq 0,$$

因而方程组有唯一一组解.写出方程组系数的增广矩阵 $\overline{\boldsymbol{A}}$:

$$\overline{\boldsymbol{A}}=\begin{pmatrix} 1 & -1 & 1 & 4 \\ 4 & -4 & 1 & 7 \\ 1 & 2 & -1 & 1 \end{pmatrix}.$$

将 $\overline{\boldsymbol{A}}$ 第一行各个元素乘以-4,加到第二行上去.然后将其第一行各个元素乘以-1,加到第三行上去.再交换第二与第三行,得

$$\overline{\boldsymbol{A}}\to\begin{pmatrix} 1 & -1 & 1 & 4 \\ & 3 & -2 & -3 \\ & & -3 & -9 \end{pmatrix}.$$

这时的矩阵已经变成了阶梯形矩阵,它所对应的方程组为

$$\begin{cases} x-y+z=4, & \cdots\cdots ① \\ 3y-2z=-3, & \cdots\cdots ② \\ -3z=-9. & \cdots\cdots ③ \end{cases}$$

先由③求出 $z=3$,再将 $z=3$ 代入②,求出 $y=1$.最后将 $z=3,y=1$ 代入①,求出 $x=2$.所以原方程的解为

$$(x,y,z)=(2,1,3).$$

上面的方程组是通过将 $\overline{\boldsymbol{A}}$ 化为阶梯形矩阵来求解，我们还可以再把这个阶梯形矩阵化为标准形来求解，即

$$\overline{\boldsymbol{A}}\rightarrow\begin{pmatrix}1 & -1 & 1 & 4\\ & 3 & -2 & -3\\ & & -3 & -9\end{pmatrix}\rightarrow\begin{pmatrix}1 & -1 & 1 & 4\\ & 1 & -\dfrac{2}{3} & -1\\ & & 1 & 3\end{pmatrix}\rightarrow\begin{pmatrix}1 & & & 2\\ & 1 & & 1\\ & & 1 & 3\end{pmatrix}.$$

最后的标准形矩阵所对应的方程组，就是原方程组的解，即

$$(x,y,z)=(2,1,3).$$

关于高斯消元法解的讨论：

用高斯消元法解线性方程组，是通过将其系数及常数列构成的增广矩阵 $\overline{\boldsymbol{A}}$ 化为阶梯形矩阵（或标准形矩阵）来实现的.当我们把阶梯形矩阵所对应的阶梯形方程组写出来，如果出现“$0=0$”这样的恒等式的话，就把这个方程去掉.此时方程组解的情况是这样来判断的：

（1）梯形方程组中，若出现了最后一个方程是一个“零等于非零”的矛盾方程：$0=d$，且 $d\neq0$，那么这个方程组就无解.

（2）梯形方程组中未出现（1）中的情况，方程组就有解.在有解时，可能出现有唯一一组解和有无穷多组解的两种情形.若设阶梯形方程组方程的个数为 r，未知数的个数为 n，则

若 $r=n$ 时，原方程组有唯一一组解；

若 $r<n$ 时，原方程组有无穷多组解.

例2 解方程组：

$$\begin{cases}x_1+5x_2-x_3+x_4=-1,\\ x_1-2x_2+x_3+3x_4=3,\\ 3x_1+8x_2-x_3+x_4=1,\\ x_1-9x_2+3x_3+7x_4=7.\end{cases}$$

解 先写出方程组的增广矩阵 $\overline{\boldsymbol{A}}$，再用矩阵初等行变换，化为阶梯形矩阵

$$
\overline{\boldsymbol{A}}=\begin{pmatrix}1&5&-1&-1&-1\\1&-2&1&3&3\\3&8&-1&1&1\\1&-9&3&7&7\end{pmatrix}
$$

$$
\rightarrow\begin{pmatrix}1&5&-1&-1&-1\\0&-7&2&4&4\\0&-7&2&4&4\\0&-14&4&8&8\end{pmatrix}
$$

$$
\rightarrow\begin{pmatrix}1&5&-1&-1&-1\\0&-7&2&4&4\\0&0&0&0&0\\0&0&0&0&0\end{pmatrix}\text{(阶梯形矩阵)}
$$

$$
\rightarrow\begin{pmatrix}1&0&\frac{3}{7}&\frac{13}{7}&\frac{13}{7}\\0&1&-\frac{2}{7}&-\frac{4}{7}&-\frac{4}{7}\\0&0&0&0&0\\0&0&0&0&0\end{pmatrix}\text{(标准形矩阵)}.
$$

写出标准形矩阵它所对应的方程组

$$
\begin{cases}x_1 \quad\quad + \frac{3}{7}x_3 + \frac{13}{7}x_4 = \frac{13}{7},\\ \quad\quad x_2 - \frac{2}{7}x_3 - \frac{4}{7}x_4 = -\frac{4}{7}.\end{cases}
$$

因为此方程组中方程的个数 $r=2$,其中未知数的个数 $n=4$,显然 $r=2<n=4$,所以方程组有无穷多组解,即

$$
\begin{cases}x_1=\frac{13}{7}-\frac{3}{7}c_1-\frac{13}{7}c_2,\\ x_2=-\frac{4}{7}+\frac{2}{7}c_1+\frac{4}{7}c_2,\\ x_3=c_1,\\ x_4=c_2\end{cases}\quad (c_1,c_2\text{为任意数}).
$$

例3 解方程组:

$$
\begin{cases}\quad\quad\quad\quad x_3 + x_4 = -2,\\ x_1 + 4x_2 - x_3 \quad\quad = 2,\\ x_1 + 4x_2 - 2x_3 + x_4 = 0,\\ 2x_1 + 8x_2 + x_3 + x_4 = 0.\end{cases}
$$

解 写出增广矩阵,再化为阶梯形矩阵

$$\overline{A}=\begin{pmatrix}0&0&1&1&-2\\1&4&-1&0&2\\1&4&-2&1&0\\2&8&1&1&0\end{pmatrix}\to\begin{pmatrix}0&0&1&1&-2\\1&4&-1&0&2\\0&0&-1&1&-2\\0&0&3&1&-4\end{pmatrix}$$

$$\to\begin{pmatrix}0&0&1&1&-2\\1&4&0&1&0\\0&0&0&2&-4\\0&0&0&-2&2\end{pmatrix}\to\begin{pmatrix}0&0&1&1&-2\\1&4&0&1&0\\0&0&0&2&-4\\0&0&0&0&-2\end{pmatrix}.$$

由于矩阵的第四行,它所对应的方程为 $0=-2$,这是一个矛盾方程式,所以此方程组无解.

当线性方程组增广矩阵的常数列的元都是零时,这样的方程组称之为齐次线性方程组:

$$\begin{cases}a_{11}x_1+a_{12}x_2+\cdots+a_{1n}x_n=0,\\a_{21}x_1+a_{22}x_2+\cdots+a_{2n}x_n=0,\\\qquad\cdots\\a_{n1}x_1+a_{n2}x_2+\cdots+a_{nn}x_n=0.\end{cases}$$

齐次线性方程组的解的讨论:

(1)n 元齐次线性方程组,永远有一组零解:

$$x_1=x_2=\cdots=x_n=0.$$

(2)用高斯消元法求解时,我们把方程组的系数矩阵化为阶梯形矩阵,如果对应的方程的个数为 r,未知数的个数为 n,则

若当 $r=n$ 时,方程组仅有一组零解;

若 $r<n$ 时,方程组除了有一组零解以外,还有无穷多组非零解.

例 4 求 λ 使得齐次线性方程组有非零解,并求出一般解.

$$\begin{cases}(\lambda+3)x_1+x_2+2x_3=0,\\\lambda x_1+(\lambda-1)x_2+x_3=0,\\3(\lambda+1)x_1+\lambda x_2+(\lambda+3)x_3=0.\end{cases}$$

解 先求出方程组系数行列式 $|A|$ 的值,若 $|A|\neq0$,方程组仅有唯一一组解;若 $|A|=0$ 时,方程组除了有零解外,还有无穷多组非零解.

易求

$$|A|=\begin{vmatrix}\lambda+3 & 1 & 2\\ \lambda & \lambda-1 & 1\\ 3(\lambda+1) & \lambda & \lambda+3\end{vmatrix}=\lambda^2(\lambda-1).$$

所以方程组有非零解的充要条件是 $\lambda=0$ 或 1.

①若 $\lambda=0$ 时,则方程组为

$$\begin{cases}3x_1+x_2+2x_3=0,\\ -x_2+x_3=0,\\ 3x_1+3x_3=0.\end{cases}$$

写出方程组系数矩阵,并化为阶梯形矩阵

$$\boldsymbol{A}=\begin{pmatrix}3 & 1 & 2\\ 0 & -1 & 1\\ 3 & 0 & 3\end{pmatrix}\to\begin{pmatrix}3 & 1 & 2\\ 0 & -1 & 1\\ 0 & -1 & 1\end{pmatrix}\to\begin{pmatrix}3 & 1 & 2\\ 0 & -1 & 1\\ 0 & 0 & 0\end{pmatrix}.$$

则它所对应的方程组为

$$\begin{cases}3x_1+x_2+2x_3=0,\\ -x_2+x_3=0.\end{cases}$$

即

$$\begin{cases}3x_1+x_2=-2x_3,\\ x_2=x_3.\end{cases}$$

此时方程组的一般解为

$$\begin{cases}x_1=-t,\\ x_2=x_3=t\end{cases}\quad(t\text{为任意数}).$$

②若 $\lambda=1$ 时,方程组为

$$\begin{cases}4x_1+x_2+2x_3=0,\\ x_1+x_3=0,\\ 6x_1+x_2+4x_3=0.\end{cases}$$

写出方程组系数矩阵,并化为阶梯形矩阵

$$\boldsymbol{A}=\begin{pmatrix}4 & 1 & 2\\ 1 & 0 & 1\\ 6 & 1 & 4\end{pmatrix}\to\begin{pmatrix}1 & 0 & 1\\ 4 & 1 & 2\\ 6 & 1 & 4\end{pmatrix}\to\begin{pmatrix}1 & 0 & 1\\ 0 & 1 & -2\\ 0 & 1 & -2\end{pmatrix}\to\begin{pmatrix}1 & 0 & 1\\ 0 & 1 & -2\\ 0 & 0 & 0\end{pmatrix}.$$

则它所对应的方程组为

$$\begin{cases}x_1+x_3=0,\\x_2-2x_3=0.\end{cases}$$

所以方程组的一般解为

$$\begin{cases}x_1=-t,\\x_2=2t,\quad (t\text{为任意数}).\\x_3=t.\end{cases}$$

§ 20　三角方程的辅助角法

在解形如 $a\sin x+b\cos x=c\ (a\neq 0,\ b\neq 0)$ 的三角方程时，常可设辅助角 $\varphi=\arctan\dfrac{b}{a}$，用 $\pm\sqrt{a^2+b^2}$ 除方程两边，得

$$\sin(x+\varphi)=\pm\frac{c}{\sqrt{a^2+b^2}}.$$

所以

$$x=(-1)^n\arcsin\left(\pm\frac{b}{\sqrt{a^2+b^2}}\right)+n\pi-\arctan\frac{b}{a},\quad n\in\mathbf{Z}.$$

若 $\left|\pm\dfrac{c}{\sqrt{a^2+b^2}}\right|\leqslant 1$ 或者 $c^2\leqslant a^2+b^2$，方程就有解.若 $c^2>a^2+b^2$，方程无解.

例 1　解方程：$5\sin x-12\cos x=\dfrac{13}{2}$.

解　设辅助角 $\varphi=\arctan\dfrac{12}{5}$，将原方程化为

$$\frac{5}{13}\sin x-\frac{12}{13}\cos x=\frac{1}{2},$$

则得

$$\sin(x-\varphi)=\frac{1}{2}.$$

所以

$$x=n\pi+(-1)^n\cdot\frac{\pi}{6}+\arctan\frac{12}{5}(n\in\mathbf{Z}).$$

例2 解方程：$\sin x-8\cos x=14$.

解 由于

$$\frac{14}{\sqrt{1^2+8^2}}=\frac{14}{\sqrt{65}}>1,$$

所以原方程无解.

例3 解方程：$\sqrt{3}\sin x+\cos x=1$.

解 设辅助角 $\varphi=\arctan\frac{1}{\sqrt{3}}=\frac{\pi}{6}$,方程化为

$$\frac{\sqrt{3}}{2}\cdot\sin x+\frac{1}{2}\cdot\cos x=\frac{1}{2},$$

即

$$\sin\left(x+\frac{\pi}{6}\right)=\frac{1}{2}.$$

所以原方程的解为

$$x=n\pi+(-1)^n\cdot\frac{\pi}{6}-\frac{\pi}{6}(n\in\mathbf{Z}).$$

例4 解方程：$\sqrt{3}\sin x+\cos x=\sqrt{2}$.

解 设辅助角 $\varphi=\arctan\frac{\sqrt{3}}{3}=\frac{\pi}{6}$,方程化为

$$2\sin\left(x+\frac{\pi}{6}\right)=\sqrt{2},$$

即

$$\sin\left(x+\frac{\pi}{6}\right)=\frac{\sqrt{2}}{2}.$$

所以原方程的解为

$$x=n\pi+(-1)^n\cdot\frac{\pi}{4}-\frac{\pi}{6}(n\in\mathbf{Z}).$$

例5 解方程：$7\sin x+24\cos x=\frac{25}{2}$.

解 原方程化为

$$\frac{7}{25}\sin x+\frac{24}{25}\cos x=\frac{1}{2}.$$

设 $\cos\varphi=\frac{7}{25}$, $\sin\varphi=\frac{24}{25}$,故得

$$\sin(x+\varphi)=\frac{1}{2}.$$

所以原方程的解为

$$x=n\pi+(-1)^n\cdot\frac{\pi}{6}-\arccos\frac{7}{25}(n\in\mathbf{Z}).$$

§ 21 累加连乘法

所谓累加连乘法,是指在解某些方程组时,可利用同解方程理论和在定义域内的加法及乘法定理,将方程组中的各个方程累加或连乘,以便达到求解的目的.

例 1 解方程组:

$$\begin{cases}x(z+y-x)=39-2x^2,\\y(x+z-y)=52-2y^2,\\z(y+x-z)=78-2z^2.\end{cases}$$

解 将各个方程移项,再析因,得

$$\begin{cases}x(x+y+z)=39,\\y(x+y+z)=52,\\z(x+y+z)=78.\end{cases}\quad\cdots\cdots①$$

将①的各个方程累加,再析因,得

$$(x+y+z)^2=169.$$

两边开平方,得

$$x+y+z=\pm 13.$$

将上式分别代入①的各个方程中,得原方程组的解为

$$(x,y,z)=(3,4,6)\text{ 或 }(-3,-4,-6).$$

例 2 解方程组

$$\begin{cases} x+y=3, \\ y+z=4, \\ z+x=5. \end{cases}$$

解 将方程组中各个方程累加,两边再除以2,得

$$x+y+z=6.$$

上面方程与原方程组中各方程相减,得原方程组的解为

$$(x,y,z)=(2,1,3).$$

例3 解下列方程组:

(1) $\begin{cases} xy=6, \\ yz=12, \\ zx=8. \end{cases}$

(2) $\begin{cases} (x+y)(x+z)=12, \\ (y+z)(y+x)=15, \\ (z+x)(z+y)=20. \end{cases}$

(3) $\begin{cases} (x+y)(x+y+z)=18, \\ (z+x)(x+y+z)=24, \\ (y+z)(x+y+z)=30. \end{cases}$

解 (1)将方程组各个方程左右分别连乘,得

$$(xyz)^2=24^2,$$

即

$$xyz=\pm 24.$$

将上面的方程分别除以原方程组中的各个方程,得其解

$$(x,y,z)=(2,3,4)\text{或}(-2,-3,-4).$$

(2)设 $x+y=u, y+z=v, z+x=w$,则原方程组就化为

$$\begin{cases} uw=12, & \cdots\cdots① \\ vu=15, & \cdots\cdots② \\ wv=20. & \cdots\cdots③ \end{cases}$$

由①×②×③得

$$(uvw)^2=60^2,$$

所以 $uvw=\pm 60$. 将①②③分别代入上面的方程,得

$$(u,v,w)=(3,5,4)\text{或}(-3,-5,-4).$$

由此得

$$\begin{cases}x+y=3,\\y+z=5,\\z+x=4\end{cases}\text{或}\begin{cases}x+y=-3,\\y+z=-5,\\z+x=-4.\end{cases}$$

将方程累加,再除以2,得

$$x+y+z=6\text{ 或 }x+y+z=-6,$$

用它们减去前面方程组中的各个方程,得原方程组的解

$$(x,y,z)=(1,2,3)\text{或}(-1,-2,-3).$$

(3)将原方程组的各个方程累加,再析因,得

$$2(x+y+z)^2=72,$$

由此得

$$x+y+z=\pm 6.$$

分别代入原方程组的各个方程中去,得

$$\begin{cases}x+y=3,\\y+z=5,\\z+x=4\end{cases}\text{或}\begin{cases}x+y=-3,\\y+z=-5,\\z+x=-4.\end{cases}$$

用它们减前面方程组中的各个方程,便得到原方程组的解

$$(x,y,z)=(1,2,3)\text{或}(-1,-2,-3).$$

例4 解方程组:

$$\begin{cases}x(y-z)+y(y+z)=2, & \cdots\cdots①\\y(z-x)+z(z+x)=7, & \cdots\cdots②\\z(x-y)+x(x+y)=2. & \cdots\cdots③\end{cases}$$

解 由①+②,②+③,③+①分别得

$$(y+z)^2=9,\quad (x+z)^2=9,\quad (x+y)^2=4.$$

将各方程两边开平方,得

$$y+z=\pm 3,\quad x+z=\pm 3,\quad x+y=\pm 2.$$

将上面三式左右累加,再除以2,得

$$x+y+z=4 \text{ 或 } x+y+z=-4.$$

将它们与前面的三个方程相减，就得到原方程组的解

$$(x,y,z)=(1,1,2) \text{或} (-1,-1,-2).$$

例5 解方程组：

$$\begin{cases} x^2-yz=3, & \cdots\cdots① \\ y^2-zx=4, & \cdots\cdots② \\ z^2-xy=5. & \cdots\cdots③ \end{cases}$$

解 由①·y＋②·z＋③·x，得

$$5x+3y+4z=0. \qquad \cdots\cdots④$$

由①·z＋②·x＋③·y，得

$$4x+5y+3z=0. \qquad \cdots\cdots⑤$$

从④⑤分别消去z和x，得

$$x=-11y,\ z=13y.$$

再将其代入①，得

$$(11^2-13)y^2=3,$$

解之$y=\pm\frac{1}{6}$. 再把它代入④⑤中，得到原方程组的解为

$$(x,y,z)=\left(-\frac{11}{6},\frac{1}{6},\frac{13}{6}\right) \text{或} \left(\frac{11}{6},-\frac{1}{6},\frac{13}{6}\right).$$

例6 解方程组：

$$\begin{cases} \dfrac{x_2x_3\cdots x_n}{x_1}=a_1, \\ \dfrac{x_1x_3\cdots x_n}{x_2}=a_2, \\ \cdots \\ \dfrac{x_1x_2\cdots x_{n-1}}{x_n}=a_n, \end{cases}$$

其中$a_1,a_2,\cdots,a_n$均为正数.

解 将原方程组中n个方程连乘，得

$$(x_1x_2\cdots x_n)^{n-2}=a_1a_2\cdots a_n.$$

由于$a_k>0(k=1,2,\cdots,n)$，则

$$x_1x_2\cdots x_n=\sqrt[n-2]{a_1a_2\cdots a_n}$$

$$\Leftrightarrow x_k{}^2\cdot\frac{x_1\cdots x_{k-1}x_{k+1}\cdots x_n}{x_k}=x_k{}^2\cdot a_k=\sqrt[n-2]{a_1a_2\cdots a_n}$$

$$\Leftrightarrow x_k{}^2=\frac{\sqrt[n-2]{a_1a_2\cdots a_n}}{a_k},$$

所以原方程组的解为

$$x_k=\sqrt{\frac{\sqrt[n-2]{a_1a_2\cdots a_n}}{a_k}}\,(k=1,2,\cdots,n).$$

例7 解方程组:

$$\begin{cases}\dfrac{2x^2}{1+x^2}=y,\\[2mm]\dfrac{2y^2}{1+y^2}=z,\\[2mm]\dfrac{2z^2}{1+z^2}=x.\end{cases}$$

解 显然 $x=y=z=0$ 是方程组的一组解.

如果 $xyz\neq0$,将原方程组化为

$$\begin{cases}\dfrac{1}{y}=\dfrac{1+x^2}{2x^2},\\[2mm]\dfrac{1}{z}=\dfrac{1+y^2}{2y^2},\\[2mm]\dfrac{1}{x}=\dfrac{1+z^2}{2z^2}\end{cases}\text{即}\begin{cases}\dfrac{1}{y}=\dfrac{1}{2}\cdot\dfrac{1}{x^2}+\dfrac{1}{2},\\[2mm]\dfrac{1}{z}=\dfrac{1}{2}\cdot\dfrac{1}{y^2}+\dfrac{1}{2},\\[2mm]\dfrac{1}{x}=\dfrac{1}{2}\cdot\dfrac{1}{z^2}+\dfrac{1}{2}.\end{cases}$$

将右面方程组各个方程乘以2,再累加,得

$$\frac{2}{x}+\frac{2}{y}+\frac{2}{z}=\frac{1}{x^2}+\frac{1}{y^2}+\frac{1}{z^2}+1+1+1.$$

移项,重新组合,得

$$\left(\frac{1}{x^2}-\frac{2}{x}+1\right)+\left(\frac{1}{y^2}-\frac{2}{y}+1\right)+\left(\frac{1}{z^2}-\frac{2}{z}+1\right)=0.$$

用公式析因,得

$$\left(\frac{1}{x}-1\right)^2+\left(\frac{1}{y}-1\right)^2+\left(\frac{1}{z}-1\right)^2=0.$$

又因为实数的平方和等于零,当仅当它们各自为零时等式才成立.故有

$$x=y=z=1.$$

§ 22 结式法

设复数域 **C** 上的两个多项式

$$f(x)=a_0x^m+a_1x^{m-1}+\cdots+a_{m-1}x+a_m(m>0),$$
$$g(x)=b_0x^n+b_1x^{n-1}+\cdots+b_{n-1}x+b_n(n>0).$$

由它们的系数构成如下的一个行列式

$$D=\begin{vmatrix} a_0 & a_1 & \cdots & a_m & & & \\ & a_0 & a_1 & \cdots & a_m & & \\ & & \ddots & \ddots & & \ddots & \\ & & & a_0 & a_1 & \cdots & a_m \\ b_0 & b_1 & \cdots & b_n & & & \\ & b_0 & b_1 & \cdots & b_n & & \\ & & \ddots & \ddots & & \ddots & \\ & & & b_0 & b_1 & \cdots & b_n \end{vmatrix}.$$

D 中 $f(x)$ 的系数行共有 n 行, $g(x)$ 的系数行共有 m 行.D 就称之为 $f(x)$ 与 $g(x)$ 的结式,以 $R(f, g)$ 来表示 D.用结式的方法来解二元高次方程组

$$\begin{cases} f(x)=0, \\ g(x)=0 \end{cases}$$

是根据以下定理来解的.

定理　如果多项式

$$f(x)=a_0x^m+a_1x^{m-1}+\cdots+a_{m-1}x+a_m(m>0),$$
$$g(x)=b_0x^n+b_1x^{n-1}+\cdots+b_{n-1}x+b_n(n>0)$$

有公共根，或者 $a_0=b_0=0$，那么他们的结式等于零.

它的逆定理也成立，如下所述.

逆定理 如果多项式 $f(x)$ 与 $g(x)$ 的结式 $R(f,g)=0$，那么他们的最高次项的系数等于零，即 $a_0=b_0=0$，或者这两个多项式有公共根.

所谓的结式法，是指利用上面的定理或逆定理，来解二元高次方程组的方法.结式法解二元高次方程组的步骤为：

(1)将含有 x、y 的二元多项式按 x(或按 y)的降幂排列

$$f(x,y)=F_y(x)=a_0(y)x^m+a_1(y)x^{m-1}+\cdots+a_m(y),$$

$$g(x,y)=G_y(x)=b_0(y)x^n+b_1(y)x^{n-1}+\cdots+b_n(y);$$

(2)计算 $R_x(f,g)$（或 $R_y(f,g)$）；

(3)求出 $R_x(f,g)$（或 $R_y(f,g)$）的全部复根，设 β 是 $R_x(f,g)$ 的根，若一元多项式 $f(x,\beta)$ 与 $g(x,\beta)$ 有公共根 α，那么就得到原方程组的解 (α,β).

例1 解方程组：

$$\begin{cases}x^2+3x+2=0, & \cdots\cdots① \\ x+1=0. & \cdots\cdots②\end{cases}$$

解 这是一元二次方程组，可直接用结式方法求解.

$$R(f,g)=\begin{vmatrix}1 & 3 & 2 \\ 1 & 1 & 0 \\ 0 & 1 & 1\end{vmatrix}=1+2-3=0.$$

在上面的行列式中：①的系数的行数=方程②的次数，②的系数的行数=方程①的次数.而且 $R(f,g)=0$ 在最高次项系数不是零的情况下，方程组有公共根−1.所以方程组的解为 $x=-1$.

例2 解方程组：

$$\begin{cases}x^2-2y^2-x=0, & \cdots\cdots① \\ 2x^2-5y^2+3y=0. & \cdots\cdots②\end{cases}$$

解 把方程组各方程按 x 的降幂来排列，得

$$\begin{cases} x^2 - x - 2y^2 = 0, & \cdots\cdots① \\ 2x^2 + 0 \cdot x - 5y^2 + 3y = 0. & \cdots\cdots② \end{cases}$$

计算 $R_x(f, g)$,若

$$R_x(f, g) = \begin{vmatrix} 1 & -1 & -2y^2 & 0 \\ 0 & 1 & -1 & -2y^2 \\ 2 & 0 & -5y^2 + 3y & 0 \\ 0 & 2 & 0 & -5y^2 + 3y \end{vmatrix} = 0,$$

则

$$y^4 - 6y^3 - y^2 + 6y = 0,$$

即

$$y(y-1)(y+1)(y-6) = 0.$$

易得 y 的值为 $y = 0, 1, -1, 6$.将它们代入原方程组消元后,再求出 x 的值,于是就得到原方程的解为

$$\begin{cases} x_1 = 0, \\ y_1 = 0 \end{cases} \text{或} \begin{cases} x_2 = -1, \\ y_2 = 1 \end{cases} \text{或} \begin{cases} x_3 = 2, \\ y_3 = -1 \end{cases} \text{或} \begin{cases} x_4 = 9, \\ y_4 = 6. \end{cases}$$

例3 解方程组:

$$\begin{cases} x^2 + y^2 - 25 = 0, \\ x - 3y + 5 = 0. \end{cases}$$

解 用结式方法来解:把方程组的各个方程按 x 的降幂来排列,得

$$\begin{cases} f(x, y) = x^2 + 0 \cdot x + (y^2 - 25) = 0, \\ g(x, y) = x + (5 - 3y) = 0. \end{cases}$$

在表达结式的行列式中: $f(x, y)$ 方程系数的行数 = $g(x, y)$ 方程的次数; $g(x, y)$ 方程系数的行数 = $f(x, y)$ 方程的次数.若

$$R_x(x, y) = \begin{vmatrix} 1 & 0 & y^2 - 25 \\ 1 & 5 - 3y & 0 \\ 0 & 1 & 5 - 3y \end{vmatrix} = 10y(y-3) = 0,$$

则解得 $y=0$ 或 3.把它代入原方程组中，得 $x=-5$ 或 4.所以原方程组的解为

$$\begin{cases}x_1=-5,\\ y_1=0\end{cases}\text{或}\begin{cases}x_2=4,\\ y_2=3.\end{cases}$$

例4 解方程组：

$$\begin{cases}5y^2-6xy+5x^2-16=0,\\ y^2-xy+2x^2-y-x-4=0.\end{cases}$$

解 将原方程组中各个方程按 y 的降幂来排列，得

$$\begin{cases}f(x,y)=5y^2-6xy+(5x^2-16)=0,\\ g(x,y)=y^2-(x+1)y+(2x^2-x-4)=0.\end{cases}$$

写出关于变量 y 的结式

$$R_x(f,g)=\begin{vmatrix}5 & -6x & 5x^2-16 & 0\\ 0 & 5 & -6x & 5x^2-16\\ 1 & -x-1 & 2x^2-x-4 & 0\\ 0 & 1 & -x-1 & 2x^2-x-4\end{vmatrix}$$

$$=32(x-1)^2(x+1)(x-2)=0.$$

解上面的方程式，得 $x=1,-1,2$.将它代入原方程组中，消去 x，再解出 y 的值，于是原方程组的解为

$$\begin{cases}x_1=1,\\ y_1=-1\end{cases}\text{或}\begin{cases}x_2=-1,\\ y_2=1\end{cases}\text{或}\begin{cases}x_3=2,\\ y_3=2.\end{cases}$$

例5 解方程组：

$$\begin{cases}x^2-y^2-3=0,\\ x^2-4xy+3y^2+1=0.\end{cases}$$

解 原方程组各方程按 x 降幂排列，得

$$\begin{cases}f(x,y)=x^2+0\cdot x+(-y^2-3)=0,\\ g(x,y)=x^2-4yx+(3y^2+1)=0.\end{cases}$$

写出关于 x 的结式

$$R_x(f,g)=\begin{vmatrix}1 & 0 & -y^2-3 & 0\\ 0 & 1 & 0 & -y^2-3\\ 1 & -4y & 3y^2+1 & 0\\ 0 & 1 & -4y & 3y^2+1\end{vmatrix}$$
$$=-16y^2+16=0.$$

得到y的解$y=1,-1$.将它代入原方程组,消去y,得到x的公共根$x=2,-2$.所以原方程组的解为

$$\begin{cases}x_1=2,\\ y_1=1\end{cases}\text{或}\begin{cases}x_2=-2,\\ y_2=-1.\end{cases}$$

例6 解方程组:

$$\begin{cases}x^2y^2+x^2y+x+y=0,\\ xy^2+xy+1=0.\end{cases}$$

解 将原方程组各方程按x降幂来排列,得

$$\begin{cases}f(x,y)=(y^2+y)x^2+x+y=0,\\ g(x,y)=(y^2+y)x+1=0.\end{cases}$$

写出结式 $R_x(f,g)$ 所表达的行列式, $f(x,y)$ 系数在行列式中所占的行数 = $g(x,y)$ 方程的次数, $g(x,y)$ 系数在行列式中所占的行数= $f(x,y)$ 方程的次数.则

$$R_x(f,g)=\begin{vmatrix}y^2+y & 1 & y\\ y^2+y & 1 & 0\\ 0 & y^2+y & 1\end{vmatrix}$$
$$=y^2(y+1)^2=0.$$

解得它的根为$y=0,-1$(不计重根).将它代入原方程组,消去y,则得

$$g(x,0)=1=0 \text{ 和 } g(x,-1)=1=0.$$

此为矛盾方程.所以原方程组无解.

例7 解方程组:

$$\begin{cases}x^2y+3xy+2y+3=0,\\ 2xy-2x+2y+3=0.\end{cases}$$

解 将方程组中各方程按y降幂排列,得

$$\begin{cases}f(x,y)=(x^2+3x+2)y+3=0,\\ g(x,y)=(2x+2)y+(3-2x)=0.\end{cases}$$

写出关于y的结式,求出其关于x的公共根.则

$$R_y(f,g)=\begin{vmatrix}x^2+3x+2 & 3\\ 2x+2 & 3-2x\end{vmatrix}=-x(x+1)(2x+1)=0.$$

解得 $x=0,\ -\frac{1}{2},\ -1$. 将 $x=0,\ -\frac{1}{2}$ 代入原方程组,解得y的公共根

$$y=-\frac{3}{2}\text{ 或 }-4.$$

将 $x=-1$ 代入原方程组,得

$$\begin{cases}f(-1,y)=0\cdot y+3=0,\\ g(-1,y)=0\cdot y+5=0.\end{cases}$$

此为矛盾方程组,无解.所以原方程组的解为

$$(x,y)=\left(0,\ -\frac{3}{2}\right)\text{ 或 }\left(-\frac{1}{2},\ -4\right).$$

例 8 解方程组:

$$\begin{cases}xy=0,\\ x^2y+x-1=0.\end{cases}$$

解 将方程组各个方程按x降幂排列,得

$$\begin{cases}f(x,y)=yx=0,\\ g(x,y)=yx^2+x-1=0.\end{cases}$$

解关于x的结式 $R_x(f,g)$,求出y的公共根

$$R_x(f,g)=\begin{vmatrix}y & 0 & 0\\ 0 & y & 0\\ y & 1 & -1\end{vmatrix}=-y^2=0,$$

它的解为 $y=0$. 也就是 $a_0=b_0=y=0$ 的情况下,方程组有公共根.此时方程组也有解:$(x,y)=(1,0)$.

§ 23　对称方程组的解法

若将方程组中一对变量x、y的位置加以交换，其形式仍然保持原来的样子，这样的方程组叫做对称方程组.

第一类：将各方程中x、y互换后，各方程自身不变；

第二类：将x、y互换后两个方程式的位置互换，即第一个方程变成第二个方程，第二个方程变成第一个方程.

一、第一类对称方程组的解法

最简单的对称方程组为

$$\begin{cases} x+y=a, & \cdots\cdots① \\ xy=b. & \cdots\cdots② \end{cases}$$

解此类方程组，可以用代入法，将①变为$x=a-y$，代入②得到一个一元二次方程解之.也可以利用韦达定理解之，或者化为和差的形式解之.

例1　解方程组：

$$\begin{cases} x+y=5, & \cdots\cdots① \\ xy=6. & \cdots\cdots② \end{cases}$$

解　（方法一）用代入法解.以$x=5-y$，代入$xy=6$，得

$$y^2-5y+6=0.$$

解得$y=2$或3，再将其代入$x=5-y$，得$x=3$或2.所以原方程组的解为：

$$(x,y)=(2,3)或(3,2).$$

（方法二）将①两边平方，得

$$x^2+2xy+y^2=25.$$

由$-4\times$②，得$-4xy=-24$.把它和上面的方程相加得

$$(x-y)^2=1,$$

所以 $x-y=1$ 或 $x-y=-1$. 再与①构成以下方程组

$$\begin{cases}x+y=5,\\x-y=1\end{cases}\text{或}\begin{cases}x+y=5,\\x-y=-1.\end{cases}$$

解得原方程组的解为

$$(x,y)=(3,2)\text{或}(2,3).$$

例2 解方程组:

$$\begin{cases}2x^2+5xy+2y^2+x+y+1=0, & \cdots\cdots①\\x^2+4xy+y^2+12x+12y+10=0. & \cdots\cdots②\end{cases}$$

解 用 $(x+y)^2-2xy=x^2+y^2$ 对①②作替换,得

$$\begin{cases}2(x+y)^2+xy+(x+y)+1=0, & \cdots\cdots③\\(x+y)^2+2xy+12(x+y)+10=0. & \cdots\cdots④\end{cases}$$

由 2×③-④,得

$$3(x+y)^2-10(x+y)-8=0.$$

解之得

$$x+y=4\text{ 或 }x+y=-\frac{2}{3}.$$

将上式分别代入③,得

$$xy=-37\text{ 或 }xy=-\frac{11}{9}.$$

联立得方程组

$$\begin{cases}x+y=4,\\xy=-37\end{cases}\text{或}\begin{cases}x+y=-\dfrac{2}{3},\\xy=-\dfrac{11}{9}.\end{cases}$$

解之得原方程组的解为

$$\begin{cases}x_{1,2}=2\pm\sqrt{41},\\y_{1,2}=2\mp\sqrt{41}\end{cases}\text{或}\begin{cases}x_{3,4}=\dfrac{-1\pm2\sqrt{3}}{3},\\y_{3,4}=\dfrac{-1\mp2\sqrt{3}}{3}.\end{cases}$$

例3 解方程组:

$$\begin{cases}x^4+y^4=97,\\x+y=5.\end{cases}$$

解 设 $x=u+v,y=u-v$,将其代入原方程组,得

$$\begin{cases}(u+v)^4+(u-v)^4=97, & \cdots\cdots①\\2u=5. & \cdots\cdots②\end{cases}$$

把②代入①,消去 u,得

$$v=\pm\frac{1}{2}\text{或}v=\pm\frac{i\sqrt{151}}{2}. \qquad \cdots\cdots③$$

把②及 v 的四个值,代入 $x=u+v,y=u-v$ 中,得原方程组的解为

$$\begin{cases}x_1=2,\\y_1=3\end{cases}\text{或}\begin{cases}x_2=3,\\y_2=2\end{cases}\text{或}\begin{cases}x_{3,4}=\dfrac{5\pm i\sqrt{151}}{2},\\y_{3,4}=\dfrac{5\mp i\sqrt{151}}{2}.\end{cases}$$

二、第二类对称方程组的解法

第二类对称方程组求解的依据是一个同解定理.

同解定理 若 A,B 为整式,C 也为整式,那么方程 $AC=BC$ 与方程组

$$\begin{cases}A=B,\\C=0\end{cases}$$

是同解的.

例 1 解方程组:

$$\begin{cases}x^3=7x+3y, & \cdots\cdots①\\y^3=7y+3x. & \cdots\cdots②\end{cases}$$

解 由①+②得

$$x^3+y^3=10(x+y). \qquad \cdots\cdots③$$

由①−②得

$$x^3-y^3=4(x-y). \qquad \cdots\cdots④$$

根据同解定理,方程③与下面的方程组同解

$$\begin{cases} x+y=0, & \cdots\cdots⑤ \\ x^2-xy+y^2=10. & \cdots\cdots⑥ \end{cases}$$

方程④与下面的方程同解

$$\begin{cases} x-y=0, & \cdots\cdots⑦ \\ x^2+xy+y^2=4. & \cdots\cdots⑧ \end{cases}$$

由⑤⑥⑦⑧两两构成的方程组有

$$\begin{cases} x+y=0, \\ x-y=0 \end{cases} 或 \begin{cases} x+y=0, \\ x^2+xy+y^2=4 \end{cases}$$

$$或 \begin{cases} x-y=0, \\ x^2-xy+y^2=10 \end{cases} 或 \begin{cases} x^2+xy+y^2=4, \\ x^2-xy+y^2=10. \end{cases}$$

分别求之,得原方程组的解为

$$\begin{cases} x_1=0, \\ y_1=0 \end{cases} 或 \begin{cases} x_{2,3}=\pm 2, \\ y_{2,3}=\mp 2 \end{cases}$$

$$或 \begin{cases} x_{4,5}=\pm 10, \\ y_{4,5}=\pm 10 \end{cases} 或 \begin{cases} x_{6,7}=\pm\frac{1}{2}\pm\frac{\sqrt{13}}{2} \\ y_{6,7}=\pm\frac{1}{2}\mp\frac{\sqrt{13}}{2}. \end{cases}$$

例2 解方程组:

$$\begin{cases} x^3=5y, & \cdots\cdots① \\ y^3=5x. & \cdots\cdots② \end{cases}$$

解 由①得 $y=\frac{x^3}{5}$,将它代入②,得

$$\frac{x^9}{125}=5x, 即\ x(x^8-54)=0.$$

据同解定理,得其同解方程组为

$$\begin{cases} x=0, & \cdots\cdots③ \\ x^8-5^4=0. & \cdots\cdots④ \end{cases}$$

由④得

$$x^4=25, \quad \cdots\cdots⑤$$

或

$$x^4=-25. \quad \cdots\cdots⑥$$

由⑤得

$$x=\pm\sqrt{5} \text{ 或 } x=\pm i\sqrt{5}.$$

由⑥得

$$x^2=5i \text{ 或 } x^2=-5i,$$

也就是

$$x^2=5(\cos 90°+i\sin 90°) \text{ 或 } x^2=5(\cos 90°-i\sin 90°).$$

解得

$$x=\frac{\pm\sqrt{10}(1+i)}{2} \text{ 或 } x=\frac{\pm\sqrt{10}(1-i)}{2}.$$

由①+②得

$$x^3+y^3=5(x+y).$$

它与下列方程组同解

$$\begin{cases} x^2-xy+y^2=5, & \cdots\cdots⑦ \\ x+y=0. & \cdots\cdots⑧ \end{cases}$$

把 $x=0,\pm\sqrt{5}$ 代入②,得原方程组的解

$$\begin{cases} x_1=0, \\ y_1=0 \end{cases} \text{或} \begin{cases} x_{2,3}=\pm\sqrt{5}, \\ y_{2,3}=\pm\sqrt{5}. \end{cases}$$

再把 $x=\pm i\sqrt{5},\frac{\pm\sqrt{10}(1+i)}{2},\frac{\pm\sqrt{10}(1-i)}{2}$ 分别代入⑧中,得原方程组的解为

$$\begin{cases} x_{4,5}=\pm i\sqrt{5}, \\ y_{4,5}=\mp i\sqrt{5} \end{cases} \text{或} \begin{cases} x_{6,7}=\frac{\pm\sqrt{10}(1+i)}{2}, \\ y_{6,7}=\frac{\mp\sqrt{10}(1+i)}{2} \end{cases} \text{或} \begin{cases} x_{8,9}=\frac{\pm\sqrt{10}(1-i)}{2}, \\ y_{8,9}=\frac{\mp\sqrt{10}(1-i)}{2}. \end{cases}$$

§ 24　相除法

所谓相除法，就是把方程 $F(x, y, \cdots, z)=\varphi(x, y, \cdots, z)$ 同解变形为 $\dfrac{f_1\cdot f_2\cdot\cdots\cdot f_m}{\varphi_1\cdot\varphi_2\cdot\cdots\cdot\varphi_n}=0$ 的形式，或者在方程的两边同除以不等于零的常数，或同除以一个非零的函数式，使得原来的方程降次或得到简化，从而达到求解的目的.

例 1　解方程组：

$$\begin{cases}x^4+x^2y^2+y^4=21, & \cdots\cdots① \\ x^2+xy+y^2=7. & \cdots\cdots②\end{cases}$$

解　由①/②，得

$$x^2-xy+y^2=3. \qquad \cdots\cdots③$$

由(②+③)/2 和②−③分别得

$$\begin{cases}x^2+y^2=5, & \cdots\cdots④ \\ 2xy=4. & \cdots\cdots⑤\end{cases}$$

由④+⑤及④−⑤，再开平方，得

$$\begin{cases}x+y=3, \\ x-y=1\end{cases} 或 \begin{cases}x+y=3, \\ x-y=-1\end{cases} 或 \begin{cases}x+y=-3, \\ x-y=1\end{cases} 或 \begin{cases}x+y=-3, \\ x-y=-1.\end{cases}$$

由此求得原方程组的解为

$$\begin{cases}x_1=2, \\ y_1=1\end{cases} 或 \begin{cases}x_2=1, \\ y_2=2\end{cases} 或 \begin{cases}x_3=-1, \\ y_3=-2\end{cases} 或 \begin{cases}x_4=-2, \\ y_4=-1.\end{cases}$$

例 2　解方程组：

$$\begin{cases}x^3-y^3=-3(x+1)y, & \cdots\cdots① \\ x^2+xy+y^2=x+1. & \cdots\cdots②\end{cases}$$

解　由①/②得

$$x-y=-3y, \qquad \cdots\cdots③$$

或者

$$\begin{cases} x^2+xy+y^2=0, & \cdots\cdots④ \\ x+1=0. & \cdots\cdots⑤ \end{cases}$$

解②③与④⑤,得原方程组的解

$$\begin{cases} x_1=2, \\ y_1=-1 \end{cases} 或 \begin{cases} x_2=-\dfrac{2}{3}, \\ y_2=\dfrac{1}{3} \end{cases} 或 \begin{cases} x_{3,4}=-1, \\ y_{3,4}=\dfrac{1\pm i\sqrt{3}}{2}. \end{cases}$$

例3 解方程组:

$$\begin{cases} (x+y)^2=x, & \cdots\cdots① \\ x^2-y^2=-6y. & \cdots\cdots② \end{cases}$$

解 由①/②得

$$\frac{x+y}{x-y}=-\frac{x}{6y}. \quad \cdots\cdots③$$

去分母,得

$$x^2+5xy+6y^2=0,$$

析因,得

$$(x+2y)(x+3y)=0.$$

将 $x=-2y$ 或 $x=-3y$ 代入②,得原方程组的解

$$\begin{cases} x_1=0, \\ y_1=0 \end{cases} 或 \begin{cases} x_2=4, \\ y_2=-2 \end{cases} 或 \begin{cases} x_3=\dfrac{9}{4}, \\ y_3=-\dfrac{3}{4}. \end{cases}$$

例4 解方程:$3\sin^2 x-4\sin x\cdot\cos x+5\cos^2 x=2$.

解 原方程化为

$$3\sin^2 x-4\sin x\cdot\cos x+5\cos^2 x-2(\sin^2 x+\cos^2 x)=0,$$

等价于

$$\sin^2 x-4\sin x\cdot\cos x+3\cos^2 x=0.$$

在方程的两边同除以 $\cos^2 x(\cos^2 x\neq 0)$,得

$$\tan^2 x-4\tan x+3=0.$$

解之得

$$\tan x=1\text{ 或 }\tan x=3.$$

所以原方程的解为

$$x=k\pi+\frac{\pi}{4}\text{ 或 }x=k\pi+\arctan 3\ (k\in\mathbf{Z}).$$

例5 解方程：$2x^5+5x^4-13x^3-13x^2+5x+2=0$.

解 方程左边析因得

$$(x+1)(2x^4+3x^3-16x^2+3x+2)=0,$$

故得

$$x+1=0\text{ 或 }2x^4+3x^3-16x^2+3x+2=0.$$

由 $x+1=0$，得 $x_1=-1$. 在 $2x^4+3x^3-16x^2+3x+2=0$ 的两边除以 $x^2(x^2\neq 0)$，得

$$2\left(x^2+\frac{1}{x^2}\right)+3\left(x+\frac{1}{x}\right)-16=0.$$

令 $y=x+\frac{1}{x}$，则 $y^2-2=x^2+\frac{1}{x^2}$. 故上面的方程可化为

$$2(y^2-2)+3y-16=0,$$

即

$$2y^2+3y-20=0.$$

解得 $y=-4$或$y=\frac{5}{2}$. 将它们分别代入所设 $x+\frac{1}{x}=y$ 中，得原方程的解为

$$x_1=-1,\ x_2=\frac{1}{2},\ x_3=2,\ x_4=-2+\sqrt{3},\ x_5=-2-\sqrt{3}.$$

例6 解方程：$4x^6-12x^5+5x^4+5x^2+12x+4=0$.

解 原方程可以化为

$$4(x^6+1)-12x(x^4-1)+5x^2(x^2+1)=0.$$

析因合并，得

$$(x^2+1)(4x^4-12x^3+x^2+12x+4)=0.$$

由此可得

$$x^2+1=0 \text{ 或 } 4x^4-12x^3+x^2+12x+4=0.$$

由 $x^2+1=0$，得 $x_1=i, x_2=-i$. 在方程 $4x^4-12x^3+x^2+12x+4=0$ 的两边除以 $x^2(x^2\neq 0)$，得

$$4\left(x^2+\frac{1}{x^2}\right)-12\left(x-\frac{1}{x}\right)+1=0.$$

设 $y=x-\frac{1}{x}$，则 $y^2+2=x^2+\frac{1}{x^2}$. 上面的方程可化为

$$4(y^2+2)-12y+1=0,$$

即

$$4y^2-12y+9=0.$$

解得二重根 $y=\frac{3}{2}$，以此代入所设 $y=x-\frac{1}{x}$，得二重根

$$x_{3,4}=-\frac{1}{2},\ x_{5,6}=2.$$

所以原方程的解为

$$x_{1,2}=\pm i,\ x_{3,4}=-\frac{1}{2},\ x_{5,6}=2.$$

例 7 解方程组：

$$\begin{cases}(x+y)(x^2-y^2)=-25, & \cdots\cdots① \\ (x-y)(x^2-2y^2)=14. & \cdots\cdots②\end{cases}$$

解 当 $x\neq y$ 时，①/②得

$$\frac{(x+y)^2}{x^2-2y^2}=\frac{-25}{14}.$$

去分母，得

$$14(x+y)^2=-25x^2+50y^2,$$

即

$$39x^2+28xy-36y^2=0.$$

解得

$$x=\frac{2y}{3} \text{ 或 } x=-\frac{18y}{13}(\text{舍去}).$$

将 $x=\frac{2y}{3}$ 代入②,得

$$y^3=27$$
$$\Leftrightarrow y^3=27(\cos 0+i\sin 0)$$
$$\Leftrightarrow y=3\left(\cos\frac{2k\pi}{3}+i\sin\frac{2k\pi}{3}\right)(k=0,1,2).$$

解得

$$y_1=3,\ y_2=\frac{3(-1+i\sqrt{3})}{2},\ y_3=\frac{-3(1+i\sqrt{3})}{2}.$$

将它们代入 $x=\frac{2y}{3}$,得原方程组的解为

$$\begin{cases}x_1=2,\\y_1=3\end{cases}或\begin{cases}x_2=-1+i\sqrt{3},\\y_2=\frac{3(-1+i\sqrt{3})}{2}\end{cases}或\begin{cases}x_3=-1-i\sqrt{3},\\y_3=\frac{-3(1+i\sqrt{3})}{2}.\end{cases}$$

§ 25　倒数方程的解法

形如 $f(x)=a_0x^n+a_1x^{n-1}+\cdots+a_{n-1}x+a_n=0$ 的方程,若称之为倒数方程,根据它的特征可以分为以下两类:

(1)如果 α 是复数域 C 上 n 次方程 $f(x)=0$ 的根,则 $\frac{1}{\alpha}$ 也是它的根.这类方程叫做第一类倒数方程.它的首末等距离的两项系数都相等,没有等于零的根.

(2)如果 β 是复数域 C 上 n 次方程 $f(x)=0$ 的根,则 $-\frac{1}{\beta}$ 也是它的根.这类方程叫做第二类倒数方程.它的首末等距离偶次项系数相等,而首末等距离奇数项系数互为相反数,也没有等于零的根.

一、倒数方程的类别及性质

定理1　在复数域 C 上的 n 次方程

$$f(x)=a_0x^n+a_1x^{n-1}+\cdots+a_{n-1}x+a_n=0$$

为第一类倒数方程的充要条件是

$$f(x)=\pm x^n\cdot f\left(\frac{1}{x}\right).$$

(1)若 $f(x)=x^n\cdot f\left(\frac{1}{x}\right)$,也就是 $a_{n-k}=a_k(k=0,1,2,\cdots,n)$,它表明首末等距离两项系数相等.此时 $n=2k+1$, $f(x)=0$ 为一奇数次的倒数方程,它必有根 $x=-1$,即 $f(x)=(x+1)\cdot q(x)$, $q(x)=0$ 是满足此类条件的偶数次倒数方程.

(2)若 $f(x)=-x^n\cdot f\left(\frac{1}{x}\right)$,也就是 $a_{n-k}=-a_k(k=0,1,2,\cdots,n)$,它表明首末等距离两项系数是互为相反的数.此时 $n=2k+1$, $f(x)=0$ 为一奇数次倒数方程,它必有根 $x=1$,即 $f(x)=(x-1)\cdot q(x)$, $q(x)=0$ 是满足此类条件的偶数次倒数方程.此时 $n=2k$, $f(x)=0$,必有根 $x=\pm1$,即 $f(x)=(x^2-1)\cdot q(x)$,则 $q(x)=0$ 是满足条件①的偶数次倒数方程.

定理2 在复数域**C**上的 n 次方程

$$f(x)=a_0x^n+a_1x^{n-1}+\cdots+a_{n-1}x+a_n=0$$

为第二类倒数方程的充要条件是

$$f(x)=\varepsilon\cdot x^n\cdot f\left(\frac{1}{x}\right),$$

其中当 $n=2k$ 时, $\varepsilon=\pm1$;当 $n=2k+1$ 时, $\varepsilon=\pm i$.

不存在实系数奇数次的第二类倒数方程,但存在虚系数奇数次的第二类倒数方程.

(1)当满足条件 $\varepsilon=i$, $n=4k+1$, k 为奇数,或 $\varepsilon=-i$, $n=4k+3$, k 为偶数时,方程有根 $x=i$,除去这个根后,所得降次方程为第二类倒数方程.

(2)当满足条件 $\varepsilon=i$, $n=4k+3$, k 为偶数,或 $\varepsilon=-i$, $n=4k+1$, k 为奇数,方程有根 $x=-i$,除去这个根后,所得降次方程为第二类偶次倒数方程.

二、倒数方程的解法

(1)若 $f(x)=0$ 为第一类倒数方程,方程次数 $\partial(f(x))=2k$,作变换 $y=x+\dfrac{1}{x}$,便可把原方程转化为关于 y 的 k 次方程,使方程的次数降低一半再解之.

(2)若 $f(x)=0$ 为第二类倒数方程,方程的次数 $\partial(f(x))=2k$,作变换 $y=x-\dfrac{1}{x}$,使得原方程转化为关于 y 的 k 次方程,使得方程的次数降低一半再解之.

例1 解方程: $x^4-2x^3+2x^2-2x+1=0$.

解 它是满足条件(1)的第一类偶数次倒数方程,用 x^2 除以方程的两边,再集项,得

$$\left(x^2+\frac{1}{x^2}\right)-2\left(x+\frac{1}{x}\right)+2=0.$$

作变换 $y=x+\dfrac{1}{x}$,得 $x^2+\dfrac{1}{x^2}=y^2-2$,代入上面的方程,得 $y^2-2y=0$,解得 $y_1=2$, $y_2=0$.将它们分别代入所设的变换式中,得

$$x+\frac{1}{x}=2 \text{ 或 } x+\frac{1}{x}=0,$$

即

$$x^2-2x+1=0 \text{ 或 } x^2+1=0.$$

解之,得原方程的根为

$$x_{1,2}=1, \quad x_3=i, \quad x_4=-i.$$

例2 解方程: $x^5-11x^4+36x^3-36x^2+11x-1=0$.

解 这是满足条件(2)的第一类奇数次倒数方程,除去 $x=1$ 的根后,剩下的是满足条件(1)的第一类偶数次倒数方程.将原方程的左端集项,得

$$(x^5-1)-11x(x^3-1)+36x^2(x-1)=0.$$

析因得

$$(x-1)(x^4-10x^3+26x^2-10x+1)=0.$$

推得 $x_1=1$,及方程

$$x^4-10x^3+26x^2-10x+1=0.$$

在上面方程两边同除以 x^2,得

$$\left(x^2+\frac{1}{x^2}\right)-10\left(x+\frac{1}{x}\right)+26=0.$$

设 $y=x+\frac{1}{x}$,则 $y^2=x^2+\frac{1}{x^2}+2$.上面方程化为

$$y^2-10y+24=0.$$

解之得 $y_1=6$, $y_2=4$.将它们代入所设关系式中,得

$$x+\frac{1}{x}=6\text{ 或 }x+\frac{1}{x}=4,$$

即

$$x^2-6x+1=0\text{ 或 }x^2-4x+1=0.$$

解之得

$$x_{2,3}=3\pm2\sqrt{2},\ x_{4,5}=2\pm\sqrt{3}.$$

例3 解方程: $x^{10}-3x^8+5x^6-5x^4+3x^2-1=0$.

解 这是满足条件(2)的第一类偶数次倒数方程,故有根 $x=\pm1$.将原方程左边析因,得

$$(x^2-1)(x^8-2x^6+3x^4-2x^2+1)=0.$$

故得

$$x^2-1=0\text{ 及 }x^8-2x^6+3x^4-2x^2+1=0.$$

由 $x^2-1=0$,得 $x_{1,2}=\pm1$.由方程 $x^8-2x^6+3x^4-2x^2+1=0$ 两边同除以 x^4,令 $y=x+\frac{1}{x}$,得

$$y^4-6y^2+9=0.$$

解得 $y=\pm\sqrt{3}$,将其代入 $y=x+\frac{1}{x}$,分别解得

$$x_{3,4}=\frac{\sqrt{3}\pm i}{2},\ x_{5,6}=\frac{-\sqrt{3}\pm i}{2}.$$

例4 解方程：$2x^4-3x^3-4x^2+3x+2=0$.

解 此方程是第二类倒数方程，满足 $\varepsilon=1, n=2k, k=2$ 的条件，两边除以x^2，集项得

$$3\left(x^2+\frac{1}{x^2}\right)-3\left(x-\frac{1}{x}\right)-4=0.$$

设 $y=x-\frac{1}{x}$，则 $x^2+\frac{1}{x^2}=y^2+2$，将它们代入上面的方程，得

$$2y^2-3y=0.$$

解得 $y=0$ 或 $\frac{3}{2}$. 代入所设，得

$$x-\frac{1}{x}=0 \text{ 或 } x-\frac{1}{x}=\frac{3}{2},$$

即

$$x^2-1=0 \text{ 或 } 2x^2-3x-2=0.$$

解之，得原方程的根为

$$x_{1,2}=\pm1,\ x_3=2,\ x_4=-\frac{1}{2}.$$

例5 解方程：$4x^6-12x^5+5x^4+5x^2+12x+4=0$.

解 此方程为第二类倒数方程，满足条件 $\varepsilon=1, k=3$ 为奇数的条件，故有根 $x=\pm i$，因而方程的左端可分解成

$$(x^2+1)(4x^4-12x^3+x^2+12x+4)=0.$$

由 $x^2+1=0$，得 $x_{1,2}=\pm i$. 由方程 $4x^4-12x^3+x^2+12x+4=0$ 的两边同除以x^2，集项得

$$4\left(x^2+\frac{1}{x^2}\right)-12\left(x-\frac{1}{x}\right)+1=0.$$

设 $y=x-\frac{1}{x}$，代入上面的方程中，得

$$4y^2-12y+9=0.$$

解得 $y_1=y_2=\frac{3}{2}$，将其代入所设中，得

$$2x^2-3x+2=0.$$

故解得 x 的二重根

$$x_{3,4}=2,\ x_{5,6}=-\frac{1}{2}.$$

例 6 解方程：$x^4+2x^3+2x-1=0$.

解 此方程为第二类倒数方程，它符合 $\varepsilon=-1, n=2k, k=2$，故而有根 $x=\pm i$，原方程左端可析因成

$$(x^2+1)(x^2+2x-1)=0.$$

由 $x^2+1=0$，得 $x_{1,2}=\pm i$；由 $x^2+2x-1=0$，得 $x_3=-1+\sqrt{2}, x_4=-1-\sqrt{2}$.

例 7 解方程：$x^5+2x^4-x^3+x^2-2x-1=0$.

解 此方程为满足条件(2)的第一类奇数次倒数方程，因而有根 $x=1$. 方程左端析因后，可写成

$$(x-1)(x^4+3x^3+2x^2+3x+1)=0.$$

由 $x-1=0$，得 $x_1=1$. 由方程 $x^4+3x^3+2x^2+3x+1=0$ 两边同除以 x^2，再集项得

$$\left(x^2+\frac{1}{x^2}\right)+3\left(x+\frac{1}{x}\right)+2=0.$$

设 $y=x+\frac{1}{x}$，则 $y^2-2=x^2+\frac{1}{x^2}$，代入上面的方程，得

$$y^2+3y=0.$$

解得 $y_1=0,\ y_2=-3$. 将它们代入所设，得

$$x^2+1=0 \text{ 或 } x^2+3x+1=0.$$

解之得

$$x_{2,3}=\pm i,\ x_{4,5}=\frac{-3\pm\sqrt{5}}{2}.$$

例 8 解方程：$2x^5+5x^4-13x^3-13x^2+5x+2=0$.

解 此方程是满足条件(1)的第一类奇数次倒数方程，故有根 $x=-1$. 因而方程可写成

$$(x+1)(2x^4+3x^3-16x^2+3x+2)=0.$$

由 $x+1=0$，解得 $x_1=-1$. 由方程 $2x^4+3x^3-16x^2+3x+2=0$ 的两边除

以x^2,再集项,得

$$2\left(x^2+\frac{1}{x^2}\right)+3\left(x+\frac{1}{x}\right)-16=0.$$

设 $y=x+\frac{1}{x}$,则 $y^2-2=x^2+\frac{1}{x^2}$,代入上面的方程,得

$$2y^2+3y-20=0.$$

解之得 $y_1=-4$, $y_2=\frac{5}{2}$,分别代入所设,得

$$x^2+4x+1=0 \text{ 或 } 2x^2+5x+2=0.$$

解之得

$$x_{2,3}=-2\pm\sqrt{3},\ x_4=2,\ x_5=\frac{1}{2}.$$

例9 解方程: $6x^6-7x^5-30x^4-30x^2+7x+6=0.$

解 此倒数方程存在非零常数项6,故 $x=0$ 不是方程的根.可将方程两边除以x^3,化为

$$6\left(x^3+\frac{1}{x^3}\right)-7\left(x^2-\frac{1}{x^2}\right)-30\left(x+\frac{1}{x}\right)=0.$$

将方程左边析因,得

$$\left(x+\frac{1}{x}\right)\left[6\left(x^2+\frac{1}{x^2}\right)-7\left(x-\frac{1}{x}\right)-36\right]=0.$$

由 $x+\frac{1}{x}=0$,即 $x^2+1=0$,解得 $x_{1,2}=\pm i$.

设 $y=x-\frac{1}{x}$,则得 $y^2+2=x^2+\frac{1}{x^2}$,将其代入方程

$$6\left(x^2+\frac{1}{x^2}\right)-7\left(x-\frac{1}{x}\right)-36=0,$$

得

$$6y^2-7y-24=0.$$

解得 $y_1=-\frac{3}{2}$, $y_2=\frac{8}{3}$.将其代入所设,得

$$2x^2+3x-2=0 \text{ 及 } 3x^2-8x-3=0.$$

解之得

$$x_3=-2,\ x_4=\frac{1}{2},\ x_5=3,\ x_6=-\frac{1}{3}.$$

§ 26　开方法

所谓开方法，是指在求解某些特殊方程时，利用棣美弗公式（Demoivre formulate）或其他代数公式开方求解的方法.

开方法常用于解二项方程、双二次方程、三项方程等，其理论根据是：

（1）棣美弗公式：

已知复数 $z=r(\cos\varphi+i\sin\varphi)$，它的 n 次方根为

$$\begin{aligned}\sqrt[n]{z}&=\sqrt[n]{r(\cos\varphi+i\sin\varphi)}\\&=\sqrt[n]{r}\left(\cos\frac{\varphi+2k\pi}{n}+i\sin\frac{\varphi+2k\pi}{n}\right)\ (k=0,1,2,\cdots,n-1).\end{aligned}$$

n 次方根的模等于其原来的模数的 n 次方根，而幅角等于其原来幅角 φ 除以根指数 n.

（2）复数 $z=a+bi$，求 z 开平方的公式：

当 $b>0$ 时，$\sqrt{a+bi}=\pm\left(\sqrt{\dfrac{\sqrt{a^2+b^2}+a}{2}}+i\cdot\sqrt{\dfrac{\sqrt{a^2+b^2}-a}{2}}\right)$；

当 $b<0$ 时，$\sqrt{a+bi}=\pm\left(\sqrt{\dfrac{\sqrt{a^2+b^2}+a}{2}}-i\cdot\sqrt{\dfrac{\sqrt{a^2+b^2}-a}{2}}\right)$.

例 1　解二项方程：$x^5+32=0$.

解　由于

$$x^5=-32=32(\cos\pi+i\sin\pi),$$

所以

$$x=\sqrt[5]{32}\left(\cos\frac{\pi+2k\pi}{5}+i\cdot\sin\frac{\pi+2k\pi}{5}\right)(k=0,1,2,3,4).$$

即

$$k=0: x_1=2\left(\cos\frac{\pi}{5}+i\cdot\sin\frac{\pi}{5}\right),$$

$$k=1: x_2=2\left(\cos\frac{3\pi}{5}+i\cdot\sin\frac{3\pi}{5}\right),$$

$$k=2: x_3=2(\cos\pi+i\cdot\sin\pi)=-2,$$

$$k=3: x_4=2\left(\cos\frac{7\pi}{5}+i\cdot\sin\frac{7\pi}{5}\right),$$

$$k=4: x_5=2\left(\cos\frac{9\pi}{5}+i\cdot\sin\frac{9\pi}{5}\right).$$

例2 解二项方程：$x^6+27=0$.

解 由于

$$x^6=-27=27(\cos\pi+i\cdot\sin\pi),$$

所以

$$x=\sqrt{3}\left(\cos\frac{\pi+2k\pi}{6}+i\cdot\sin\frac{\pi+2k\pi}{6}\right)(k=0,1,2,3,4,5).$$

即

$$k=0: x_1=\sqrt{3}\left(\cos\frac{\pi}{6}+i\cdot\sin\frac{\pi}{6}\right)=\frac{3}{2}+i\cdot\frac{\sqrt{3}}{2},$$

$$k=1: x_2=\sqrt{3}\left(\cos\frac{\pi}{2}+i\cdot\sin\frac{\pi}{2}\right)=\sqrt{3}\cdot i,$$

$$k=2: x_3=\sqrt{3}\left(\cos\frac{5\pi}{6}+i\cdot\sin\frac{5\pi}{6}\right)=-\frac{3}{2}+i\cdot\frac{\sqrt{3}}{2},$$

$$k=3: x_4=\sqrt{3}\left(\cos\frac{7\pi}{6}+i\cdot\sin\frac{7\pi}{6}\right)=-\frac{3}{2}-i\cdot\frac{\sqrt{3}}{2},$$

$$k=4: x_5=\sqrt{3}\left(\cos\frac{3\pi}{2}+i\cdot\sin\frac{3\pi}{2}\right)=-\sqrt{3}\cdot i,$$

$$k=5: x_6=\sqrt{3}\left(\cos\frac{11\pi}{6}+i\cdot\sin\frac{11\pi}{6}\right)=\frac{3}{2}-i\cdot\frac{\sqrt{3}}{2}.$$

例3 解方程：$x^2-8-6i=0$.

解 由于

$$x^2=8+6i,$$

其中 $a=8,b=6$,将其代入开平方公式中,得

$$x_{1,2}=\pm\left(\sqrt{\frac{\sqrt{8^2+6^2}+8}{2}}+i\cdot\sqrt{\frac{\sqrt{8^2+6^2}-8}{2}}\right).$$

所以方程的解为

$$x_{1,2}=\pm(3+i).$$

例4 解方程:$x^4-7-24i=0$.

解 由于 $x^4=7+24i$,所以 $x=\sqrt{\sqrt{-7-24i}}$.

因为

$$\sqrt{-7-24i}=\pm\left(\sqrt{\frac{\sqrt{7^2+24^2}+(-7)}{2}}-i\cdot\sqrt{\frac{\sqrt{7^2+24^2}-(-7)}{2}}\right)$$
$$=\pm(3-4i),$$

又因为

$$\sqrt{3-4i}=\pm(2-i),\quad \sqrt{-3+4i}=\pm(1+2i),$$

所以原方程的解为

$$x_{1,2}=\pm(2-i),\quad x_{3,4}=\pm(1+2i).$$

例5 解方程:$(x^3+1)^2+3=0$.

解 原方程展开、合并,得

$$x^6+2x^3+4=0.$$

解得

$$x^3=-1\pm i\cdot\sqrt{3}=2\left(-\frac{1}{2}\pm i\cdot\frac{\sqrt{3}}{2}\right).$$

由于

$$2\left(-\frac{1}{2}+i\cdot\frac{\sqrt{3}}{2}\right)=2\left(\cos\frac{2\pi}{3}+i\cdot\sin\frac{2\pi}{3}\right),$$

$$2\left(-\frac{1}{2}-i\cdot\frac{\sqrt{3}}{2}\right)=2\left(\cos\frac{4\pi}{3}+i\cdot\sin\frac{4\pi}{3}\right),$$

所以原方程的解为

$$x_1=\sqrt[3]{2}\left(\cos\frac{2\pi}{9}+i\cdot\sin\frac{2\pi}{9}\right),\ x_2=\sqrt[3]{2}\left(\cos\frac{4\pi}{9}+i\cdot\sin\frac{4\pi}{9}\right),$$

$$x_3=\sqrt[3]{2}\left(\cos\frac{8\pi}{9}+i\cdot\sin\frac{8\pi}{9}\right),\ x_4=\sqrt[3]{2}\left(\cos\frac{10\pi}{9}+i\cdot\sin\frac{10\pi}{9}\right),$$

$$x_5=\sqrt[3]{2}\left(\cos\frac{14\pi}{9}+i\cdot\sin\frac{14\pi}{9}\right),\ x_6=\sqrt[3]{2}\left(\cos\frac{16\pi}{9}+i\cdot\sin\frac{16\pi}{9}\right).$$

例6 解方程：$x^3=-2+2i$.

解 由于

$$x^3=-2+2i=2\sqrt{2}\left(\cos\frac{3\pi}{4}+i\cdot\sin\frac{3\pi}{4}\right),$$

所以原方程的解为

$$x_1=\sqrt{2}\left(\cos\frac{\pi}{4}+i\cdot\sin\frac{\pi}{4}\right)=1+i,$$

$$x_2=\sqrt{2}\left[\cos\left(\frac{\pi}{4}+\frac{2\pi}{3}\right)+i\cdot\sin\left(\frac{\pi}{4}+\frac{2\pi}{3}\right)\right]=-\frac{\sqrt{3}+1}{2}+i\cdot\frac{\sqrt{3}-1}{2},$$

$$x_3=\sqrt{2}\left[\cos\left(\frac{\pi}{4}+\frac{4\pi}{3}\right)+i\cdot\sin\left(\frac{\pi}{4}+\frac{4\pi}{3}\right)\right]=\frac{\sqrt{3}-1}{2}-i\cdot\frac{\sqrt{3}+1}{2}.$$

例7 解方程：$x^6-3x^3+2=0$.

解 由方程易得

$$x^3=1\text{ 或 }2.$$

由此得其解为

$$x_1=1,\ x_2=\omega,\ x_3=\omega^2,\ x_4=\sqrt[3]{2},\ x_5=\sqrt[3]{2}\,\omega,\ x_6=\sqrt[3]{2}\,\omega^2,$$

其中 $\omega=\dfrac{-1+i\sqrt{3}}{2}$.

我们还可以利用多项式开平方的方法，求解某些含有重根的一元高次方程.理论根据是：

假设

$$f(x)=(a+b+c+d+\cdots)^2=\sum a^2+2\sum ab\ \text{（表示同形项的和式）}$$

$$=a^2+(2a+b)\cdot b+[2(a+b)+c]\cdot c+[2(a+b+c)+d]\cdot d+\cdots=0,$$

由此恒等式可求出 $a,b,c,\cdots$，进而可求出 $a+b+c+d+\cdots=0$，得到方程的二重根.具体步骤如下：

① 设 $f(x)$ 最高次项的平方根为 a；

② $f(x)-a^2=R_1$，第一余式 R_1 的首项是 $2ab$，$2ab\div 2a=b$；

③ $R_1-(2a+b)\cdot b=R_2$，第二余式 R_2 的首项是 $2ac$，$2ac\div 2a=c$；

④ 若最后的第三余式为0，则 $f(x)$ 为完全平方式，解 $a+b+c=0$ 即可求出方程的二重根.

例8 解方程：$4x^4-4x^3+13x^2-6x+9=0$.

解 令 $f(x)=(a+b+c)^2+R$. 若 $R=0$，$f(x)$ 就是一个平方式，可以用 $a+b+c=0$ 解之，不同的根均为二重根.

$$\begin{array}{lrl}
 & f(x)=4x^4-4x^3+13x^2-6x+9 & \mid\ \underline{2x^2-x+3=a+b+c} \\
a^2=4x^4 & \underline{4x^4\qquad\qquad\qquad\qquad\qquad} & \\
 & -4x^3+13x^2-6x+9 & =R_1 \\
2a+b=4x^2-x & \underline{-4x^3+x^2\qquad\qquad\qquad} & \\
 & 12x^2-6x+9 & =R_2 \\
2(a+b)+c=4x^2-2x+3 & \underline{12x^2-6x+9} & \\
 & 0 & =R_3
\end{array}$$

所以

$$f(x)=(a+b+c)^2=0,$$

即

$$2x^2-x+3=0.$$

解之得原方程的二重根：

$$x_{1,2}=\frac{1+i\sqrt{23}}{4},\ x_{3,4}=\frac{1-i\sqrt{23}}{4}.$$

例9 解方程：$49-84x-34x^2+60x^3+25x^4=0$.

解 设 $f(x)=(a+b+c)^2+R$. 若 $R=0$，则 $f(x)$ 为完全平方式 $(a+b+c)^2$，进而解 $a+b+c=0$，即可求出 $f(x)=0$ 的二重根.a 也可以看成常数项的平方根，安排升幂来计算.

$$
\begin{array}{rl}
 & f(x)=49-84x-34x^2+60x^3+25x^4 \mid \underline{7-6x-5x^2=a+b+c} \\
a^2=49 & \underline{49 \qquad\qquad\qquad\qquad\qquad\qquad} \\
 & -84x-34x^2+60x^3+25x^4 \quad =R_1 \\
2a+b=14-6x & \underline{-84x+36x^2 \qquad\qquad} \\
 & -70x^2+60x^3+25x^4 \quad =R_2 \\
2(a+b)+c=14-12x-5x^2 & \underline{-70x^2+60x^3+25x^4} \\
 & 0 \quad =R_3
\end{array}
$$

所以

$$f(x)=(a+b+c)^2=0,$$

即

$$7-6x-5x^2=0.$$

解得原方程的二重根:

$$x_{1,2}=\frac{-3+2\sqrt{11}}{5},\ x_{3,4}=\frac{-3-2\sqrt{11}}{5}.$$

我们也可以利用多项式开立方的方法,求解有三重根的特殊的一元高次方程.理论根据是:

设

$$
\begin{aligned}
f(x)&=(a+b+c+d+\cdots)^3\\
&=a^3+(3a^2+3ab+b^2)\cdot b+[3(a+b)^2+3(a+b)\cdot c+c^2]\cdot c+\cdots=0,
\end{aligned}
$$

由此恒等式可求出 $a,b,c,\cdots$,进而可求出 $a+b+c+\cdots=0$,得到方程的三重根.具体步骤如下:

① 求出 $f(x)$ 首项的立方根 a;

② $f(x)-a^3=R_1$,第一余式 R_1 的首项是 $3a^2b$,故而 $3a^2b\div 3a^2=b$;

③ $R_1-(3a^2+3ab+b^2)\cdot b=R_2$,第二余式 R_2 的首项是 $3a^2c$,故而 $3a^2c\div 3a^2=c$;

④ 如此继续下去,直到次数低于 a^2 为止.如最后的余式为零,则 $f(x)$ 就是一个完全立方式.

例 10 解方程:$f(x)=x^6+6x^5+21x^4+44x^3+63x^2+54x+27=0.$

解 设 $f(x)=(a+b+c)^3+R$,若 $R=0$,则 $f(x)$ 为完全立方式.

$$
\begin{array}{rrl}
 & f(x)=x^6+6x^5+21x^4+44x^3+63x^2+54x+27 & \mid \underline{x^2+2x+3=a+b+c} \\
a^3= & \underline{x^6 \qquad\qquad\qquad\qquad\qquad} & \\
 & 6x^5+21x^4+44x^3+63x^2+54x+27 & =R_1 \\
(3a^2+3ab+b^2)\cdot b= & \underline{6x^5+12x^4+8x^3 \qquad\qquad\qquad} & \\
 & 9x^4+36x^3+63x^2+54x+27 & =R_2 \\
[3(a+b)^2+3(a+b)\cdot c+c^2]\cdot c= & \underline{9x^4+36x^3+63x^2+54x+27} & \\
 & 0 & =R_3
\end{array}
$$

由于 $R_3=0$,故 $f(x)$ 为完全立方式.故而得

$$f(x)=(x^2+2x+3)^3=0.$$

即

$$x^2+2x+3=0,$$

解之得 $f(x)=0$ 的两个三重根:

$$x_{1,2,3}=-1+i\sqrt{2},\ x_{4,5,6}=-1-i\sqrt{2}.$$

例 11 解方程:$f(x)=x^6+3x^5+6x^4+7x^3+6x^2+3x+1=0$.

解 设 $f(x)=(a+b+c)^3+R$,若 $R=0$,则 $f(x)$ 为完全立方式.

$$
\begin{array}{rrl}
 & f(x)=x^6+3x^5+6x^4+7x^3+6x^2+3x+1 & \mid \underline{x^2+x+1=a+b+c} \\
a^3= & \underline{x^6 \qquad\qquad\qquad\qquad\qquad} & \\
 & 3x^5+6x^4+7x^3+6x^2+3x+1 & =R_1 \\
(3a^2+3ab+b^2)\cdot b= & \underline{3x^5+3x^4+x^3 \qquad\qquad\qquad} & \\
 & 3x^4+6x^3+6x^2+3x+1 & =R_2 \\
[3(a+b)^2+3(a+b)\cdot c+c^2]\cdot c= & \underline{3x^4+6x^3+6x^2+3x+1} & \\
 & 0 & =R_3
\end{array}
$$

所以

$$f(x)=(a+b+c)^3=0.$$

即

$$x^2+x+1=0.$$

解之得原方程的两个三重根：

$$x_{1,2,3}=\omega,\ x_{4,5,6}=\omega^2,\text{其中}\omega=\frac{-1+i\sqrt{3}}{2}.$$

§ 27　定义域、值域讨论法

所谓定义域、值域讨论法，是指在解某些方程时，方程中所包含的函数其定义域与值域和方程的根紧密相关，往往可以通过对其函数的定义域与值域进行讨论，来确定方程的解.这种方法常用于解三角方程或反三角方程.

例 1　解方程：$3y-2\arcsin(x^2+1)=0$.

解　把原方程改写成

$$y=\frac{2}{3}\arcsin(x^2+1).$$

由反正弦函数的定义域，得

$$-1\leqslant x^2+1\leqslant 1,$$

推得 $-2\leqslant x^2\leqslant 0$. 而 $x\in\mathbf{R}$，$x^2\geqslant 0$，故可得 $x=0$. 因此

$$y=\frac{2}{3}\arcsin 1=\frac{2}{3}\cdot\frac{\pi}{2}=\frac{\pi}{3}.$$

所以原方程的解为 $x=0$，$y=\frac{\pi}{3}$.

例 2　求方程的实数解：

$$\sec^2 y=\frac{4ax}{(x+a)^2}.$$

解　由正割函数的值域知：$\sec^2 y\geqslant 1$，所以

$$\sec^2 y=\frac{4ax}{(x+a)^2}\geqslant 1.\qquad\cdots\cdots①$$

由分式函数的定义域知 $(x+a)^2\neq 0$，即 $x\neq -a$. 因此在实数域 $\mathbf{R}$ 里，就有 $(x+a)^2>0$.

又由①，去分母，得

$$4ax\geqslant (x+a)^2,$$

由此推出

$$(x-a)^2 \leqslant 0,$$

而在实数域 **R** 内,有 $(x-a)^2 \geqslant 0$. 因此推得 $x-a=0$,所以 $x=a$. 因此

$$\sec^2 y=\frac{4ax}{(x+a)^2}=\frac{4a^2}{4a^2}=1.$$

故而 $\sec y=\pm 1$,所以 $y=k\pi(k\in\mathbf{Z})$. 所以原方程的解为

$$x=a,\ \ y=k\pi(k\in\mathbf{Z}).$$

例 3 求方程的实数解:

$$x^2-2x\sin\frac{\pi x}{2}+1=0.$$

解 将原方程变为

$$\left(x-\sin\frac{\pi x}{2}\right)^2+\left(1-\sin^2\frac{\pi x}{2}\right)=0.\quad\cdots\cdots①$$

由于 $x\in\mathbf{R}$, $\sin\frac{\pi x}{2}\in\mathbf{R}$, $\left|\sin\frac{\pi x}{2}\right|\leqslant 1$. 故而

$$\left(x-\sin\frac{\pi x}{2}\right)^2\geqslant 0, 1-\sin^2\frac{\pi x}{2}\geqslant 0.$$

又由①知,两个非负实数的和为零,故这两个非负实数必为零,即

$$\begin{cases}x-\sin\frac{\pi x}{2}=0, & \cdots\cdots②\\ 1-\sin^2\frac{\pi x}{2}=0. & \cdots\cdots③\end{cases}$$

由②得 $\sin\frac{\pi x}{2}=x$,将其代入③,得

$$1-x^2=0.$$

所以原方程的解为 $x=\pm 1$.

例 4 解方程组:

$$\begin{cases}\sin x\cdot\sin y=a, & \cdots\cdots①\\ \cos x\cdot\cos y=b. & \cdots\cdots②\end{cases}$$

解 由②-①得 $\cos(x+y)=b-a$,

由②+①得 $\cos(x-y)=b+a$.

结合余弦函数的值域,得

$$-1 \leqslant b-a \leqslant 1,\ -1 \leqslant b+a \leqslant 1.$$

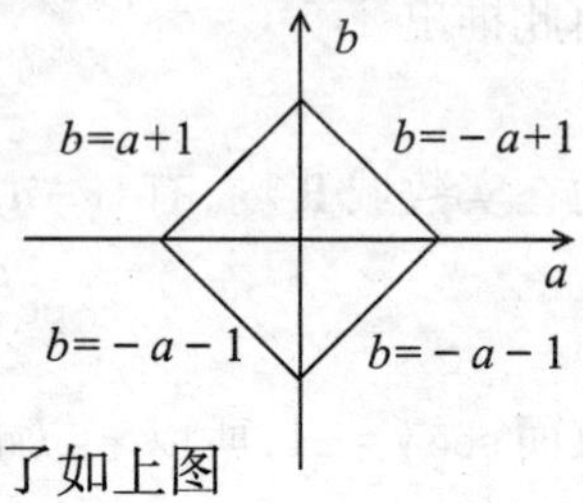

由上面的不等式,得

$$a-1 \leqslant b \leqslant a+1, \qquad \cdots\cdots ③$$

$$-a-1 \leqslant b \leqslant -a+1. \qquad \cdots\cdots ④$$

满足不等式③④的点$M(a,b)$的集合,形成了如上图的正方形(闭的),这个正方形由以下不等式给出:

$$\begin{cases}-a-1 \leqslant b \leqslant a+1, & -1 \leqslant a \leqslant 0,\\ a-1 \leqslant b \leqslant -a+1, & 0 \leqslant a \leqslant 1.\end{cases}$$

若a、b的值满足上述条件,则三角方程组与包含两个整数参变数m、n的两个一次方程组同解:

$$\begin{cases}x+y= \pm\arccos(b-a)+2mx,\\ x-y= \pm\arccos(b+a)+2nx.\end{cases}$$

由此得

$$\begin{cases}x=\dfrac{\pm\arccos(b-a) \pm \arccos(b+a)}{2}+(m+n)\pi,\\ y=\dfrac{\pm\arccos(b-a) \mp \arccos(b+a)}{2}+(m-n)\pi.\end{cases}$$

上式中如设$m+n=k$,$m-n=l$,k与l不能是任意整数,必须是具备同样奇偶性的数,因为在这样的条件下才可能是整数.

例5 解方程:$\log_a(\sin x+\cos x)=b$.

解 原方程与以下方程同解:

$$\sin x+\cos x=a^b \text{ 或 } \sin\left(x+\frac{\pi}{4}\right)=\frac{a^b}{\sqrt{2}}. \qquad \cdots\cdots ①$$

若①有解,则必须满足以下的条件:

$$\left|\frac{a^b}{\sqrt{2}}\right| \leqslant 1 \text{ 或 } 0<a^b \leqslant \sqrt{2}. \qquad \cdots\cdots ②$$

若$a>1$,函数$y=a^b$为增函数,故②与下列不等式等价

$$-\infty < b \leqslant \frac{1}{2}\log_a 2.$$

若 $a<1$，函数 $y=a^b$ 为减函数，故②与下列不等式等价：

$$\frac{1}{2}\log_a 2 \leqslant b < +\infty.$$

因此原方程在条件②下的解为

$$x=(-1)^n \arcsin\frac{a^b}{\sqrt{2}}-\frac{\pi}{4}+n\pi(n\in\mathbf{Z}).$$

例 6 解方程：$2\arccos x=\arcsin(2x\sqrt{1-x^2})$.

解 在原方程的两边取正弦

$$\sin(2\arccos x)=\sin[\arcsin(2x\sqrt{1-x^2})]. \qquad \cdots\cdots①$$

由于 $\sin 2\alpha=2\sin\alpha\cos\alpha$，所以

$$\begin{aligned}\sin(2\arccos x)&=2\sin(\arccos x)\cdot\cos(\arccos x)\\&=2\sqrt{1-x^2}\cdot x=2x\sqrt{1-x^2}.\end{aligned}$$

又因为

$$\sin[\arcsin(2x\sqrt{1-x^2})]=2x\sqrt{1-x^2},$$

再由①得

$$2x\sqrt{1-x^2}=2x\sqrt{1-x^2}.$$

至此我们得出了一个恒等式，但这不是说 x 可以取任何值，其实 $x<\frac{1}{\sqrt{2}}$，对于这样的值就有

$$\frac{\pi}{2}<2\arccos x\leqslant 2\pi.$$

但是 $-\frac{\pi}{2}<\arcsin(2x\sqrt{1-x^2})<\frac{\pi}{2}$，所以在闭区间 $\left[\frac{1}{\sqrt{2}},\ 1\right]$ 上的任何 x 的实数值都是原方程的解.

§ 28 函数单调性法

设函数 $y=f(x)$ 在区间 M 上：若 $x_1<x_2$ 时，有 $f(x_1)<f(x_2)$ 恒成立，

则称 $f(x)$ 为增函数；若 $x_1<x_2$ 时，有 $f(x_1)>f(x_2)$ 恒成立，则称 $f(x)$ 为减函数.在区间 M 上的增函数或减函数，统称为该区间上的单调函数.

对于某些方程，可以利用函数的单调性来确定方程的解，这种方法我们称之为函数单调性法.

例1 解方程：$2^{\sqrt{3x-2y}}+5^{\sqrt{2y-9}}=2$.

解 由于左边两个指数函数的底数都大于1，且

$$\sqrt{3x-2y}\geqslant 0,\quad \sqrt{2y-9}\geqslant 0,$$

所以

$$2^{\sqrt{3x-2y}}\geqslant 1,\ 5^{\sqrt{2y-9}}\geqslant 1. \qquad \cdots\cdots ①$$

故而

$$2^{\sqrt{3x-2y}}+5^{\sqrt{2y-9}}\geqslant 2. \qquad \cdots\cdots ②$$

由原方程并结合①②得

$$2^{\sqrt{3x-2y}}=1,\ 5^{\sqrt{2y-9}}=1.$$

由此得

$$\sqrt{3x-2y}=0,\quad \sqrt{2y-9}=0.$$

因而原方程的解为 $x=3$，$y=\dfrac{9}{2}$.

例2 解方程：$\log_2[1+(x-a)^2]+\log_{\frac{1}{2}}(1-\sin^2 y)=0$.

解 对于函数 $\log_2[1+(x-a)^2]$，因为它的底数 $2>1$，真数 $1+(x-a)^2\geqslant 1$，所以

$$\log_2[1+(x-a)^2]\geqslant 0. \qquad \cdots\cdots ①$$

对于函数 $\log_{\frac{1}{2}}(1-\sin^2 y)$，因为它的底数 $\dfrac{1}{2}<1$，真数 $1-\sin^2 y\geqslant 0$，所以

$$\log_{\frac{1}{2}}(1-\sin^2 y)\geqslant 0. \qquad \cdots\cdots ②$$

由①②得

$$\log_2[1+(x-a)^2]+\log_{\frac{1}{2}}(1-\sin^2 y)\geqslant 0. \quad \cdots\cdots ③$$

结合原方程，再加上①②③，可以推得

$$\log_2[1+(x-a)^2]=0,\ \log_{\frac{1}{2}}(1-\sin^2 y)=0.$$

所以

$$1+(x-a)^2=1,\ 1-\sin^2 y=1.$$

故原方程的解 $x=a$，$y=k\pi(k\in\mathbf{Z})$.

§ 29 几何法

对于某些特定的方程或方程组，有时可以考虑其函数式的几何意义，或构造与方程中函数意义相符的图形，或应用方程中所表达的几何元素进行计算求解的方法，我们称之为几何法.

例 1 求方程组的实数解：

$$\begin{cases}\sqrt{x^2+y^2-2x+1}+\sqrt{x^2+y^2+2x+1}=2, & \cdots\cdots① \\ x^2+y^2=\sin^2 x. & \cdots\cdots②\end{cases}$$

解 方程①可以写成

$$\sqrt{(x-1)^2+y^2}+\sqrt{(x+1)^2+y^2}=2.$$

由上面等式，我们联想到解析几何中求距离的公式，该方程可以看成是从点 $M(x,y)$ 到两定点 $A(-1,0)$，$B(1,0)$ 距离的和为 2. 然而 $|AB|=|1-(-1)|=2$. 故线段 AB 上任何一点 $M(x,y)$ 都满足该条件，线段外的任何一点都不满足条件. 故符合①的解为 $x\in[-1,1]$，$y=0$.

由方程②及 $y=0$，得 $x^2=\sin^2 x$. 于是

$$|x|=|\sin x|. \qquad \cdots\cdots③$$

若当 $x\in[-1,1]$ 时，又有③成立，那么只有 $x=0$ 时才成立. 所以原方程有唯一一组实数解为

$$(x,y)=(0,0).$$

例 2 求方程的一切实数解：

$$\sqrt{x^2+y^2}+\sqrt{(x-a)^2+y^2}+\sqrt{x^2+(y-b)^2}+\sqrt{(x-a)^2+(y-b)^2}=2\sqrt{a^2+b^2}.$$

解　(1)当 $a=b=0$ 时,原方程为 $x^2+y^2=0$,推得解为 $x=y=0$.

(2)当 $a=0,b\neq 0$ 时,推得解为 $x=0,y\in[0,b]$.

(3)当 $a\neq 0,b=0$ 时,推得解为 $x\in[0,a],y=0$.

(4)当 $a\neq 0,b\neq 0$ 时,原方程的几何意义可以理解为:

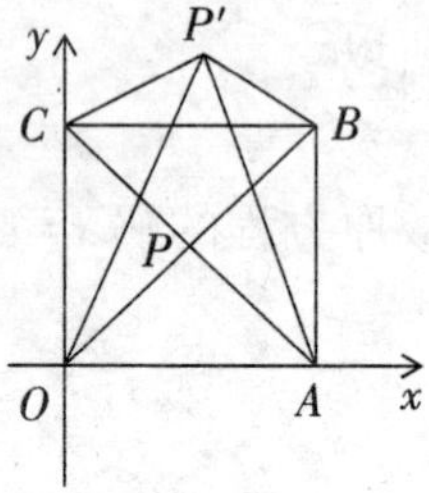

由一个动点 $P(x,y)$ 到四个定点 $O(0,0)$,$A(a,0)$,$B(a,b)$,$C(0,b)$ 的距离和为 $2\sqrt{a^2+b^2}$.右图为其示意图(取 $a>0,b>0$),其中 $OABC$ 是一个矩形,它的对角线的交点 $P\left(\dfrac{a}{2},\dfrac{b}{2}\right)$ 满足原方程的要求.而异于 P 的任何一点 P',则有

$$|P'O|+|P'B|>|OB|,\quad |P'C|+|P'A|>|AC|.$$

将两不等式同向相加,得

$$|P'O|+|P'B|+|P'C|+|P'A|>|OB|+|AC|=2\sqrt{a^2+b^2}.$$

由此可见仅有点 $P(x,y)=P\left(\dfrac{a}{2},\dfrac{b}{2}\right)$ 的坐标满足方程.所以原方程的一切实数解为

$$\begin{cases}x=\dfrac{a}{2},\\ y=\dfrac{b}{2}.\end{cases}$$

§ 30　不定方程的解法

不定方程又称为丢番图(Diophantus)方程.本节只介绍简单的一次不定方程、二次不定方程和一些特殊的不定方程的解法.

一、二元一次不定方程

方程 $ax+by=c$,其中 a,b 不为零,称为二元一次方程,它是最简单的不定方程,其中 a,b,c 均为整数.使得方程成立的整数组 (x,y),

称之为它的一个解.求这个解的过程,叫做解二元一次不定方程.

定理1 二元一次不定方程 $ax+by=c$ 有解的充分必要条件为:a,b的最大公约数(a,b)能整除c,表示成$(a,b)|c$.

定理2 二元一次不定方程 $ax+by=c$,a与b互质,即$(a,b)=1$.假若此方程有整数解$(x,y)=(x_0,y_0)$,则此方程的一切整数解可以表示成通解的形式:

$$\begin{cases}x=x_0+bt,\\y=y_0-at\end{cases}\quad(t\in\mathbf{Z}).$$

现将二元一次不定方程$ax+by=c$具体解法分述如下.

1. 心算法

二元一次不定方程 $ax+by=c$,$a,b,c\in\mathbf{Z}$,在$(a,b)=1$时,该方程必有整数解.因为$(a,b)=1$时,$a,b\in\mathbf{Z}$,则必存在二整数p,q,使得$ap+bq=1$,两边乘以c,得

$$a(pc)+b(qc)=c.$$

令 $x=pc,y=qc$,它们就是方程 $ax+by=c$ 的整数解.

因此我们可以根据定理1,在不太复杂的情况下由心算找出一组特解 $x=x_0,y=y_0$,满足方程 $ax_0+by_0=c$.那么方程的一切整数解(或称通解)就可以用

$$\begin{cases}x=x_0+bt,\\y=y_0-at\end{cases}\quad(t\in\mathbf{Z}).\qquad\cdots\cdots①$$

来表达.因为将①代入原方程中,得

$$a(x_0+bt)+b(y_0-at)=ax_0+abt+by_0-bat=ax_0+by_0=c,$$

故不论t为何整数,①都满足原方程.反之,方程的整数解都满足①.

例1 求方程的整数解:$7x+8y=61$.

解 可以通过观察心算得

$$7\times3+8\times5=61,$$

故得一组特解$(x_0,y_0)=(3,5)$.因此原方程的通解为

$$\begin{cases}x=3+8t,\\y=5-7t\end{cases}\quad(t\in\mathbf{Z}).$$

例2 求方程的整数解：$6x+8y=7$.

解 6与8的最大公约数$(6,8)=2$，且$2\mid(6x+8y)$. 而$6x+8y=7$，但是2不能整除7，由定理1知，此方程无整数解.

例3 求方程的整数解：$2x+5y=17$.

解 因为$(2,5)=1$，通过心算得

$$2\times1+5\times3=17,$$

原方程得到一组特解$(x_0,y_0)=(1,3)$. 据定理2得原方程的通解为

$$\begin{cases}x=1+5t,\\ y=3-2t\end{cases}\quad(t\in\mathbf{Z}).$$

例4 求方程的整数解：$11x+9y=49$.

解 因为$(11,9)=1$，通过心算得

$$11\times2+9\times3=49,$$

原方程的一组特解为$(x_0,y_0)=(2,3)$. 据定理2得原方程的通解为

$$\begin{cases}x=2+9t,\\ y=3-11t\end{cases}\quad(t\in\mathbf{Z}).$$

2. 相除丢整法

若二元一次不定方程$ax+by=c$运用心算法不易进行时，我们可以试用相除丢整法来解题.

所谓相除丢整法，是指解二元一次不定方程$ax+by=c$，当$(a,b)\mid c$，即此方程有解时，假定$a<b$（$b<a$则逆向来做），在方程的两边同除以a，得

$$x=\frac{c-by}{a}=f_1(y)+\frac{c_1-b_1y}{a},$$

其中$f_1(y)$为一整式，我们把这一整式暂时丢下. 可再令$\frac{c_1-b_1y}{a}=d$（整数），由此得

$$y=\frac{c_1-ad}{b_1}=f_2(d)+\frac{c_2-a_1d}{b_2},$$

再令$\frac{c_2-a_1d}{b_2}=d_1$（整数），……如此下去，最后总能找到$\frac{1-a_{n-1}d_{n-2}}{b_n}=d_{n-1}$

(整数),从而得

$$b_n d_{n-1} + a_{n-1} d_{n-2} = 1, \text{且} (b_n,\ a_{n-1}) = 1.$$

再根据定理2,找到一组特解,就可以找不定方程的通解.

例5 求方程的整数解: $7x + 19y = 213$.

解 由于 $7 < 19$,方程两边同除以7,得

$$x = \frac{213 - 19y}{7} = 30 - 2y + \frac{3 - 5y}{7}.$$

暂时丢开整式 $30 - 2y$,再令 $\frac{3-5y}{7} = d$(整数),得

$$y = \frac{3 - 7d}{5} = -d + \frac{3 - 2d}{5}.$$

暂时丢开整式 $-d$,再令 $\frac{3-2d}{5} = d_1$(整数),得

$$d = \frac{3 - 5d_1}{2} = 1 - 2d_1 + \frac{1 - d_1}{2}.$$

暂时丢开整式 $1 - 2d_1$,再令 $\frac{1-d_1}{2} = d_2$(整数),得

$$d_1 + 2d_2 = 1,$$

根据定理2得到该方程的一组特解 $(d_1, d_2) = (-1, 1)$.所以它的通解为

$$\begin{cases} d_1 = -1 + 2t, \\ d_2 = 1 - t \end{cases} \quad (t \in \mathbf{Z}).$$

再以此逆向代回去,而得到原方程的通解

$$\begin{cases} x = 44 - 19t, \\ y = -5 + 7t \end{cases} \quad (t \in \mathbf{Z}).$$

例6 求方程的整数解: $23x + 53y = 109$.

解 由于 $23 < 53$,在方程两边同除以23,得

$$x = \frac{109 - 53y}{23} = 4 - 2y + \frac{17 - 7y}{23}.$$

暂时丢下整式 $4 - 2y$,令 $\frac{17-7y}{23} = d$(整数),得

$$y = \frac{17 - 23d}{7} = 2 - 3d + \frac{3 - 2d}{7}.$$

暂时丢下整式 $2-3d$，令 $\frac{3-2d}{7}=d_1$（整数），得

$$7d_1+2d=3，且(7,2)=1.$$

根据定理2，由心算法得到一组特解 $(d_1,d)=(1,-2)$. 因此得到此方程的通解为

$$\begin{cases}d_1=1-2t,\\ d=-2+7t\end{cases}\quad(t\in\mathbf{Z}).$$

再逆向代换，就得到原方程的通解

$$\begin{cases}x=-16+53t,\\ y=9-23t\end{cases}\quad(t\in\mathbf{Z}).$$

应用相除丢整法解二元一次不定方程 $ax+by=c$ 的注意事项：

(1)紧扣定理1、定理2来解题.

(2)若 a（或 b）与常数项 c 有公因数时，可适当地引入一个新的未知数，将方程两边约简之.

(3)若在解方程的运算过程中，其分式项的分子内有公因数时，则方程的解法可以化简.

(4)若在运算过程中，如果所得余数大于除数的一半时，适宜于引入负余数.

下面我们举例说明.

例7 求方程的整数解：$6x-5y=21$.

解 x 的系数6与常数项21有公约数3，所以 $3\mid(6x-21)=5y$，又 $3\nmid 5$，故 $3\mid y$. 因此可设 $y=3d$（d 为整数），将其代入原方程，就得到 $6x-15d=21$，各项以3约之，得 $2x-5d=7$.

再解这个方程式，得

$$x=\frac{7+5d}{2}=3+2d+\frac{1+d}{2}.$$

令 $\frac{1+d}{2}=t$，则 $d=-1+2t$. 将其代入 x 与 y 的表达式内，就得到原方程的通解

$$\begin{cases} x = 3 + 2(-1 + 2t) + t = 1 + 5t, \\ y = 3(-1 + 2t) = -3 + 6t \end{cases} \quad (t \in \mathbf{Z}).$$

例8 求方程的整数解：$9x + 14y = 105$.

解 因为$(105,9) = 3$，所以$3 \mid (105-9x) = 14y$，但是$3 \nmid 14$，故而$3 \mid y$.由此可设$y = 3d$（d为整数），将其代入原方程，再以3除以方程的两边，得

$$3x + 14d = 35.$$

又因$7 \mid (35-14d) = 3x$，但是$7 \nmid 3$，故而$7 \mid x$.由此可设$x = 7d_1$（d为整数），以7除以方程$3x + 14d = 35$，得

$$3d_1 + 2d = 5.$$

再解它得

$$d = \frac{5 - 3d_1}{2} = 2 - d_1 + \frac{1 - d_1}{2}.$$

令$\frac{1 - d_1}{2} = t$（t为整数），得$d_1 = 1 - 2t$，逆向代入得$d = 1 + 3t$.从而得原方程的通解为

$$\begin{cases} x = 7 - 14t, \\ y = 3 + 9t \end{cases} \quad (t \in \mathbf{Z}).$$

例9 求方程的整数解：$12x + 17y = 41$.

解 方程两边同除以12，析因，得

$$x = \frac{41 - 17y}{12} = 3 - y + \frac{5 - 5y}{12} = 3 - y + 5 \times \frac{1 - y}{12}.$$

令$\frac{1 - y}{12} = t (t \in \mathbf{Z})$，因此$y = 1 - 12t$，代入$x$的表达式，得

$$x = 3 - (1 - 12t) + 5t = 2 + 17t.$$

故原方程的通解为

$$\begin{cases} x = 2 + 17t, \\ y = 1 - 12t \end{cases} \quad (t \in \mathbf{Z}).$$

例10 求方程的整数解：$11x - 20y = 49$.

解 方程两边除以11，在运算中可以引入负余数

$$x=\frac{49+20y}{11}=4+2y+\frac{5-2y}{11}.$$

令 $d=\frac{5-2y}{11}$，由此得

$$y=\frac{5-11d}{2}=2-5d+\frac{1-d}{2}.$$

令 $\frac{1-d}{2}=t$，由此得 $d=1-2t$. 将它逆向代入 x 与 y 的表达式中，得原方程的通解

$$\begin{cases}x=2-5(1-2t)+t=-3+11t,\\ y=4+2(-3+11t)+(1-2t)=-1+20t\end{cases}\quad(t\in\mathbf{Z}).$$

例11 求方程的整数解：$15x+28y=59$.

解 方程两边同除以15，在中间引入负余数

$$x=\frac{59-28y}{15}=4-2y+\frac{-1+2y}{15}.$$

令 $d=\frac{-1+2y}{15}$，由此得

$$y=\frac{1+15d}{2}=7d+\frac{1+d}{2}.$$

令 $\frac{1+d}{2}=t$，由此得 $d=-1+2t$. 将它逆向代入 x 与 y 的表达式中，得原方程的通解

$$\begin{cases}y=7(-1+2t)+t=-7+15t,\\ x=4-2(-7+15t)+(-1+2t)=17-28t\end{cases}\quad(t\in\mathbf{Z}).$$

3. 辗转相除法

求不定方程 $ax+by=c$ 的整数解，据定理2可知，若 $(a,b)=1$，只要找到 $ax+by=c$ 的一个特解，就能够找到它的通解.应用辗转相除法，我们先找它的一个特解：

设

$$a=bq_1+r_1\ (0<r_1<b),$$

$$b=r_1q_2+r_2\ (0<r_2<r_1),$$

$$\cdots$$

$$r_{n-2}=r_{n-1}q_n+r_n\ (0<r_n<r_{n-1}),$$

$$r_{n-1}=r_nq_{n+1}.$$

由于$(r_n \mid r_{n-1})\wedge(r_n \mid r_n)$可推得$(r_n \mid r_{n-2})$.逐次逆推,就可以得

$$(r_n \mid a)\wedge(r_n \mid b)\wedge(a,b)=1$$

可推得$r_n=1$.又$(a,b)=1$, $ax+by=1$,故

$$a[(-1)^{n-1}q_n]+b[(-1)^np_n]=1.$$

于是得到$ax+by=1$的一个特解

$$\begin{cases}x=(-1)^{n-1}q_n,\ q_0=0,\ q_1=1,\ q_k=q_kq_{k-1}+q_{k-2},\\ y=(-1)^np_n,\ p_0=1,\ p_1=2,\ p_k=q_kp_{k-1}+p_{k-2}\end{cases}(k=2,\cdots,n).$$

由定理2就可以找到它的通解.

例12 求方程的整数解:$7x+4y=100$.

解 由于$(a,b)=(7,4)=1$,因此可以用辗转相除法来求特解.

$b=4 \mid 7=a \ \underline{\mid 1=q_1}$

$-)\ \underline{4=bq_1}$

$3=r_1 \mid 4=b\ \underline{\mid 1=q_2}$

$-)\ \underline{3=r_1q_2}$

$1=r_2$

由于$a=bq_1+r_1$, $b=r_1q_2+r_2$,易得

$$\begin{aligned}r_2&=b-r_1q_2=b-(a-bq_1)q_2\\&=b+bq_1q_2-aq_2\\&=a(-q_2)+b(1+q_1q_2)\\&=ax_0+by_0=1.\end{aligned}$$

故得$7x+4y=1$的一个特解

$$\begin{cases}x_0=-q_2=-1,\\ y_0=1+q_1q_2=1+1\cdot1=2.\end{cases}$$

因此原方程$7x+4y=100$的一个特解为$(x_0,y_0)=(-100,200)$.所以原

方程的通解为

$$\begin{cases} x=-100-4t, \\ y=200+7t \end{cases} \quad (t\in \mathbf{Z}).$$

例 13 求方程的整数解：$7x+19y=213$.

解 因为(7,9)=1，所以可用辗转相除法先求 $7x+9y=1$ 的特解.

a=7 | 19=b | 2=q_1

−) 14=aq_1

5=r_1 | 7=a | 1=q_2

−) 5=r_1q_2

2=r_2 | 5=r_1 |2=q_3

−) 4=r_2q_3

1=r_3

由于 $b=aq_1+r_1, a=r_1q_2+r_2, r_1=r_2q_3+r_3, r_3=1$，所以

$$\begin{aligned} r_3 &= r_1-r_2q_3=r_1-(a-r_1q_2)q_3 \\ &= r_1(1+q_2q_3)-aq_3=(b-aq_1)(1+q_2q_3)-aq_3 \\ &= a[-q_1-q_1q_2q_3-q_3]+b(1+q_2q_3) \\ &= ax_0+by_0=1. \end{aligned}$$

比较上式，将具体数值代入得 $x_0=-8$，$y_0=3$. 因而原方程的一个特解为

$$\begin{cases} x=-8\times 213=-1704, \\ y=3\times 213=639. \end{cases}$$

所以原方程的通解为

$$\begin{cases} x=-1704+19t, \\ y=639-7t \end{cases} \quad (t\in \mathbf{Z}).$$

也可以将 y 通解写成

$$y=639-7t=91\times 7+2-7t,$$

将它化简为 $y=2-7t$. 以此代入原方程中，得 $x=25+19t$. 所以原方程的通解写成

$$\begin{cases} x = 25 + 19t, \\ y = 2 - 7t \end{cases} \quad (t \in \mathbf{Z}).$$

或者把 x 写成

$$\begin{aligned} x &= -1704 + 19t = -1729 + 25 + 19t \\ &= -90 \times 19 + 6 + 19t, \end{aligned}$$

将它化简为 $x = 6 + 19t$,将其代入原方程,得到 $y = 9 - 7t$. 所以原方程的通解还可以写成

$$\begin{cases} x = 6 + 19t, \\ y = 9 - 7t \end{cases} \quad (t \in \mathbf{Z}).$$

4. 连分式法

首先了解一些关于连分式的知识.所谓连分式是指这样形式的分式

$$a_1 + \cfrac{1}{a_2 + \cfrac{1}{a_3 + \cfrac{1}{a_4 + \cdots}}}$$

为了节省篇幅,便于表达,把它写成以下的普通形式

$$L = a_1 + \frac{1}{a_2 +}\frac{1}{a_3 +}\frac{1}{a_4 +}\cdots$$

连分式中的 L 的近似值

$$a_1,\ a_1 + \frac{1}{a_2},\ a_1 + \frac{1}{a_2 +}\frac{1}{a_3}, \cdots$$

它们分别称之为第一近似值,第二近似值,第三近似值,….

例 14 计算下列连分式的各次近似值:

$$3 + \frac{1}{2 +}\frac{1}{3 +}\frac{1}{4 +}\frac{1}{5}.$$

解 它的第一、第二、第三、第四、第五近似值分别为

$$\frac{p_n}{q_n} = \frac{3}{1}, \frac{7}{2}, \frac{24}{7}, \frac{103}{30}, \frac{539}{157}\ (n = 1, 2, 3, 4, 5).$$

它们的分子分别用 $p_1 = 3, p_2 = 7, p_3 = 24, p_4 = 103, p_5 = 539$ 来表示.

分母分别用 $q_1=1, q_2=2, q_3=7, q_4=30, q_5=157$ 来表示.

连分式有以下一些性质定理:

定理1 连分式任何近似值 $\frac{p_n}{q_n}$ 都是不可约的分式.

定理2 连分式任何两连续近似值的分子与分母之间具有以下关系

$$p_n q_{n-1}-p_{n-1}q_n=(-1)^n.$$

我们可以利用连分式的特性来解二元一次方程.

欲求方程 $ax+by=c$ 的整数解,若$(a,b)=1$,不妨令 $a>b$,先把 $\frac{a}{b}$ 用辗转相除法化为连分式:

$$\frac{p_n}{q_n}=\frac{a}{b}=a_1+\frac{1}{a_2}+\cdots+\frac{1}{a_{n-1}}+\frac{1}{a_n}.$$

去掉最后一个分式 $\frac{1}{a_n}$,就得到 $\frac{p_n}{q_n}$ 的连续近似分式 $\frac{p_{n-1}}{q_{n-1}}$. 根据定理2就得到 $p_n q_{n-1}-p_{n-1}q_n=(-1)^n$. 再把等式两边同乘以一个数,使得右边变为$c$,与原方程作比较就可以找到一个特解,进而写出同解.

例15 求方程的整数解: $205x+93y=7$.

解 显然 $a=205>b=93$, $(295,93)=1$,用辗转相除法将 $\frac{205}{93}$ 化为连分式

$b=93$ | $205=b$ | $2=a_1$

186

$19=r_1$ | $93=b$ | $4=a_2$

76

$17=r_2$ | $19=r_1$ | $1=a_3$

17

$2=r_3$ | $17=r_2$ | $8=a_4$

16

$1=r_4$ | $2=r_3$ | $2=a_5$

2

$0=r_5$

由此得到连分式为

$$\frac{205}{93}=2+\frac{1}{4}+\frac{1}{1}+\frac{1}{8}+\frac{1}{2}.$$

去掉最后一个分数 $\frac{1}{2}$,得到近似分数 $\frac{p_4}{q_4}=\frac{97}{44}$,又 $\frac{a}{b}=\frac{p_5}{q_5}=\frac{205}{93}$. 根据定理2得

$$p_5\cdot q_4-p_4\cdot q_5=(-1)^5,$$

即

$$205\times 44-97\times 93=-1.$$

两边乘以-7,得

$$205\times(-44\times 7)+93\times(97\times 7)=7.$$

它与原方程 $205x+93y=7$ 比较,就得原方程的一个特解

$$x=-308,\ y=679.$$

由此得原方程的通解

$$\begin{cases}x=-308+93t,\\ y=679-205t\end{cases}\quad(t\in\mathbf{Z}).$$

例 16 求方程的整数解:$127x-52y=-1$.

解 显然 $a=127>b=52$,$(127,52)=1$,用辗转相除法将 $\frac{127}{52}$ 化为连分式

$b=52$ | $127=a$ | $2=a_1$

104

$23=r_1$ | $52=b$ | $2=a_2$

46

$6=r_2$ | $23=r_1$ | $3=a_3$

18

$5=r_3$ | $6=r_2$ | $1=a_4$

5

$1=r_4$ | $5=r_3$ | $5=a_5$

5

$0=r_5$

由此得到的连分式为

$$\frac{a}{b} = \frac{127}{52} = 2 + \frac{1}{2} + \frac{1}{3} + \frac{1}{1} + \frac{1}{5}.$$

去掉最后一个分数,得 $\frac{p_4}{q_4}=\frac{22}{9}$,又 $\frac{a}{b}=\frac{p_5}{q_5}=\frac{127}{52}$,由此得到

$$p_5 \cdot q_4 - p_4 \cdot q_5 = (-1)^5,$$

即

$$127 \times 9 - 52 \times 22 = -1.$$

它与原方程 $127x - 52y = -1$ 作比较,得方程的一个特解

$$(x_0, y_0) = (9, 22).$$

所以原方程的通解为

$$\begin{cases} x = 9 + 52t, \\ y = 22 + 127t \end{cases} \quad (t \in \mathbf{Z}).$$

例 17 求方程的整数解: $8x + 17y = 43$.

解 把原方程写成 $17y + 8x = 43$. 显然 $a = 17 > b = 8$, $(a, b) = 1$,先求解 $17y + 8x = 1$. 将 $\frac{17}{8}$ 用辗转相除法,化为连分式,得

$b=8$ | $17=a$ | $\underline{2=a_1}$

$\underline{16}$

$1=r_1$ | $8=b$ | $\underline{8=a_2}$

$\underline{8}$

$0=r_2$

由此化成的连分式为

$$\frac{a}{b} = \frac{p_2}{q_2} = 2 + \frac{1}{8}, \quad \frac{p_1}{q_1} = \frac{2}{1}.$$

由此得

$$p_2 q_1 - p_1 q_2 = (-1)^2,$$

即

$$17 \times 1 - 2 \times 8 = 1.$$

也就是

$$8 \times (-2) + 17 \times 1 = 1.$$

在方程两边同乘以43,得

$$8\times(-86)+17\times43=43,$$

与原方程 $8x+17y=43$ 作比较,得方程的一个特解

$$(x_0,y_0)=(-86,43).$$

所以原方程的通解为

$$\begin{cases}x=-86+17t,\\ y=43-8t\end{cases}(t\in\mathbf{Z})\text{ 或 }\begin{cases}x=-1+17t,\\ y=3-8t\end{cases}(t\in\mathbf{Z}).$$

例 18 求方程的整数解:$15x+25y=90$.

解 原方程两边除以 5,得其同解方程 $3x+5y=18$. 设 $a=5>b=3$,$(a,b)=1$,则对 $\frac{5}{3}$ 用辗转相除法,将它化为连分式

$$\begin{array}{llll}
b=3 & \mid 5=a & \mid \underline{1=a_1} & \\
 & \underline{\ 3\ \ \ \ \ } & & \\
 & 2=r_1 & \mid 3=b & \mid 1=a_2 \\
 & & \underline{\ 2\ \ \ \ \ } & \\
 & & 1=r_2 & \mid 2=r_1 \mid 2=a_3 \\
 & & & \underline{\ 2\ \ \ \ \ } \\
 & & & 0=r_3
\end{array}$$

由此得它的连分式为

$$\frac{a}{b}=\frac{p_3}{q_3}=\frac{5}{3}=1+\frac{1}{1}+\frac{1}{2},\quad \frac{p_2}{q_2}=\frac{2}{1}.$$

由此得等式

$$p_3q_2-p_2q_3=(-1)^3,$$

即

$$5\times1-2\times3=-1.$$

调项写成

$$3\times(-2)+5\times1=-1.$$

等式两边乘以−18,得

$$3\times36+5\times(-18)=18.$$

它与方程 $3x+5y=18$ 相比较,得方程的一个特解

$$(x_0,y_0)=(36,-18).$$

所以原方程的通解为

$$\begin{cases}x=36+5t,\\ y=-18-3t\end{cases}(t\in\mathbf{Z}).$$

若将

$$y=-18-3t=3+3(-7)-3t\ (t\in\mathbf{Z}),$$

化简为 $y=3-3t$，以此代入原方程，得 $x=1+5t$. 因此原方程通解表达式又可以简化为

$$\begin{cases}x=1+5t,\\ y=3-3t\end{cases}(t\in\mathbf{Z}).$$

5. 等式法

所谓等式法，是指在解二元一次不定方程 $ax+by=c$ 时，若其中 $a,b\in\mathbf{Z}$，$(a,b)=1$，设 $a<b$，以 b 除以 a 得到商 q 及余数 r，故有等式 $b=aq+r$. 由此得

$$aq-b=-r. \qquad \cdots\cdots①$$

由①得等式

$$a(q+1)-b=s, \qquad \cdots\cdots②$$

②中 s 是左边相减的结果，即②-①得

$$a=r+s.$$

由于 $(b,r)=(a,r)=1$，故 $(r+s,r)=1$，所以 $(r,s)=1$. 因而，必存在两个整数 m、n，使得 $mr+ns=1$，从而找到 $mrc+nsc=c$. 由此可以找到 $ax+by=c$ 的一个特解，进而找到原方程的一个通解.

例 19 求方程的整数解：$19x+28y=1$.

解 用 19 去除 28 得商 1，余数 9. 写成关系等式

$$19\cdot1-28=-9, \qquad \cdots\cdots①$$

$$19\cdot(1+1)-28=10. \qquad \cdots\cdots②$$

由①+②得

$$19\cdot3+28\cdot(-2)=1.$$

与原方程 $19x+28y=1$ 作比较，得原方程一个特解

$$(x_0, y_0) = (3, -2).$$

从而得原方程的通解

$$\begin{cases} x = 3 - 28t, \\ y = -2 + 19t \end{cases} \quad (t \in \mathbf{Z}).$$

例 20 求方程的正整数解：$16x + 39y = 1$.

解 以16除39得 $39 = 16 \cdot 2 + 7$，由此得到以下两个等式

$$16 \cdot 2 - 39 \cdot 1 = -7, \quad \cdots\cdots①$$

$$16 \cdot 3 - 39 \cdot 1 = 9. \quad \cdots\cdots②$$

由①+②得

$$16 \cdot 5 - 39 \cdot 2 = 2. \quad \cdots\cdots③$$

由③×4得

$$16 \cdot 20 - 39 \cdot 8 = 8. \quad \cdots\cdots④$$

由②-④得

$$16 \cdot (-17) + 39 \cdot 7 = 1.$$

与原方程 $16x + 19y = 1$ 作比较，得它的一个特解

$$(x_0, y_0) = (-17, 7).$$

原方程在整数集 **Z** 内的通解为

$$\begin{cases} x = -17 + 39t, \\ y = 7 - 16t \end{cases} \quad (t \in \mathbf{Z}).$$

求原方程的正数解，需满足

$$\begin{cases} -17 + 39t > 0, \\ 7 - 16t > 0. \end{cases}$$

推得 $t > \frac{17}{39}$，并且 $t < -\frac{7}{16}$. 满足这样的 t 值不存在，故原方程无正整数解.

例 21 求方程的整数解：$3x + 5y = 18$.

解 以3除5得 $5 = 3 \cdot 1 + 2$，由此得到两个等式

$$3 \cdot 1 - 5 \cdot 1 = -2, \quad \cdots\cdots①$$

$$3\cdot 2-5\cdot 1=1. \qquad \cdots\cdots②$$

由①+②得

$$3\cdot 3-5\cdot 2=-1. \qquad \cdots\cdots③$$

③的两边乘以−18得

$$3\cdot(-54)+5\cdot 36=18.$$

与原方程 $3x+5y=18$ 作比较,得原方程的一个特解

$$(x_0,y_0)=(-54,36).$$

所以原方程的通解为:

$$\begin{cases}x=-54+5t,\\ y=36-3t\end{cases}(t\in\mathbf{Z}).$$

若将 $y=36-3t$ 简化成 $y=3-3t$,再将其代入原方程中得 $x=1+5t$. 此时原方程的通解可以简化为

$$\begin{cases}x=1+5t,\\ y=3-3t\end{cases}(t\in\mathbf{Z}).$$

例 22 求方程的正整数解: $6x-17y=18$.

解 因为(6,17)=1,故以6除17得 $17=6\cdot 2+5$. 由此得

$$6\cdot 2-17=-5, \qquad \cdots\cdots①$$

$$6\cdot(2+1)-17=1. \qquad \cdots\cdots②$$

由②×18得

$$6\cdot 54-17\cdot 18=18.$$

它与原方程 $6x-17y=18$ 作比较,得原方程的一个特解

$$(x_0,y_0)=(54,18).$$

由此得原方程的通解为

$$\begin{cases}x=54+17t,\\ y=18-6t\end{cases}(t\in\mathbf{Z}).$$

若将 $y=18-6t$ 简化为 $y=6-6t\ (t\in\mathbf{Z})$, 并将它代入原方程中,得 $x=20-17t$. 此时原方程的通解可以简化为

$$\begin{cases} x = 20 - 17t, \\ y = 6 - 6t \end{cases} \quad (t \in \mathbf{Z}).$$

下面再来求原方程的正整数解,需满足

$$\begin{cases} 20 - 17t > 0, \\ 6 - 6t > 0 \end{cases} \quad (t \in \mathbf{Z}).$$

由此推得$(t < 1) \wedge (t \in \mathbf{Z})$,也就是$t \in \{0, -1, -2, -3, \cdots\} = \mathbf{Z} \backslash \mathbf{Z}^+$. 所以原方程的正整数解为

$$\begin{cases} x = 20 - 17t, \\ y = 6 - 6t \end{cases} \quad (t \in \mathbf{Z} \backslash \mathbf{Z}^+).$$

例 23　求方程的正整数解: $47x - 97y = 501$.

解　以 47 除 97 得 $97 = 47 \cdot 2 + 3$. 由此得

$$47 \cdot 2 - 97 = -3, \qquad \cdots\cdots①$$

由①×(−167)得

$$47 \cdot (-334) - 97 \cdot (-167) = 501. \qquad \cdots\cdots②$$

它与原方程 $47x - 97y = 501$ 比较得原方程的一个特解

$$(x_0, y_0) = (-334, -167).$$

从而得原方程的通解

$$\begin{cases} x = -334 - 97t, \\ y = -167 - 47t \end{cases} \quad (t \in \mathbf{Z}).$$

若将 $y = -167 - 47t$ 化简为 $y = 21 - 47t$ $(t \in \mathbf{Z})$, 再将其代入原方程, 得 $y = 54 - 97t$. 所以方程的通解为

$$\begin{cases} x = 54 - 97t, \\ y = 21 - 47t \end{cases} \quad (t \in \mathbf{Z}).$$

下面来求原方程的正整数解

$$\begin{cases} 54 - 97t > 0, \\ 21 - 47t > 0 \end{cases} \quad (t \in \mathbf{Z}).$$

由此推得$\left(t < \dfrac{21}{47}\right) \wedge (t \in \mathbf{Z})$. 所以原方程的正整数解为

$$\begin{cases}x=54-97t,\\y=21-47t\end{cases}(t\in \mathbf{Z}\backslash \mathbf{Z}^{+}).$$

二、多元一次不定方程及方程组

若$a_1,a_2,\cdots,a_n,c$它们都是整数，我们把方程

$$a_1x_1+a_2x_2+\cdots+a_nx_n=c$$

称为n元一次不定方程.如果它有解，指的是它们有整数解.

定理3 n元一次不定方程$a_1x_1+a_2x_2+\cdots+a_nx_n=c$有整数解的充要条件是所有变量系数$a_1,a_2,\cdots,a_n$的最大公约数能够整除常数$c$，即$(a_1,a_2,\cdots,a_n)|c$.

此类不定方程的解法，分述如后.

1. 转化法

先将多元不定方程转化为若干个二元一次不定方程解之，最后消去参变数，从而求得其通解.

例1 求方程的整数解：$25x+15y+7z=4$.

解 因为$(25,15)=5,(5,7)=1\mid 4$.据定理3知此方程有解.由此可以转化为两个不定方程来求解，即

$$25x+15y=5t \text{ 和 } 5t+7z=4.$$

用解二元一次不定方程的方法，求得它们各自的通解为

$$\begin{cases}x=2t+3u,\\y=-3t-5u\end{cases}(u\in \mathbf{Z})\text{ 和 }\begin{cases}t=-2+7v,\\z=2-5v\end{cases}(v\in \mathbf{Z}).$$

再消去参变数t，就得到原方程的通解

$$\begin{cases}x=-4+3u+14v,\\y=6-5u-21v,\\z=2-5v\end{cases}(u,v\in \mathbf{Z}).$$

例2 求方程的整数解：$9x+24y-5z=1000$.

解 由于$(9,24)=3,(3,5)=1\mid 1000$.因此原方程可以转化为以下两个二元一次方程，即

$$9x+24y=3t \text{ 及 } 3t-5z=1000.$$

简化得

$$3x+8y=t, \quad \cdots\cdots①$$

$$3y-5z=1000. \quad \cdots\cdots②$$

求出①②的通解分别为

$$\begin{cases}x=3t-8u,\\ y=-t+3u\end{cases}(u\in \mathbf{Z}) \text{ 和 } \begin{cases}t=2000+5v,\\ z=1000+3v\end{cases}(v\in \mathbf{Z}).$$

消去参数 t，得原方程的通解

$$\begin{cases}x=6000+15v-8u,\\ y=-2000-5v+3u, \quad (u,v\in \mathbf{Z}).\\ z=1000+3v\end{cases}$$

2. 相除丢整法

在解多元一次不定方程时，我们也可以运用解二元一次不定方程的相除丢整法.

例3 求方程的整数解：$5x+8y+19z=50$.

解 求 x，两边除以5，移项得

$$x=10-y-3z-\frac{3y+4z}{5}.$$

暂时丢下整式 $10-y-3z$，令 $\frac{3y+4z}{5}=u$，则得

$$3y+4z=5u.$$

再求 y，两边除以3，得

$$y=u-z+\frac{2u-z}{3}.$$

丢下整式 $u-z$，令 $\frac{2u-z}{3}=v$，则得

$$z=2u-3v.$$

将它代入 y 的表达式中，得

$$y=-u+4v.$$

再将 y,z 的表达式代入 x 的表达式中，得

$$x=10-6u+5v.$$

所以原方程的通解为

$$\begin{cases}x=10-6u+5v,\\ y=-u+4v,\\ z=2u-3v\end{cases}\quad(u,v\in\mathbf{Z}).$$

例4 求方程的整数解：$3x+4y+13z=57$.

解 求x,在方程两边同除以3,移项化简得

$$x=19-y-4z-\frac{y+z}{3}.$$

丢下整式$19-y-4z$,令$\frac{y+z}{3}=u$,则得

$$z=3u-y.$$

将它代入x的表达式,得

$$x=19-y-4(3u-y)=19+3y-13u.$$

再令$y=v$,则原方程的通解为

$$\begin{cases}x=19-13u+3v,\\ y=v,\\ z=3u-v\end{cases}\quad(u,v\in\mathbf{Z}).$$

3. 加减消元法及代入法

在解多元一次不定方程组时,我们常用加减消元法来减少方程组中变元的个数,以便使用二元一次不定方程的解法,找出其通解后,再利用代入法找到方程组中其他变元的通解表达式,从而得到原方程组的通解.

例5 求方程组的整数解：

$$\begin{cases}3x+6y-2z=22, & \cdots\cdots①\\ 5x+8y-6z=28. & \cdots\cdots②\end{cases}$$

解 先消去z,用①×3−②,得

$$4x+10y=38,$$

两边除以2,得

$$2x+5y=19.\qquad\cdots\cdots③$$

求出③的通解

$$\begin{cases}x=7+5t,\\y=1-2t\end{cases}(t\in\mathbf{Z}).\quad\cdots\cdots④$$

将④代入①，化简后得

$$2z-3t=5,\qquad\cdots\cdots⑤$$

求出⑤的通解

$$\begin{cases}z=1-3u,\\t=-1-2u\end{cases}(u\in\mathbf{Z}).$$

最后将 $t=-1-2u$ 代入④，求出 x,y 关于 u 的表达式，得原方程组的通解为

$$\begin{cases}x=2-10u,\\y=3+4u,\\z=1-3u\end{cases}(u\in\mathbf{Z}).$$

例 6　一百匹马拉一百辆车，大马一匹拉三辆，中马一匹拉一辆，小马三匹拉一辆，问大马、中马、小马各几匹？

解　设大马、中马、小马各有 x,y,z 匹，根据题意列方程组

$$\begin{cases}x+y+z=100,&\cdots\cdots①\\3x+y+\dfrac{1}{3}z=100.&\cdots\cdots②\end{cases}$$

由②-①，消去变元 y 得

$$2x-\frac{2}{3}z=0,$$

即

$$3x=z.\qquad\cdots\cdots③$$

令 $x=t$，代入③得

$$z=3t.\qquad\cdots\cdots④$$

再以③④代入①，得

$$y=100-4t.$$

因此原方程组的通解为

$$\begin{cases} x=t, \\ y=100-4t, \ (t\in\mathbf{Z},\ 0<t<25). \\ z=3t \end{cases}$$

例7　鸡翁一,值钱五.鸡母一,值钱三.鸡雏三,值钱一.百钱买百鸡,问鸡翁、鸡母、鸡雏各几只?

解　设鸡翁、鸡母、鸡雏各有x,y,z只,根据题意列方程组

$$\begin{cases} x+y+z=100, & \cdots\cdots① \\ 5x+3y+\frac{1}{3}z=100. & \cdots\cdots② \end{cases}$$

由②×3-①得

$$14x+8y=200.$$

两边除以2,得

$$7x+4y=100. \qquad \cdots\cdots④$$

求④的通解为

$$\begin{cases} x=4t, \\ y=25-7t \end{cases} (t\in\mathbf{Z}). \qquad \cdots\cdots⑤$$

解不等式组,求其非负整数解为

$$\begin{cases} 4t\geqslant 0, \\ 25-7t\geqslant 0. \end{cases}$$

推得$0\leqslant t\leqslant 3, t\in\mathbf{Z}$. 故得$t=0,1,2,3$.将它代入⑤,再代入原方程组,得其解为

$$(x,y,z)=(0,25,75)\vee(4,18,78)\vee(8,11,81)\vee(12,4,84).$$

4. 不等式讨论法

某些不定方程变元存在范围很小,可以先用不等式确定变元的存在范围,再根据其他特性与条件进行讨论来确定其解.

例8　买2元6角的商品,只允许用1元、5角、2角、1角四种货币付款,若每一种货币都得用.问共有几种支付方法?

解　设支付1元、5角、2角、1角分别需要x,y,z,w张,由题意列方程得

$$10x+5y+2z+u=26. \quad \cdots\cdots①$$

由题意知，这些变元值的存在范围为

$$x=1,\ 1\leqslant y\leqslant 2,\ 1\leqslant z\leqslant 5,\ 1\leqslant u\leqslant 9,\ x,y,z,u\in \mathbf{Z}^{+}.$$

由①得原方程的解为

$(x,y,z,u)=(1,1,1,9)\vee(1,1,2,7)\vee(1,1,3,5)\vee(1,1,4,3)\vee(1,1,5,1)\vee(1,2,1,4)\vee(1,2,2,2)$.

例9 求不定方程的正整数解：$2x+3y+5z=15$.

解 令 $2x+4y=u$，故得 $2x+3y=u-y$. 将其代入原方程中去，得

$$u-y+5z=15,$$

移项得

$$y=u+5z-15.$$

将其代入 $2x+4y=u$ 中，得

$$2x=u-4y=u-4(u+5z-15)=-3u-20z+60.$$

又因为 $x,y,z\in \mathbf{Z}^{+}$，所以

$$\begin{cases}2x=-3u-20z+60>0,\\ y=u+5z-15>0.\end{cases}$$

由上述不等式化简得 $2x+3y=-5z+15>0$，得 $0<z<3$，故得 $z=1$ 或 2. 将它分别代入原方程中，求 x,y 的值.

当 $z=1$ 时，$2x+3y=10$，$x,y\in \mathbf{Z}^{+}$，$2x$ 为偶数，$3y$ 也必为偶数，因此 $y=2$，此时 $x=2$.

当 $z=2$ 时，$2x+3y=5$，$x,y\in \mathbf{Z}^{+}$，$2x$ 为偶数，$3y$ 必为奇数，因此 $x=y=1$.

所以原方程的正整数解为

$$(x,y,z)=(1,1,2)\vee(2,2,1).$$

5. 奇偶性分析法

在解不定方程时，有时可以利用“偶数+偶数=偶数”“奇数+奇数=偶数”“偶数+奇数=奇数”作出分析，探讨归纳得出解答的结果. 比如，在上面的例题解答中，最后部分就是利用了奇偶性分析，从而得

出最后的结果.

例10 分23为三部分,令其第一部分的三倍,第二部分的两倍,第三部分的五倍的和为79.问这三部分各自为何正整数?

解 设23被分成x,y,z三部分,由题意列方程组得

$$\begin{cases}x+y+z=23, & \cdots\cdots① \\ 3x+2y+5z=79. & \cdots\cdots②\end{cases}$$

由①×5−②,得

$$2x+3y=36. \qquad \cdots\cdots③$$

对③进行奇偶分析:因$x,y\in \mathbf{Z}^+$,$2x$、36为正偶数,故$3y=36-2x$也为正偶数.因此$2\leqslant 3y<36$,可得$1\leqslant y<12$,又y为偶数,所以得

$$y=2,4,6,8,10.$$

将它代入③,分别得

$$x=15,12,9,6,3.$$

再将x,y的值代入①,分别得

$$z=6,7,8,9,10.$$

所以原方程组的正整数解为

$$(x,y,z)=(15,2,6)\vee(12,4,7)\vee(9,6,8)\vee(6,8,9)\vee(3,10,10).$$

三、沛尔(Pell)方程解法

二元二次不定方程$x^2-dy^2=c$,其中$d,c\in\mathbf{Z}$,$d>0$且不是完全平方数,$c\neq 0$.方程$x^2-dy^2=1$是特殊情况,也是重要的基本方程.所谓沛尔方程指的就是:

$$x^2-dy^2=1. \quad \cdots\cdots①$$

若设$(x,y)=(x_1,y_1)$是沛尔方程所有正整数解中的最小的一组解,也就是这组正整数解(x_1,y_1)能使$x_1+\sqrt{d}\cdot y_1$的值比其他解的值都小.

沛尔方程$x^2-dy^2=1$($d>0$,且d不是完全平方数)必有无穷多

组正整数解，全部的正整数解是由下面的公式给出的.

若(x_1,y_1)是沛尔方程的最小正整数解，则所有正整数解的通解为

$$\begin{cases} x_n=\dfrac{1}{2}[(x_1+\sqrt{d}\cdot y_1)^n+(x_1-\sqrt{d}\cdot y_1)^n], \\ y_n=\dfrac{1}{2\sqrt{d}}[(x_1+\sqrt{d}\cdot y_1)^n-(x_1-\sqrt{d}\cdot y_1)^n] \end{cases} (n\in \mathbf{N}^*).$$

例1 求方程的正整数解：$x^2-3y^2=1$.

解 此方程的一组最小正整数解$(x_1,y_1)=(2,1)$，$d=3$是非平方数.故可代入求解公式，得到它的所有正整数解的通解

$$\begin{cases} x_n=\dfrac{1}{2}[(2+\sqrt{3})^n+(2-\sqrt{3})^n], \\ y_n=\dfrac{1}{2\sqrt{3}}[(2+\sqrt{3})^n-(2-\sqrt{3})^n] \end{cases} (n\in \mathbf{N}^*).$$

例2 求方程的正整数解：$x^2+2x-5y^2=0$.

解 把原方程转化为沛尔方程

$$(x^2+2x+1)-5y^2=1,$$

即

$$(x+1)^2-5y^2=1.$$

它的一组最小正整数解$(x_1,y_1)=(8,4)$，$d=5$不是平方数.故可代入公式中，得到正整数解的通解

$$\begin{cases} x_n=\dfrac{1}{2}[(9+4\sqrt{5})^n+(9-4\sqrt{5})^n], \\ y_n=\dfrac{1}{2\sqrt{5}}[(9+4\sqrt{5})^n-(9-4\sqrt{5})^n] \end{cases} (n\in \mathbf{N}^*).$$

四、勾股方程的解法

若正整数x、y、z，满足等式

$$x^2+y^2=z^2. \quad \cdots\cdots①$$

则x、y、z，称之为一组勾股数.像①这样的不定方程叫做勾股方程.

勾股方程的任意正整数解是由以下一个定理给出的：

定理4 不定方程 $x^2+y^2=z^2$，若满足 $2\mid y$（即 y 为偶数），则它的一切基本解为

$$\begin{cases}x=a^2-b^2,\\ y=2ab,\\ z=a^2+b^2.\end{cases}$$

其中 $a>b>0$，$a,b\in\mathbf{N}^*$，$(a,b)=1$，且 a 和 b 一个是奇数，一个是偶数.

例1 求不定方程的一切正整数解：$x^2+2y^2=z^2$，$(x,y)=1$.

解 对 x、y、z 进行奇偶性分析：若 x,z 为奇数，y 为偶数.

由 $(x,y)=1$，$x^2+2y^2=z^2$，推得 $(x,z)=1$.

由 $[(z+x,z-x)\mid 2(x,z)]\wedge(x,z)=1\wedge(x,z$ 均为奇数$)$，推得 $(z+x,z-x)=2$，就是说 $z+x$ 与 $z-x$ 不能都是4的倍数.故得

$$\left(\frac{x+z}{2},z-x\right)=1 \text{ 或 } \left(x+z,\frac{x-z}{2}\right)=1.$$

由 $x^2+2y^2=z^2$，得

$$y^2=\frac{z+x}{2}\cdot(z-x) \text{ 或 } y^2=(z+x)\cdot\frac{z-x}{2}.$$

根据性质"设 x,y 为正整数，z 为整数，且 $(x,y)=1$，如果 $xy=z^2$，则存在互素的正整数 a,b，使得 $x=a^2$，$y=b^2$."又因为 $z+x$，$z-x$ 都是偶数，得

$$\frac{z+x}{2}=a^2,\ z-x=4b^2,\ y=2ab$$

$$\text{或 } \frac{z-x}{2}=a^2,\ z+x=4b^2,\ y=2ab.$$

故得

$$x=\left|a^2-2b^2\right|,\ y=2ab,\ z=a^2+2b^2,\quad \cdots\cdots①$$

其中 $a>0$，$b>0$，$(a,b)=1$，a,b 不是偶数.

反之，设 a,b 满足 $a>0$，$b>0$，$(a,b)=1$，且 a,b 不是偶数，x,y,z 由①给出，则有

$$x^2+2y^2=(a^2-2b^2)^2+2(2ab)^2=(a^2+2b^2)^2=z^2.$$

再设$(x,y)=d$，则由$d\mid(a^2-2b^2)$，$d\mid(a^2+2b^2)$推得$d\mid 2(a^2,2b^2)$.由于$(a,b)=1$，a不是偶数，因而$d=1$.这说明方程$x^2+2y^2=z^2$的一切正整数解都可以表示成①的形式.

例2　设$n\in\mathbf{N}$，证明方程有正整数解：$x^2+y^2=z^n$.

证明　依照定理4，有正整数a,b,c适合

$$a^2+b^2=c^2.$$

两边同乘以c^{2n-2}，得

$$(ac^{n-1})^2+(bc^{n-1})^2=(c^n)^2.$$

所以原方程的正整数解为

$$x=ac^{n-1},\ \ y=bc^{n-1},\ \ z=c^n\ (n\in\mathbf{N}).$$

例3　求方程的一切正整数解：$x^2+y^2=2z^2$，其中$x>y$，$(x,y,z)=1$.

解　因为$z\in\mathbf{Z}^+$，$2z^2\in\{$正偶数$\}$，故而x与y要么同时为奇数，要么同时为偶数.

(1)若x与y同时为偶数，则$4\mid x^2$，$4\mid y^2$，推得$4\mid 2z^2$.故有$2z^2=4t$，即$z^2=2t$.所以$z\in\{$正偶数$\}$，这与已知$(x,y,z)=1$相矛盾，所以x与y同时为偶数不成立.

(2)若x与y同时为奇数，此时$x+y$，$x-y$都是偶数.设

$$\begin{cases}x+y=2u,\\x-y=2v\end{cases}\quad(u,v\text{都是正整数}).$$

则有

$$\begin{cases}x=u+v,\\y=u-v.\end{cases}\quad\cdots\cdots①$$

由于x,y都是奇数，据①可推得u,v一个是奇数，一个是偶数.

下面证明$(u,v)=1$：设$(x,y)=d$，d为奇数，故有$x=dx_1$，$y=dy_1$，$(x_1,y_1)=1$，$x_1,y_1\in\mathbf{Z}^+$.所以

$$x^2+y^2=d^2(x_1^2+y_1^2)=2z^2.$$

由于$(d^2,2)=1$，故$d^2\mid z^2$，即$d\mid z$.又因为$(x,y,z)=1$，所以$d=1$.由此得$(u+v,u-v)=1$，于是$(u+v,2u)=1$.由于$x=u+v$是奇数，所以

$$(u,v)=(u+v,u)=(u+v,2u)=1.$$

把 $x=u+v, y=u-v$,代入 $x^2+y^2=2z^2$,得

$$(u+v)^2+(u-v)^2=2z^2. \qquad \cdots\cdots②$$

将②化简后,得

$$u^2+v^2=z^2, (u,v)=1.$$

故 u,v,z 为一组基本勾股数,根据定理4得

1°当 u 为奇数时,它的解是

$$\begin{cases} u=p^2-q^2, \\ v=2pq, \\ z=p^2+q^2. \end{cases}$$

推得

$$\begin{cases} x=u+v=p^2-q^2+2pq, \\ y=u-v=p^2-q^2-2pq, \\ z=p^2+q^2. \end{cases}$$

2°当 u 为偶数时,它的解为

$$\begin{cases} x=p^2-q^2+2pq, \\ y=2pq-p^2+q^2, \\ z=p^2+q^2. \end{cases}$$

由于 $u>v$,所以

$$\begin{cases} x=p^2+2pq-q^2, \\ y=\left|p^2-2pq-q^2\right|, \\ z=p^2+q^2. \end{cases}$$

其中 $(p,q)=1$, $p>q$, p,q 一个是奇数一个是偶数.

五、解不定方程 $xy=z^2$ 的有理比值法

求不定方程 $xy=z^2$ 一切正整数解时,我们先引入一个有理比值 $\frac{b}{a}$, $(a,b)=1$,然后导出解的一个整数连比式,从而得出不定方程的

通解表达式.这种解不定方程的方法,我们把它叫做有理比值法.

求不定方程

$$xy=z^2,(x,y)=1 \qquad \cdots\cdots①$$

的一切正整数解,运用有理比值法的具体做法是:

设x,y,z为方程的一组解,因x,y,z皆为正整数,故可设

$$y=\frac{bz}{a},a>0,b>0\ (a,b)=1, \qquad \cdots\cdots②$$

将上面所设代入①,得

$$\frac{bx}{a}=z. \qquad \cdots\cdots③$$

根据①②③,得

$$x:y:z=\frac{a}{b}:\frac{b}{a}:1=a^2:b^2:ab.$$

由于$(a,b)=1$,故得$(a^2,b^2)=1$,再由$(x,y)=1$,得

$$x=a^2,\ y=b^2,\ z=ab,\ a>0,b>0,(a,b)=1.$$

例1 求不定方程的一切正整数解:$x^{-2}+y^{-2}=z^{-2},(x,y,z)=1$.

解 设x,y,z是原方程的一组解,将原方程两边乘以$x^2y^2z^2$得

$$z^2(x^2+y^2)=x^2y^2, \qquad \cdots\cdots①$$

又因$(x,y,z)=1$,由此可推出x,y中必有一个奇数一个偶数,z必是偶数.不妨设y是奇数,由于

$$\frac{1}{x^2}+\frac{1}{y^2}=\frac{1}{z^2}\Rightarrow\frac{1}{y^2}=\left(\frac{1}{z}-\frac{1}{x}\right)\left(\frac{1}{z}+\frac{1}{x}\right),$$

令$\frac{1}{z}-\frac{1}{x}=\frac{1}{y}\cdot\frac{b}{a},(a,b)=1$,由此可得

$$\frac{1}{y}=\frac{b}{a}\left(\frac{1}{z}+\frac{1}{x}\right).$$

又因 $a>b$,故可得

$$\frac{z}{y}=\frac{2ab}{a^2+b^2},\quad \frac{x}{y}=\frac{2ab}{a^2-b^2},$$

于是得

$$x:y:z=\frac{2ab}{a^2-b^2}:1:\frac{2ab}{a^2+b^2}=2ab(a^2+b^2):(a^4-b^4):2ab(a^2-b^2). \cdots\cdots②$$

下面证明a,b不可能都是奇数,我们用反证法,假设a,b都是奇数.令$r=\frac{a+b}{2}$,$s=\frac{a-b}{2}$,则得

$$a=r+s,\ b=r-s. \quad \cdots\cdots③$$

由$(a,b)=1$,得$(r,s)=1$,r与s一个是奇数一个是偶数.将③代入②可得

$$x:y=(r^4-s^4):2rs(r^2+s^2).$$

因r^4-s^4与y皆为奇数,上式不可能成立.所以a,b必为一奇一偶.又由$(x,y,z)=1$以及②式,得

$$x=2ab(a^2+b^2),\ y=a^4-b^4,\ z=2ab(a^2-b^2), \quad \cdots\cdots④$$

其中$a>b>0$,$(a,b)=1$,a与b为一奇一偶.

反之,可以验证④满足方程①,故①的一切正整数解可以用④来表示.

例2 求不定方程的一切正整数解:$x^{-1}+y^{-1}=z^{-1}$,$(x,y,z)=1$.

解 由$\frac{1}{x}+\frac{1}{y}=\frac{1}{z}$可得

$$z(x+y)=xy.$$

设$y=\frac{bx}{a}$,$b>0$,$a>0$,$(a,b)=1$,则有

$$z(x+\frac{bx}{a})=x\cdot\frac{bx}{a},$$

故而得$z=\frac{bx}{a+b}$,因此

$$x:y:z=1:\frac{b}{a}:\frac{b}{a+b}=a(a+b):b(a+b):ab.$$

设$d\mid a(a+b)$,$d\mid b(a+b)$,$d\mid ab$,推得$d\mid a^2$,$d\mid b^2$,$d\mid(a^2,b^2)$.但是$(a,b)=1$,有$(a^2,b^2)=1$,所以

$$(a(a+b),b(a+b),ab)=1,$$

又已知$(x,y,z)=1$,故可得

$$x=a(a+b),\ \ y=b(a+b),\ \ z=ab, \quad \cdots\cdots ①$$

其中 $a>0, b>0, (a,b)=1$.

反之,①显然满足原不定方程,因此原不定方程一切正整数解均可以用①来表示.

例3 求不定方程的正整数解: $y(x+y+z)=z^2+zx+x^2, (x,y,z)=1$.

解 原方程等价于

$$(y+z)(x+y)=(x+z)^2.$$

设 $z+x=\dfrac{b(x+y)}{a}, (a,b)=1, a>0, b>0$,由此可以得

$$x:y:z=(a^2-b^2+ab):(a^2+b^2-ab):(-a^2+b^2+ab).$$

设 $(a^2-b^2+ab, a^2+b^2-ab, -a^2+b^2+ab)=d$,则 $d \mid 2(a^2,b^2), (a,b)=1$,故得 $d=1$ 或2,但是 d 为奇数,所以 $d=1$. 故得

$$x=a^2-b^2+ab,\ \ y=a^2+b^2-ab,\ \ z=-a^2+b^2+ab.$$

其中 $(a,b)=1$,且 $\dfrac{\sqrt{5}+1}{2}\cdot b>a>\dfrac{\sqrt{5}-1}{2}\cdot b>0$.

六、解形如 $ay^2=x(x+1)$ 二次不定方程的递推法

已知形如 $ay^2=x(x+1)$ 二次不定方程(其中 $a\in\mathbf{Z}^+$),求其正整数解时,可以采用逐步递推的方法.由于递推的方法已作过介绍,下面只举例来说明如何使用.

例1 求方程的正整数解: $3y^2=x(x+1)$.

解 令 $x=3v^2$,则 $x+1=3v^2+1$. 故而

$$3y^2=3v^2(3v^2+1)\Leftrightarrow y^2=v^2(3v^2+1).$$

因为 y^2, v^2 是完全平方的正整数,故可令 $3v^2+1=u^2(u\in\mathbf{Z}^+)$,即

$$u^2-3v^2=1. \quad \cdots\cdots ①$$

所以有

$$x=3v^2,\ \ y=uv(u, v\in\mathbf{Z}^+). \quad \cdots\cdots ②$$

先求①的一组最小正整解 (u_1, v_1),故有

$$u_1^{\ 2}-3v_1^{\ 2}=1,$$

将它两边平方，得

$$u_1^{\ 4}+9v_1^{\ 4}-6u_1^{\ 2}v_1^{\ 2}=1 \Leftrightarrow (u_1^{\ 2}+3v_1^{\ 2})^2-3(2u_1v_1)^2=1,$$

于是又得①的另一组解

$$u=u_1^{\ 2}+3v_1^{\ 2},\ \ v=2u_1v_1. \quad \cdots\cdots③$$

如果我们找到①的一组最小正整数解：$(u_1,v_1)=(2,1)$，那就可以利用③作为递推式，逐步递推出①的各组正整数解.

$$\begin{cases}u_2=u_1^{\ 2}+3v_1^{\ 2}=2^2+3\cdot1=7,\\ v_2=2u_1v_1=2\cdot2\cdot1=4.\end{cases}$$

$$\begin{cases}u_3=u_2^{\ 2}+3v_2^{\ 2}=7^2+3\cdot16=97,\\ v_3=2u_2v_2=2\cdot7\cdot4=56.\end{cases}$$

$$\begin{cases}u_4=u_3^{\ 2}+3v_3^{\ 2}=97^2+3\cdot56^2=18817,\\ v_4=2u_3v_3=2\cdot97\cdot56=10864.\end{cases}$$

$$\cdots$$

$$\begin{cases}u_n=u^2_{\ n-1}+3v^2_{\ n-1},\\ v_n=3u_{n-1}v_{n-1}\end{cases}\quad(n\in\mathbf{Z}^+).$$

应用③得出的值，代入②就得到了 x_n,y_n 的对应值.

$$\begin{cases}x_1=3v_1^{\ 2}=3\cdot1=3,\\ y_1=u_1v_1=2\cdot1=2.\end{cases}$$

$$\begin{cases}x_2=3v_2^{\ 2}=3\cdot16=48,\\ y_2=u_2v_2=7\cdot4=28.\end{cases}$$

$$\cdots$$

$$\begin{cases}x_n=3v_n^{\ 2},\\ y_n=u_nv_n\end{cases}\quad(n\in\mathbf{Z}^+).$$

例2 求方程的正整数解：$5y^2=x(x+1)$.

解 令 $x=5v^2$，则有 $x+1=5v^2+1$，代入原方程得

$$5y^2=5v^2(5v^2+1),$$

去系数得

$$y^2 = v^2(5v^2+1). \qquad \cdots\cdots①$$

再令 $5v^2+1=u^2$,得

$$u^2-5v^2=1. \qquad \cdots\cdots②$$

由①②得 $y^2=v^2u^2$,即 $y=vu$. 所以

$$x=5v^2,\ \ y=uv. \qquad \cdots\cdots③$$

设②的一组最小的正整数解为(u_1,v_1),则满足②,得

$$u_1^{\ 2}-5v_1^{\ 2}=1.$$

两边平方得

$$u_1^{\ 4}+25v_1^{\ 4}-10u_1^{\ 2}v_1^{\ 2}=1,$$

将它化为

$$(u_1^{\ 2}+5v_1^{\ 2})^2-5(2u_1v_1)^2=1.$$

由此得到②的解

$$u=u_1^{\ 2}+5v_1^{\ 2},\ \ v=2u_1v_1. \qquad \cdots\cdots④$$

容易求②的一组最小正整数解为$(u_1,v_1)=(9,4)$,据此最小正整数解就可以利用④作为递推公式,递推出②的其余各组正整数解,进而利用③求出原方程的其他正整数解.

$$\begin{cases} u_2=u_1^{\ 2}+5v_1^{\ 2}=9^2+5\cdot4^2=161, \\ v_2=2u_1v_1=2\cdot9\cdot4=72. \end{cases}$$

$$\begin{cases} u_3=u_2^{\ 2}+5v_2^{\ 2}=161^2+5\cdot72^2=51841, \\ v_3=2u_2v_2=2\cdot161\cdot72=23184. \end{cases}$$

$$\cdots$$

$$\begin{cases} u_n=u^2_{\ n-1}+5v^2_{\ n-1}, \\ v_n=2u_{n-1}v_{n-1} \end{cases} \quad (n\in\mathbf{Z}^+).$$

应用③得

$$\begin{cases} x_1=5v_1^{\ 2}=5\cdot4^2=80, \\ y_1=u_1v_1=9\cdot4=36. \end{cases}$$

$$\begin{cases} x_2 = 5{v_2}^2 = 5\cdot 72^2 = 25920, \\ y_2 = u_2 v_2 = 72\cdot 161 = 11592. \end{cases}$$

$$\cdots$$

$$\begin{cases} x_n = 5{v_n}^2, \\ y_n = u_n v_n \end{cases} \quad (n \in \mathbf{Z}^+).$$

例 3　求方程的一切正整数解：$dy^2 = x(x+1)$，其中 d 不是完全平方数，$d \in \mathbf{Z}^+$.

解　令 $x = dv^2, x+1 = dv^2+1$. 代入原方程得

$$dy^2 = dv^2(dv^2+1),$$

两边除以 d，得

$$y^2 = v^2(dv^2+1). \quad \cdots\cdots①$$

设 $dv^2+1 = u^2$，移项得

$$u^2 - dv^2 = 1\,(d \in \mathbf{Z}^+). \quad \cdots\cdots②$$

②是沛尔(Pell)方程，在 $d \in \mathbf{Z}^+$ 时必存在无穷多组正整数解. 由①②得

$$x = dv^2,\ \ y = uv. \quad \cdots\cdots③$$

同时，②的解中必能找到一组最小正整数解 $(u,v) = (u_1,v_1)$，满足

$${u_1}^2 - d{v_1}^2 = 1.$$

将其两边平方，得

$$({u_1}^2 - d{v_1}^2)^2 = 1,$$

变换成

$$({u_1}^2 + d{v_1}^2)^2 - d(2u_1v_1)^2 = 1.$$

由此得②的解

$$u = {u_1}^2 + d{v_1}^2,\ \ v = 2u_1v_1, \quad \cdots\cdots④$$

且

$$x = dv^2,\ \ y = uv \quad \cdots\cdots⑤$$

这样，只要找到②的最小正整数解 $(u,v) = (u_1,v_1)$，就可以利用④递推出其他各组解

$$\begin{cases} u_n = u_{n-1}^2 + dv_{n-1}^2, \\ v_n = 2u_{n-1}v_{n-1} \end{cases} \quad (n \in \mathbf{Z}^+).$$

再利用⑤,逐步递推出原方程的正整数解

$$\begin{cases} x_n = dv_n^2, \\ y_n = u_n v_n \end{cases} \quad (n \in \mathbf{Z}^+).$$

七、解多元高次不定方程的奇偶性分析法

利用整数集合 **Z** 中奇数与偶数的性质,通过分析与讨论确定不定方程的解,除了可以用它来解二元一次不定方程以外,还可以用它来解多元高次不定方程.先让我们来复习一下奇数与偶数的性质.

若 $n \in \mathbf{Z}, P_n = 2n$ 表达的是偶数,$q_n = 2n+1$ 表达的是奇数,则

① $\{P \mid P_{2n} = 2n,\ n \in \mathbf{Z}\} \cup \{q \mid q_n = 2n+1,\ n \in \mathbf{Z}\}$;

② $2n \neq 2n+1$;

③ $P_n \mp q_k = q_s,\ P_n \mp P_k = P_s,\ q_n \mp q_k = P_s$;

④ $q_n \cdot q_k = q_s,\ q_n \cdot P_k = P_s,\ P_n \cdot P_k = P_s$.

例1 方程是否有整数解:$x^4 + y^4 = 1982$.

解 假设 $x^4 + y^4 = 1982$ 有整数解.因为1982是偶数,故而x或y必同时为偶数,或者同时为奇数.

(1)假设x,y同时为偶数.

不妨设 $x = 2m, y = 2n$($m, n \in \mathbf{Z}$),将它们代入原方程,得

$$(2m)^4 + (2n)^4 = 1982,$$

化简得

$$8m^4 + 8n^4 = 991.$$

上面等式左边为偶数,右边为奇数,产生矛盾,故假设不能成立.

(2)假设x,y同时为奇数.

设 $x = 2m+1, y = 2n+1$($m, n \in \mathbf{Z}$),将它们代入原方程,得

$$(2m+1)^4 + (2n+1)^4 = 1982,$$

化简得

$$4(m^4+n^4)+8(m^3+n^3)+6(m^2+n^2)+2(m+n)=495.$$

上面等式左边为偶数,右边为奇数,引出矛盾,故假设不成立.

综合(1)(2),得出原方程没有正整数解.

例2 求方程的整数解:$x^2+y^2+z^2=2xyz$.

解 因为$x,y,z\in\mathbf{Z}$,$2xyz\in\{\text{偶数}\}$,若方程有整数解,则有以下两种可能:

(1)x,y,z中有一个是偶数,另两个是奇数;

(2)x,y,z全部都是偶数.

若假设(1)为真:设$x=2m$,$y=2n+1$,$z=2k+1$($m,n,k\in\mathbf{Z}$),将其代入原方程,得

$$(2m)^2+(2n+1)^2+(2k+1)^2=2(2m)(2n+1)(2k+1),$$

变形后得

$$2(m^2+n^2+k^2)+2(n+k)+1=2m(2n+1)(2k+1).$$

上面的等式中,左边是奇数,右边是偶数,引产生了矛盾,故而假设(1)不成立.

若假设(2)为真:设$x=2m$,$y=2n$,$z=2k$($m,n,k\in\mathbf{Z}$),将其代入原方程,得

$$(2m)^2+(2n)^2+(2k)^2=2(2m)(2n)(2k),$$

即

$$m^2+n^2+k^2=4mnk.$$

上式中若m,n,k一个为偶数,两个为奇数,由(1)知是不可能的.若三个都是奇数或两个是偶数一个是奇数,上式也不能成立.所以m,n,k只能全部是偶数.

因此可再令$m=2m_1$,$n=2n_1$,$k=2k_1$,代入上式得

$$m_1{}^2+n_1{}^2+k_1{}^2=8m_1n_1k_1,$$

如此下去,满足方程的整数只能是偶数,且不论被2除多少次,所得仍是偶数,具有这些性质的偶数只能是零.所以,原不定方程的整数

解仅为零解：$x=y=z=0$.

例3 求不定方程的素数解：$x^y+1=z$.

解 所谓素数解，就是在所有解(x,y,z)中找到x,y,z的值全是素数的解.

由原方程 $x^y+1=z$ 可以得出 y 必为偶数.这是因为z是素数，x^y+1也是素数，假设y是奇数，则有

$$x^y+1=(x+1)(x^{y-1}-x^{y-2}+\cdots+1)=z,$$

这与z为素数相悖.所以y是偶数，而y又是素数，所以 $y=2$. 又因为 $z=x^2+1\geqslant 2^2+1=5$，所以z是奇素数.

而 $x^2=z-1$ 是偶数，x既是素数又是偶数，故 $x=2$，由此得 $z=5$. 所以原方程的素数解为$(x,y,z)=(2,2,5)$.

例4 讨论方程正整数解的存在情况：$x^2-y^2=n\ (n\in \mathbf{Z}^+)$.

解 将原方程变形为

$$(x+y)(x-y)=n. \quad \cdots\cdots①$$

由于x,y,n都是正整数，由①得 $x>y$. 因此 $x+y$ 与 $x-y$ 同时是两个奇数或两个偶数，且是大小不同的正整数.

由①知，如果n不能分解成奇偶性相同，大小不同的正整数，则原方程就没有正整数解.

如果能够分解，可设$n=p\cdot q$ (p,q同奇同偶，$p>q$)，则

$$\begin{cases}x+y=p,\\x-y=q\end{cases}\Rightarrow\begin{cases}x=\dfrac{p+q}{2},\\y=\dfrac{p-q}{2}\end{cases}(x,y\text{为正整数}).$$

此时 $\dfrac{(p+q)^2}{4}-\dfrac{(p-q)^2}{4}=pq=n$，方程有正整数解.

下面讨论原方程对于n有无正整数解的情形：

(1) 当n为奇数时，由于 $n=n\cdot 1$，故只要 $n>1$，方程就有正整数解.当 $n=1$ 时，方程没有正整数解.

(2)当n为偶数时,n应分解成大小不等的两个正偶数的积.如果n是2的奇数倍,这样n的条件约束找不到,所以此时方程没有正整数解.如果n是4的倍数,设$n=4n_1$,n_1应能分解成两个不相等的正整数的积,所以当$n_1=1$,$n=4$时方程没有正整数解.当$n_1>1$时,也就是$n>4$时方程才有正整数解.

§ 31　线性同余方程的解法

线性同余方程的解法是建立在同余式知识之上,因此我们先来熟悉一下同余式的相关知识.

一、同余式的概念及性质

一个整数a被m除时,得到商q_1和唯一的一个余数r.另一个整数b也被m除时,得到商q_2,得到的唯一余数也是r.即

$$\begin{cases}a=mq_1+r,\\ b=mq_2+r\end{cases}(\text{其中}0\leqslant r<m).$$

那么我们说a与b对于模m,有同一个余数r,写成

$$a\equiv b(\operatorname{mod} m).$$

可以简略地读作:对于模m,a和b同余.其中mod是英文模module的缩写.

$$a\equiv b(\operatorname{mod} m)\Leftrightarrow m\,|\,(a-b)\Leftrightarrow a-b=m(q_1-q_2).$$

同余式的性质:

(1)同余式可以逐项相加.

若$a_1\equiv b_1(\operatorname{mod} m)$, $a_2\equiv b_2(\operatorname{mod} m)$, $\cdots$, $a_n\equiv b_n(\operatorname{mod} m)$,则$a_1+a_2+\cdots+a_n\equiv(b_1+b_2+\cdots+b_n)(\operatorname{mod} m)$.

(2)同余式一边的数可以移到另一边,只要改变符号就可以了.

若$a+b\equiv c(\operatorname{mod} m)$,则$a\equiv c-b(\operatorname{mod} m)$.

(3)同余式的每一边都可以增加或减去模的任意倍数.

若 $a\equiv b(\bmod m)$，则 $a\mp km\equiv b(\bmod m)$.

(4)同余式可以逐项相乘.

若 $a_1\equiv b_1(\bmod m)$，$a_2\equiv b_2(\bmod m)$，$\cdots$，$a_n\equiv b_n(\bmod m)$，则 $a_1a_2\cdots a_n\equiv b_1b_2\cdots b_n(\bmod m)$.

(5)我们可以将性质(1)(4)推广成以下的情形.

① 若 $A\equiv B(\bmod m)$，$x_1\equiv y_1(\bmod m)$，$x_2\equiv y_2(\bmod m)$，$\cdots$，$x_k\equiv y_k(\bmod m)$，则

$$\sum Ax_1^{a_1}x_2^{a_2}\cdots x_k^{a_k}\equiv\sum By_1^{a_1}y_2^{a_2}\cdots y_k^{a_k}(\bmod m).$$

②若 $a_0\equiv b_0(\bmod m)$，$a_1\equiv b_1(\bmod m)$，$\cdots$，$a_n\equiv b_n(\bmod m)$，则

$$a_0x^n+a_1x^{n-1}+\cdots+a_n\equiv(b_0x^n+b_1x^{n-1}+\cdots+b_n)(\bmod m).$$

(6)同余式两边的数如有公约数，此公约数又和模互素，那么就可以把两边的数除以这个公约数.

若 $a\equiv b(\bmod m)$，且 $a=a_1d$，$b=b_1d$，$(d,m)=1$，则 $a_1\equiv b_1(\bmod m)$.

(7)同余式两边的数和模可以同时乘上一个整数.

若 $a\equiv b(\bmod m)$，则 $ak\equiv bk(\bmod km)$.

(8)同余式两边的数和模可以同时被它们任一公约数除.

若 $a\equiv b(\bmod m)$，$a=a_1d$，$b=b_1d$，$m=m_1d$，则 $a_1\equiv b_1(\bmod m_1)$.

(9)如果同余式对于模 m 成立，那么它对于 m 的任意约数相等的模 d 也成立.

若 $a\equiv b(\bmod m)$，$m=m_1d$，则 $a\equiv b(\bmod d)$.

(10)如果同余式一边上的数和模能被某个数除尽，则同余式的另一边的数也能被这个数除尽.

若 $a\equiv b(\bmod m)$，$k\mid a$，$k\mid m$，则 $k\mid b$.

(11)同余式一边上的数与模的最大公约数，等于另一边上的数与模的最大公约数.

若 $a\equiv b(\bmod m)$，则 $(a,m)=(b,m)$.

二、剩余类与完全剩余系

剩余类与完全剩余系,是有关整数 $\mathbf{Z}$ 等价分类的概念.

1. 模 m 的剩余类

设 m 为正整数, $Cr=\{qm+r|q=0,\mp 1,\mp 2,\cdots\}$ $(r=0,1,2,\cdots,m-1)$,我们把 $C_0,C_1,C_2,\cdots,C_{m-1}$,称之为模 m 的剩余类.

如果我们取 C_r 中的 $r\in\mathbf{Z}$, $r=0,1,2,\cdots,m-1$ 作为 C_r 的代表元,那么模 m 的剩余类可以记成[0],[1],[2],$\cdots$,[$m-1$],它们是以 r 为代表元的等价类.它具有以下的性质:

(1) $C_0\cup C_1\cup C_2\cup\cdots\cup C_{m-1}=\mathbf{Z}$,其中 $i\neq j$ 时, $C_i\cap C_j=\varnothing$.

(2)设 $\forall n\in\mathbf{Z}$, $n=mq+r$,则必有 $n\in C_r$.

(3) $a,b\in C_r\Leftrightarrow a\equiv b\equiv r(\bmod m)$ $(0\leqslant r\leqslant m-1)$.

2. 模 m 的完全剩余系

设 $C_0,C_1,C_2,\cdots,C_{m-1}$ 是模 m 的剩余类,分别取 $r_0,r_1,r_2,\cdots,r_{m-1}$ 为它们的代表元,那么就称数组 $\{r_0,r_1,r_2,\cdots,r_{m-1}\}$ 为模 m 的一个完全剩余系.它具有以下的性质:

(1)任何 m 个连续整数,都是模 m 的一个完全剩余系.模 m 绝对值最小的完全剩余系,称为最小绝对剩余系.

(2)设 $r_0,r_1,r_2,\cdots,r_{m-1}$ 是模 m 的一组完全剩余系,且 $(a,m)=1$, $b\in\mathbf{Z}$,则 $ar_0+b,ar_1+b,\cdots,ar_{m-1}+b$ 也是模 m 的一组完全剩余系.

(3)设 m_1,m_2 为互素的两个正整数,若 x_1 和 x_2 是分别取遍模 m_1 与 m_2 的一个完全剩余系,则 $m_2x_1+m_1x_2$ 也是取遍模 m_1 与 m_2 的一个完全剩余系.

三、简化剩余系

模 m 的简化剩余系又称之为与模 m 互素的剩余系.它是从模 m 的完全剩余系中,再分出与模 m 互素的剩余系,又叫缩系.通常与模 m 互素的剩余系是从最小非负剩余系 $0,1,2,\cdots,m-1$ 中分出来的.

例如：与模42互素的剩余系，是从模42完全剩余系

$$\{0,1,2,3,4,5,6,\cdots,37,38,39,40,41\}$$

中分出来的，即

$$\{1,5,11,13,17,19,23,25,29,31,37,41\}.$$

模m的简化剩余系具有以下性质：

(1)模m的简化剩余系中，含有$\varphi(m)$个数，$\varphi(m)$表示小于m且与m互质的数的个数.

①若m为质数，则$\varphi(m)=m-1$.

②若m为合数，先对m进行标准分解$m=a_1^{b_1}a_2^{b_2}\cdots a_k^{b_k}$，那么

$$\varphi(m)=m\left(1-\frac{1}{a_1}\right)\left(1-\frac{1}{a_2}\right)\cdots\left(1-\frac{1}{a_k}\right).$$

(2)当$(a,m)=1$时，若$r_1,r_2,\cdots,r_k$是模m的一个简化剩余系，则$ar_1,ar_2,\cdots,ar_k$也是模m的一个简化剩余系.

(3)设m_1,m_2是两个互素的正整数，若x_1与x_2分别是取遍模m_1与m_2的一个简化剩余系，那么$m_1x_1+m_1x_1$也是取遍m_1与m_2的一个简化剩余系.

四、Euler定理、Fermat定理、Wilson定理

Euler定理　设$m>1$，而且$(a,m)=1$，则$a^{\varphi(m)}\equiv 1(\bmod m)$.

Fermat定理　设p为素数，p不能整除a，则$a^{p-1}\equiv 1(\bmod p)$.

Wilson定理　设p为素数，则$(p-1)!=-1(\bmod p)$.

五、线性同余方程的解法

含有未知数的同余式就叫做同余方程.

设$a_k\in\mathbf{Z},k=0,1,2,\cdots,n,m\nmid a_n$，则

$$f(x)=a_nx^n+a_{n-1}x^{n-1}+\cdots+a_1x+a_0\equiv 0(\bmod m),\quad\cdots\cdots①$$

称之为模m的一元n次同余方程，n是它的次数.如$18x^5+12x^4-24x^3+5x^2+11x-1\equiv 0(\bmod 6)$与$14x^3+5x^2+13x+2\equiv 0(\bmod 7)$，它们都是一

元二次同余方程，且符合$m \nmid a_n$.

若使得$f(x_0) \equiv 0 \pmod m$，我们就把$x \equiv x_0 \pmod m$称之为同余方程的解.求同余方程解的过程，就叫做解同余方程.若$x_1 \equiv x_0 \pmod m$，由同余方程的性质知

$$f(x_1) \equiv f(x_0) \pmod m,$$

x_1也是这个同余方程的解.对于模m同余的解只看做一个解.只有对于模m不同余的解，才叫做不同的解.

若一个模m的同余式的解是模m的全体剩余类，则称这个同余式为恒等同余式，反之称之为条件同余式（又称同余方程）.

解同余方程，常常要根据以下定理来进行.

定理1 设m为正整数，若$(a, m)=1$，则同余方程

$$ax \equiv b \pmod m$$

只有一个解.

定理2 设m为正整数，若$(a, m)=d$，则同余方程

$$ax \equiv b \pmod m$$

有解的充要条件是$d \mid m$，此时解的个数恰好是d个.

定理3 设m为正整数，$n \geqslant 1$，则同余方程

$$a_1x_1 + a_2x_2 + \cdots + a_nx_n \equiv b \pmod m \quad \cdots\cdots ①$$

有解的充要条件是

$$(a_1, a_2, \cdots, a_n, m) \mid b. \quad \cdots\cdots ②$$

若②成立时，①的解的个数有$m^{n-1} \cdot (a_1, a_2, \cdots, a_n, m)$个.

同余方程具体有以下一些解法.

1. 验证法

设m是正整数，$f(x)$为整系数多项式，若要求解同余方程

$$f(x) \equiv 0 \pmod m,$$

在模m不太大的情形下，我们只需要把模m的完全剩余系$0, 1, 2, \cdots, m-1$，逐个代入上述方程中加以验证，就可以找到它的解了.

例1 求解同余方程：$f(x)=x^5+x+1 \equiv 0 \pmod 7$.

解 由于模7的完全剩余系是0,1,2,3,4,5,6,将它们逐一代入,只有$7\mid(2^5+2+1)=35$,$7\mid(4^5+4+1)=1029$.所以$x=2$,$x=4$适合,同余方程有两个解:

$$x\equiv2(\bmod 7),\ x\equiv4(\bmod 7).$$

例2 求解同余方程:$x^5+2x^4+x^3+2x^2-2x+3\equiv0(\bmod 7)$.

解 将模7的完全剩余系0,1,2,3,4,5,6逐个代入同余方程,验证后有三个解:

$$x\equiv1(\bmod 7),\ x\equiv5(\bmod 7),\ x\equiv6(\bmod 7).$$

例3 解同余方程:$x^6-1\equiv0(\bmod 8)$.

解 因为任何偶数的偶次方幂为偶数,所以只需将完全剩余系中的1,3,5,7分别代入验证即可.

$$8\mid(1^6-1)=0,\quad 8\mid(3^6-1)=728,$$
$$8\mid(5^6-1)=15624,\quad 8\mid(7^6-1)=117648.$$

所以

$$x\equiv1(\bmod 8),\ x\equiv3(\bmod 8),\ x\equiv5(\bmod 8),\ x\equiv7(\bmod 8).$$

例4 求解同余方程:$y^2-x^3+1\equiv0(\bmod 3)$.

解 将$x=0,1,2$和$y=0,1,2$代入方程中验证,也就是将9对组合数组$(x,y)=(0,0),(0,1),(0,2),(1,0),(1,1),(1,2),(2,0),(2,1),(2,2)$分别代入方程验证,得到其解有三组

$(x,y)\equiv(1,0)(\bmod 3)$,$(x,y)\equiv(2,1)(\bmod 3)$,$(x,y)\equiv(2,2)(\bmod 3)$.

例5 解同余方程:$3x^3-4y^2+1\equiv0(\bmod 5)$.

解 将$x=0,1,2,3,4$与$y=0,1,2,3,4$构成的25组数对$(x,y)=(0,0),(0,1),(0,2),(0,3),(0,4),\cdots,(4,0),(4,1),(4,2),(4,3),(4,4)$分别代入方程中验证,得到五组解:

$$(x,y)=(1,1),(0,2),(1,4),(0,3),(2,0)(\bmod 5).$$

2. 简化法

所谓简化法,就是根据定理4变动同余式中未知数的系数和常

数项，并在一定的条件下进行消约简化直接得到同余方程解的方法.

定理4 如果$(a,m)=1$，$ax\equiv ab \pmod m$，则$x\equiv b \pmod m$.

证明 因为$ax\equiv ab \pmod m$，所以$m\mid(ax-ab)=a(x-b)$，又因为$(a,m)=1$，故而$m\mid(x-b)$.所以

$$x\equiv b \pmod m.$$

例6 解同余方程：$4x\equiv 1 \pmod{15}$.

解 变动常数项，使之与原方程等价

$$4x\equiv 16 \pmod{15}.$$

由于$(4,15)=1$，根据定理1知此方程有唯一一组解，再根据定理4，同余式两边同时消去因数4，就直接得到原同余方程的解

$$x\equiv 4 \pmod{15}.$$

例7 解同余方程：$14x\equiv 27 \pmod{31}$.

解 因$(14,31)=1$，故方程有唯一一组解.原方程等价于

$$14x\equiv 58 \pmod{31}.$$

将两边约去公因数2，得

$$7x\equiv 29 \pmod{31}.$$

等价于

$$7x\equiv 91 \pmod{31}.$$

将两边公因式7约去，就直接得到同余方程的解

$$x\equiv 13 \pmod{31}.$$

例8 解同余方程：$5x\equiv 21 \pmod{19}$.

解 因$(5,19)=1$，故方程有唯一一组解.变动原同余方程的常数项，得到等价的同余方程

$$5x\equiv 40 \pmod{19}.$$

两边约去公因数5，就直接得到同余方程的解

$$x\equiv 8 \pmod{19}.$$

例9 解同余方程：$15x\equiv 17 \pmod{29}$.

解 由$(15,29)=1$，知原方程有唯一一组解.因为

$$15x \equiv (17+2\cdot 29)(\bmod 29) \equiv 75(\bmod 29),$$

两边消约去公因数15，就直接得到同余方程的解

$$x \equiv 5(\bmod 29).$$

例10 解同余方程：$6x \equiv 15(\bmod 33)$.

解 因为$(6,33)=3$，$3 \mid 15$，所以原同余方程有三组解.将方程未知数系数、常数项、模同时除以3，得到等价的同余方程

$$2x \equiv 5(\bmod 11).$$

变动常数项，得等价方程

$$2x \equiv (5+5\cdot 11)(\bmod 11) \equiv 60(\bmod 11),$$

两边除以2，得解为

$$x \equiv 30(\bmod 11).$$

若

$$2x \equiv (5+3\cdot 11)(\bmod 11) \equiv 38(\bmod 11),$$

则两边除以2，得解为

$$x \equiv 19(\bmod 11).$$

若

$$2x \equiv (5+11)(\bmod 11) \equiv 16(\bmod 11),$$

则两边除以2，得解为

$$x \equiv 8(\bmod 11).$$

3. 转化法

求解同余方程 $ax \equiv b(\bmod m)$，也就是求解它的同解方程 $ax-b \equiv 0(\bmod m)$. 而它有解的充要条件是：存在整数x，y，使它满足 $ax-b=my$.

所以解同余方程 $ax \equiv b(\bmod m)$ 可以转化为 $ax-my=b$ 这样的不定方程来解.我们可先求出此不定方程x的通解，再按照同余方程所给的条件，求出原同余方程的解.

例11 解同余方程：$3x \equiv 6(\bmod 21)$.

解 由于$(3,21)=3$，$3 \mid 6$，故此方程有三个解.将同余方程$3x \equiv 6(\bmod 21)$，转化为相应的不定方程 $3x-21y=6$，将它约简移项，得

到 $x=2+7y$（x、$y\in\mathbf{Z}$, $y=0,1,2$）.用解不定方程的观察心算法，就可以得到原同余方程的三个解：

$$x\equiv 2(\bmod 21),\quad x\equiv 9(\bmod 21),\quad x\equiv 16(\bmod 21).$$

例 12 解同余方程：$9x\equiv 105(\bmod 14)$.

解 由于$(9,14)=1$，故而方程仅有一组解.将同余方程 $9x\equiv 105(\bmod 14)$，转化为相应的不定方程 $9x-14y=105$，用解不定方程的相除丢整法求出不定方程 x 的通解.求 x，得

$$x=\frac{14y+105}{9}=y+5\cdot\frac{y+21}{9},$$

设 $\frac{y+21}{9}=t(t\in\mathbf{Z})$，则

$$y=9t-21.$$

将它代入 x 中，得

$$x=(9t-21)+5t=14t-21\ (t\in\mathbf{Z},t=2).$$

所以原同余方程的解为

$$x\equiv 7(\bmod 14).$$

例 13 解同余方程：$11x\equiv 49(\bmod 20)$.

解 由于$(11,20)=1$，故而同余方程仅有一组解.将同余方程 $11x\equiv 49(\bmod 20)$，转化为相应的不定方程 $11x-20y=49$ 来求解，用相除丢整法来解不定方程的通解.求 x，得

$$x=\frac{49+20y}{11}=4+2y+\frac{5-2y}{11},$$

令 $\frac{5-2y}{11}=t$，则

$$y=\frac{5-11t}{2}=2-5t+\frac{1-t}{2},$$

再令 $\frac{1-t}{2}=t_1$，则

$$t=1-2t_1.$$

将其代入 x，y 表达式得不定方程的通解

$$\begin{cases} y=-3+11t_1, \\ x=-1+20t_1 \end{cases} (t_1 \in \mathbf{Z}, \ t_1=1).$$

由此得到同余方程的解为

$$x \equiv 19 (\bmod 20).$$

例 14 解同余方程：$111x \equiv 75 (\bmod 321)$.

解 由于(111,321)=3，3 | 75，故同余方程有三个解.将同余方程 $111x \equiv 75(\bmod 321)$，转化为相应的不定方程 $111x-321y=75$. 用辗转相除法来求其通解.将此方程各项除以3，得到同解方程

$$37x-107y=25.$$

a=37 | 107=m | 2=q_1

$\underline{\quad 74 \quad}$

r_1=33 |37=a | 1=q_2

$\underline{\quad 33 \quad}$

r_2=4 | 33=r_1 | 8=q_3

$\underline{\quad 32 \quad}$

r_3=1 | 4=r_2 | 4=q_4

$\underline{\quad 4 \quad}$

0

因为

$$m=aq_1+r_1, \ a=r_1q_2+r_2, \ r_1=r_2q_3+r_3, \ r_2=r_3q_4,$$

将上面的等式逆向逐步代入，得

$$\begin{aligned} r_3 &= r_1-r_2q_3=(m-aq_1)-(a-r_1q_2)q_3=(m-aq_1)-aq_3+r_1q_2q_3 \\ &= m-aq_1-aq_3+(m-aq_1)q_2q_3 \\ &= a(-q_1-q_3-q_1q_2q_3)+m(1+q_2q_3)=-r_3. \end{aligned}$$

所以 a,m,q_1,q_2,q_3,r_3 的具体数值代入，得

$$37 \cdot 26-107 \cdot 9=-1.$$

上面的等式各项都乘以−25，得

$$37 \cdot (-650)-107 \cdot (-225)=25.$$

它与 $37x-107y=25$ 比较后，得其一个特解 $(x,y)=(-650,-225)$. 由此

得其通解

$$x=-650-107t\ (t\in\mathbf{Z}).$$

取 $t=-7,-8,-9$,得原同余方程的三个解:

$$x\equiv 99(\bmod 321),\ x\equiv 206(\bmod 321),\ x\equiv 313(\bmod 321).$$

例 15 解同余方程: $5x\equiv 11(\bmod 43)$.

解 由于 $(5,43)=1$,故仅有一解.将同余方程转化为不定方程 $5x-43y=11$,再用辗转相除法来求其通解.

$a=5 \mid 43=m \mid 8=q_1$

40

$r_1=3 \mid 5=a \mid 1=q_2$

3

$r_2=2 \mid 3=r_1 \mid 1=q_3$

2

$r_3=1 \mid 2=r_2 \mid 2=q_4$

2

0

因为

$$m=aq_1+r_1,\ a=r_1q_2+r_2,\ r_1=r_2q_3+r_3,\ r_2=r_3q_4.$$

将上面的等式,逆向逐步代入,得

$$\begin{aligned}r_3=r_1-r_2q_3&=(m-aq_1)-(a-r_1q_2)q_3=m-aq_1-aq_3+(m-aq_1)q_2q_3\\&=a(-q_1-q_3-q_1q_2q_3)+m(1+q_2q_3).\end{aligned}$$

再将 a,m,q_1,q_2,q_3 的数值代入上面的等式,得

$$5\cdot(-17)-43\cdot(-2)=1.$$

两边乘以 11,得

$$5\cdot(-187)-43\cdot(-22)=11.$$

与 $5x-43y=11$ 作比较,得到变元 x 的通解表达式

$$x=-187-43t\ (t\in\mathbf{Z}).$$

取 $t=5$,得到原同余方程的解为:

$$x\equiv 28(\bmod 43).$$

例 16 解同余方程：$256x\equiv 179 \pmod{337}$.

解 由于$(256,337)=1$，故此同余方程仅有一解.将同余方程转化为相应的不定方程 $256x-337y=179$，用连分式法来求解不定方程.

将 $\frac{337}{256}$ 用辗转相除法，化为连分式

$a=256 \mid 337=m \mid 1=a_1$

256

$r_1=81 \mid 256=a \mid 3=a_2$

243

$r_2=13 \mid 81=r_1 \mid 6=a_3$

78

$r_3=3 \mid 13=r_2 \mid 4=a_4$

12

$r_4=1 \mid 3=r_3 \mid 3=a_5$

3

0

易知

$$\frac{p_n}{q_n}=\frac{337}{256}=1+\frac{1}{3}+\frac{1}{6}+\frac{1}{4}+\frac{1}{3},$$

$$\frac{p_{n-1}}{q_{n-1}}=1+\frac{1}{3}+\frac{1}{6}+\frac{1}{4}=\frac{104}{79}.$$

由 $p_nq_{n-1}-p_{n-1}q_n=(-1)^5$，得

$$337\cdot 79-256\cdot 104=-1,$$

即

$$256\cdot 104-337\cdot 79=1.$$

两边乘以 179，得

$$256\cdot(104\cdot 179)-337\cdot(79\cdot 179)=179.$$

与不定方程 $256x-337y=179$ 作比较，得 x 的通解表达式

$$x=104\cdot 179-337t\ (t\in\mathbf{Z}).$$

取 $t=55$，得原同余方程的解

$$x\equiv 81 \pmod{337}.$$

例 17 解同余方程：$1215x\equiv 560 \pmod{2755}$.

解 由于$(1215,2755)=5$，且$5\mid 560$，故得此方程有五个解.转化为不定方程$1215x-2755y=560$，用连分式法来求解.

先将$\dfrac{2755}{1215}$用辗转相除法化为连分式

$a=1215 \mid 2755=m \mid 2=a_1$

$\underline{\quad 2430 \quad}$

$r_1=325 \mid 1215=a \mid 3=a_2$

$\underline{\quad 975 \quad}$

$r_2=240 \mid 325=r_1 \mid 1=a_3$

$\underline{\quad 240 \quad}$

$r_3=85 \mid 240=r_2 \mid 2=a_4$

$\underline{\quad 170 \quad}$

$r_4=70 \mid 85=r_3 \mid 1=a_5$

$\underline{\quad 70 \quad}$

$r_5=15 \mid 70=r_4 \mid 4=a_6$

$\underline{\quad 60 \quad}$

$r_6=10 \mid 15=r_5 \mid 1=a_7$

$\underline{\quad 10 \quad}$

$r_7=5 \mid 10=r_6 \mid 2=a_8$

$\underline{\quad 10 \quad}$

0

易知

$$\frac{p_n}{q_n}=\frac{m}{a}=\frac{2755}{1215}=\frac{551}{243},\quad \frac{p_{n-1}}{q_{n-1}}=\frac{195}{86}.$$

由$p_nq_{n-1}-p_{n-1}q_n=(-1)^n$代入数值，得

$$551\cdot 86-243\cdot 195=(-1)^8.$$

两边乘以-1，得

$$243\cdot 195-551\cdot 86=-1.$$

两边再乘以-112，得

$$243\cdot(-112\cdot 195)-551\cdot(-112\cdot 86)=112.$$

所以 x 的通解表达式为

$$x=-112\cdot 195-551t\ (t\in\mathbf{Z}).$$

取 $t=-40,-41,-42,-43,-44$，得同余方程的五个解为：

$$x\equiv 200,751,1302,1853,2404\pmod{2755}.$$

例 18　解同余方程：$19x\equiv 1\pmod{28}$.

解　因为 $(19,28)=1$，所以同余方程仅有一解.将同余方程转化为相应的不定方程 $19x-28y=1$，并用等式法来求解此不定方程.

由于 $28=19\cdot 1+9$，即

$$19\cdot 1-28=-9,\qquad \cdots\cdots ①$$

$$19\cdot 2-28=10,\qquad \cdots\cdots ②$$

故由①+②得

$$19\cdot 3-28\cdot 2=1.$$

将上式与不定方程 $19x-28y=1$ 作比较，得 x 的通解表达式

$$x=3-28t\ (t\in\mathbf{Z}),$$

取 $t=0$，得同余方程的解

$$x\equiv 3\pmod{28}.$$

例 19　解同余方程：$7x\equiv 2\pmod{11}$.

解　因为 $(7,11)=1$，故此同余方程仅有一解.它对应的不定方程为 $7x-11y=2$，用等式法来求解.

由于 $11=7\cdot 1+4$，即

$$7\cdot 1-11=-4,\qquad \cdots\cdots ①$$

$$7\cdot 2-11=3,\qquad \cdots\cdots ②$$

故由①+②得

$$7\cdot 3-11\cdot 2=-1,$$

在等式两边同乘以 -2，得

$$7\cdot(-6)-11\cdot(-4)=2.$$

将上式与不定方程 $7x-11y=2$ 作比较，得 x 的通解表达式

$$x=-6-11t\ (t\in\mathbf{Z}).$$

取 $t=-1$,得同余方程的解

$$x \equiv 5 \pmod{11}.$$

4. 公式法

求解一次同余方程时,可以运用公式法来解,公式虽然直接,但不等同于简单,因此在解题时要注意观察.下面我们来介绍一些公式,并示例它的应用.

公式1 解同余方程 $ax \equiv b \pmod m$, m 为正整数.若 $(a,m)=1$,则此方程有唯一解

$$x \equiv ba^{\varphi(m)-1} \pmod m.$$

其中 $\varphi(m)$ 为欧拉(Euler)函数,m 为自然数,$\varphi(m)$ 表示小于 m 且与 m 互质的自然数的个数.

证明 因为 $(a,m)=1$,故同余方程有唯一解.又由欧拉(Euler)定理,得 $a^{\varphi(m)} \equiv 1 \pmod m$,由此推得

$$aba^{\varphi(m)-1} \equiv b \pmod m.$$

它与 $ax \equiv b \pmod m$ 作比较,得

$$x \equiv ba^{\varphi(m)-1} \pmod m.$$

例20 解同余方程:$8x \equiv 9 \pmod{11}$.

解 因为 $(8,11)=1$,故此同余方程仅一解.据公式1,得

$$\begin{aligned} x &\equiv 9 \cdot 8^{\varphi(11)-1} \pmod{11} \\ &\equiv (-2)(-3)^9 \pmod{11} \\ &\equiv 8 \pmod{11}. \end{aligned}$$

例21 解同余方程:$5x \equiv 11 \pmod{43}$.

解 由于 $(5,43)=1$,故此同余方程有唯一解.据公式1,得

$$\begin{aligned} x &\equiv 11 \cdot 5^{\varphi(43)-1} \pmod{43} \\ &\equiv 11 \cdot 5^{41} \pmod{43} \equiv 55 \cdot (5^{10})^4 \pmod{43} \\ &\equiv (43+12)(227107 \cdot 43+24)^4 \pmod{43} \\ &\equiv 12 \cdot 2^{44} \pmod{43} \equiv 12(7715 \cdot 43+31) \pmod{43} \\ &\equiv 12 \cdot 31 \pmod{43} \equiv 28 \pmod{43}. \end{aligned}$$

公式2 设p是素数，$0<a<p$，同余方程$ax\equiv b(\bmod p)$的解为

$$x\equiv b(-1)^{a-1}\frac{(p-1)(p-2)\cdots(p-a+1)}{a!}(\bmod p).$$

证明 因为

$$1\equiv-(p-1)(\bmod p),$$
$$2\equiv-(p-2)(\bmod p),$$
$$\cdots$$
$$a-1\equiv-(p-a+1)(\bmod p),$$

将上面各等式左右分别相乘，得

$$(a-1)!\equiv(-1)^{n-1}(p-1)(p-2)\cdots(p-a+1)(\bmod p),$$

也就是

$$\frac{(-1)^{n-1}(p-1)(p-2)\cdots(p-a+1)}{(a-1)!}\equiv 0(\bmod p),$$

因此得

$$\begin{aligned}ax&\equiv ab\cdot\frac{(-1)^{n-1}(p-1)(p-2)\cdots(p-a+1)}{a!}(\bmod p)\\&\equiv b\cdot\frac{(-1)^{n-1}(p-1)(p-2)\cdots(p-a+1)}{(a-1)!}(\bmod p)\\&\equiv b(\bmod p).\end{aligned}$$

例22 解同余方程：$3x\equiv 7(\bmod 5)$.

解 因为$(3,5)=1$，故此同余方程仅有一解. 又因$0<a=3<p=5$，且$p=5$为素数，由此可运用公式2求解.故得解为

$$\begin{aligned}x&\equiv 7\cdot\frac{(-1)^{3-1}(5-1)(5-3+1)}{3!}(\bmod 5)\\&\equiv 14(\bmod 5)\\&\equiv 4(\bmod 5).\end{aligned}$$

例23 解同余方程：$6x\equiv 5(\bmod 11)$.

解 因为$(6,11)=1$，故此同余方程仅有一解. 由于$0<a=6<p=11$，且$p=11$为素数，故可用公式2求解.故得

$$x \equiv 5 \cdot \frac{(-1)^{6-1}(11-1)(11-2)(11-3)(11-4)(11-5)}{6!} \pmod{11}$$
$$\equiv (-5) \cdot \frac{10 \cdot 9 \cdot 8 \cdot 7 \cdot 6}{6 \cdot 5 \cdot 4 \cdot 3 \cdot 2 \cdot 1} \pmod{11}$$
$$\equiv -210 \pmod{11}.$$

所以原同余方程的解为

$$x \equiv 10 \pmod{11}.$$

公式3 解同余方程

$$2^k \cdot x \equiv b \pmod m, \text{且}(2, m) = 1.$$

只要在$(2, b) = 1$的情况下，就可以寻求其解了.因为$b \pm m \equiv 0 \pmod m$，若$2^\delta \mid (b \mp m)$，且2^δ为最大的乘方.则有

①当$\delta \geqslant k$时，有

$$x \equiv \frac{b \pm m}{2^k} \pmod m;$$

②当$\delta < k$时，有

$$2^{k-\delta} \cdot x \equiv \frac{b \pm m}{2^\delta} \pmod m.$$

对于②这种情形，若运算未结束，还可以再继续同样的运算过程.

例24 解同余方程：$256x \equiv 179 \pmod{337}$.

解 因为$(256, 337) = 1$，所以方程仅有一解.原方程即是$2^8 \cdot x \equiv 179 \pmod{337}$.应用公式3，得

$$2^2 \mid (b + m) = 516,$$

由于$\delta = 2 < 8 = k$，这是公式3的第②种情况：

$$2^{8-2} \cdot x \equiv \frac{516}{2^2} \pmod{337} \equiv 129 \pmod{337}.$$

又因$2 \mid (129 + 337) = 446$，继续同样的过程：

$$2^5 \cdot x \equiv 233 \pmod{337},$$
$$2^4 \cdot x \equiv \frac{233 + 337}{2} \pmod{337} \equiv 285 \pmod{337},$$
$$2^3 \cdot x \equiv \frac{285 + 337}{2} \pmod{337} \equiv 311 \pmod{337},$$

$$x \equiv \frac{311+337}{2^3} \pmod{337} \equiv 81 \pmod{337}.$$

公式4　解同余方程

$$3^k \cdot x \equiv b \pmod m,\ (3, m) = 1.$$

此方程的解法是：由于$(3,m)=1$，故此方程仅有一解.我们只要计算$(3,b)=1$的情况就可以了.由于$b \mp m \equiv 0 \pmod m$. 设$3^\delta \mid (b \mp m)$，且3^δ是3的最大乘方，那么

①当$\delta \geqslant k$时，有

$$x \equiv \frac{b \pm m}{3^k} \pmod m;$$

②当$\delta < k$时，有

$$3^{k-\delta} \cdot x \equiv \frac{b \pm m}{3^\delta} \pmod m.$$

对于情形②，若一次运算未结束，可以重复这一过程，直到结束.

例26　解同余方程：$1215x \equiv 560 \pmod{2755}$.

解　因为$(1215, 2755) = 5$，$5 \mid 560$，故此方程共有5解.将$1215x \equiv 560 \pmod{2755}$各数用5约除，得

$$243x \equiv 112 \pmod{551},$$

即$3^5 \cdot x \equiv 112 \pmod{551}$，$(3, 551) = 1$，可用公式4求解，即

$$3^4 \cdot x \equiv \frac{112+551}{3} \pmod{551} \equiv 221 \pmod{551},$$

$$3^3 \cdot x \equiv \frac{551-221}{3} \pmod{551} \equiv 110 \pmod{551},$$

$$3x \equiv \frac{551-110}{3^2} \pmod{551} \equiv 49 \pmod{551},$$

$$x \equiv \frac{551+49}{3} \pmod{551} \equiv 200 \pmod{551},$$

故同余方程的解为

$$x \equiv 200, 751, 1302, 1853, 2404 \pmod{2755}.$$

六、一次同余方程组的解法

所谓一次同余方程组，是指$k(k\in\mathbf{Z}^+,k>1)$个一次同余方程构成的方程组

$$\begin{cases}x\equiv b_1(\bmod m_1),\\x\equiv b_2(\bmod m_2),\\\qquad\cdots\\x\equiv b_k(\bmod m_k).\end{cases}\qquad(1)$$

同余方程中的模$(m_i,m_j)=1,1\leqslant i,j\leqslant k,i\neq j$.

一次同余方程组的方法及解的充要条件由以下两个定理给出.

定理1 （孙子定理）设$m_1,m_2,\cdots,m_k$是k个两两互素的正整数，令$m=m_1\cdot m_2\cdot\cdots\cdot m_k=m_iM_i$ $(i=1,2,\cdots,k)$，则同余方程组(1)有唯一解：

$$x\equiv(M_1'M_1b_1+M_2'M_2b_2+\cdots+M_k'M_kb_k)(\bmod m),$$

其中M_i'是由$M_i'M_i=1(\bmod m_i)$ $(i=1,2,\cdots,k)$得出的.

定理2 一次同余式

$$\begin{cases}x\equiv b_1(\bmod m_1),\\x\equiv b_2(\bmod m_2)\end{cases}\qquad(2)$$

可解的充要条件是$(m_1,m_2)\mid(b_1-b_2)$，且当(2)可解时，对模m_1,m_2有唯一解.

上面的孙子定理其实是《孙子算经》卷中记载的“今有物不知其数”一题的解法的推广.这道题是：

“今有物不知其数，三三数之剩二，五五数之剩三，七七数之剩二，问物几何？”答曰二十三.

术曰：三三数之剩二，置一百四十；五五数之剩三，置六十三；七七数之剩二，置三十；并之，得二百三十三，以二百一十减之，即得二十三.

术中说：三三数之剩一，则置七十，三三数之剩二，就置一百四

十;五五数之剩一,则置二十一,五五数之剩三,则置六十三;七七数之剩一,则置十五,七七数之剩二,就置三十.若在一百六十五以上,就以一百零五减之,或多则退二百一十.

宋朝周密《志雅堂杂钞》卷中记载有鬼谷算,又叫隔墙算,将此题的解法用一句诗隐括为:

“三岁孩儿七十稀,五留廿一事由奇.七度上元重相会,寒食清明便可知.”

明朝程大位《算法统宗》卷中记载孙子歌,隐括此题解法,更是脍炙人口,孙子歌曰(又名韩信点兵):

“三人同行七十稀,五树梅花廿一枝.七子团圆正月半,除百零五便得知.”

设x为所求,依题意列式:

$$\begin{cases} x \equiv 2 (\mathrm{mod}\ 3), \\ x \equiv 3 (\mathrm{mod}\ 5), \\ x \equiv 2 (\mathrm{mod}\ 7). \end{cases}$$

孙子歌中所隐含的解法,与孙子算经术曰中所说的是一致的,现列表解释如下

除数	余数	最小公倍	衍数	乘率	各总	答数	最小答数
3 5 7	2 3 2	$3\cdot5\cdot7=105$	$5\cdot7$ $7\cdot3$ $3\cdot5$	2 1 1	$70\cdot2$ $21\cdot3$ $15\cdot2$	$140+63+30=233$	$233-210=23$

现在我们用孙子定理来解“今有物不知其数”这一题.

$$\begin{cases} x \equiv 2 (\mathrm{mod}\ 3), \\ x \equiv 3 (\mathrm{mod}\ 5), \\ x \equiv 2 (\mathrm{mod}\ 7). \end{cases}$$

按孙子定理,先解同余方程

$$35x \equiv 1 (\mathrm{mod}\ 3),\ \ 21x \equiv 1 (\mathrm{mod}\ 5),\ \ 15x \equiv 1 (\mathrm{mod}\ 7),$$

分别得其解

$$x_1\equiv 2(\bmod 3),\ x_2\equiv 1(\bmod 5),\ x_3\equiv 1(\bmod 7).$$

所以

$$\begin{aligned}x&\equiv(35\cdot 2\cdot 2+21\cdot 1\cdot 3+15\cdot 1\cdot 2)(\bmod 3\cdot 5\cdot 7)\\&\equiv 233(\bmod 105)\equiv 23(\bmod 105).\end{aligned}$$

变量 x 的通解式为：

$$x=23+105t\ (t\in\mathbf{N}),\text{且 }23\text{ 为最小正整数}.$$

例 1 解同余方程组：

$$\begin{cases}x\equiv b_1(\bmod 4),\\x\equiv b_2(\bmod 5),\\x\equiv b_3(\bmod 7).\end{cases}$$

解 由 $4\cdot 5\cdot 7=4\cdot 35=5\cdot 28=7\cdot 20$ 得出公式中的

$$m_1=4,\ M_1=35,$$
$$m_2=5,\ M_2=28,$$
$$m_3=7,\ M_3=20,$$

其中 m_1,m_2,m_3 依次为同余方程的模，M_1,M_2,M_3 依次为它的衍数，b_1，b_2,b_3 依次为各个同余方程的常数项.按孙子定理，先来解同余方程

由 $35x\equiv 1(\bmod 4)$，解得 $x\equiv 3(\bmod 4)$，

由 $28x\equiv 1(\bmod 5)$，解得 $x\equiv 2(\bmod 5)$，

由 $20x\equiv 1(\bmod 7)$，解得 $x\equiv 6(\bmod 7)$，

由此得乘率：$M_1'=3$，$M_2'=2$，$M_3'=6$. 所以

$$\begin{aligned}x&\equiv(M_1'M_1b_1+M_2'M_2b_2+M_3'M_3b_3)(\bmod m_1m_2m_3)\\&\equiv(105b_1+56b_2+120b_3)(\bmod 140).\end{aligned}$$

宋朝杨辉《续古摘奇算法》中记载有四个问题，下面我们把它们作为例题逐一研究.

例 2 用工不知其工人数，三数剩二，五数剩三，七数无剩.问总共工人几人？

答曰：九十八.

术曰：三剩二，下一百四；五剩三，下六十三；七无剩不下.并之得

二百三，减一百五，余九十八工.

下面用孙子定理来解.

解 设总共有x个工人，由题意列出同余方程组

$$\begin{cases} x\equiv 2(\bmod 3), \\ x\equiv 3(\bmod 5), \\ x\equiv 0(\bmod 7). \end{cases}$$

其中常数项为$b_1=2,b_2=3,b_3=0$. 模是$m_1=3,m_2=5,m_3=7$. 由于

$$35\cdot 3=21\cdot 5=15\cdot 7,$$

故得衍数$M_1=35,M_2=21,M_3=15$. 解下列同余方程组：

$$\begin{cases} 35x\equiv 1(\bmod 3), \\ 21x\equiv 1(\bmod 5), \\ 15x\equiv 1(\bmod 7). \end{cases}$$

得

$$x_1\equiv 2(\bmod 3),\ x_2\equiv 1(\bmod 5),\ x_3\equiv 1(\bmod 7).$$

由此得乘率

$$M_1'=2,\ M_2'=1,\ M_3'=1.$$

所以

$$\begin{aligned} x&\equiv(M_1M_1'b_1+M_2M_2'b_2+M_3M_3'b_3)(\bmod m_1m_2m_3) \\ &\equiv(35\cdot 2\cdot 2+21\cdot 1\cdot 3+15\cdot 1\cdot 0)(\bmod 105) \\ &\equiv 203(\bmod 105) \\ &\equiv 98(\bmod 105). \end{aligned}$$

答：工人总数为98人.

例3 七数剩一，八数剩二，九数剩三，问总数几何？

答曰：四百九十八.

术曰：七余一，下二百八十八.（题内余一，下二百八十八）.八余一，下四百四十一.（题内余二，下八百八十二）.九余一，下二百八十.（题内余三，下八百四十）.并之（二千一十），满五百四去之.（去三个五百四）余（四百九十八）合问.

下面用孙子定理来解.

解　设总数为x.由题意列出同余方程组

$$\begin{cases}x\equiv 1(\bmod 7),\\ x\equiv 2(\bmod 8),\\ x\equiv 3(\bmod 9).\end{cases}$$

其中常数项是$b_1=1,b_2=2,b_3=3$.模是$m_1=7,m_2=8,m_3=9$.由于

$$7\cdot 8\cdot 9=7\cdot 72=8\cdot 63=9\cdot 56,$$

得到衍数$M_1=72,M_2=63,M_3=56$.解下列同余方程组:

$$\begin{cases}72x\equiv 1(\bmod 7),\\ 63x\equiv 1(\bmod 8),\\ 56x\equiv 1(\bmod 9).\end{cases}$$

得

$$x\equiv 4(\bmod 7),\ x\equiv 7(\bmod 8),\ x\equiv 5(\bmod 9).$$

由此得乘率

$$M_1'=4,\ M_2'=7,\ M_3'=5.$$

按孙子定理公式,得

$$\begin{aligned}x&\equiv(M_1M_1'b_1+M_2M_2'b_2+M_3M_3'b_3)(\bmod m_1m_2m_3)\\&\equiv(72\cdot 4\cdot 1+63\cdot 7\cdot 2+56\cdot 5\cdot 3)(\bmod 504)\\&\equiv 2010(\bmod 504)\\&\equiv 498(\bmod 504).\end{aligned}$$

答:总数是498.

例4　十一数余三,十二数余二,十三数余一,问总数几何?

答曰:一十四.

术曰:十一余一,下九百三十六.(题内余三,下二千八百八).十二余一,下一千五百七十三.(题内余二,下三千一百四十六).十三余一,下九百二十四.(题内余一,下九百二十四).并之共有六千八百七十八,满总法一千七百一十六,去之.(去四个一千七百一十六)余(十四)合问.

下面用孙子定理来解.

解　设总数为x,由题意列同余方程组

$$\begin{cases} x \equiv 3 \pmod{11}, \\ x \equiv 2 \pmod{12}, \\ x \equiv 1 \pmod{13}. \end{cases}$$

其中常数项为 $b_1 = 3, b_2 = 2, b_3 = 1$. 模为 $m_1 = 11, m_2 = 12, m_3 = 13$. 由于

$$11 \cdot 12 \cdot 13 = 156 \cdot 11 = 143 \cdot 12 = 132 \cdot 13,$$

得衍数 $M_1 = 156$，$M_2 = 143$，$M_3 = 132$. 解下面的同余方程组

$$\begin{cases} 156x \equiv 1 \pmod{11}, \\ 143x \equiv 1 \pmod{12}, \\ 132x \equiv 1 \pmod{13}. \end{cases}$$

求解得其乘率

$$M_1' = 6,\ M_2' = 11,\ M_3' = 7.$$

故可得

$$\begin{aligned} x &\equiv (M_1 M_1' b_1 + M_2 M_2' b_2 + M_3 M_3' b_3) \pmod{m_1 m_2 m_3} \\ &\equiv (156 \cdot 6 \cdot 3 + 143 \cdot 11 \cdot 2 + 132 \cdot 7 \cdot 1) \pmod{1716} \\ &\equiv 6878 \pmod{1716} \\ &\equiv (6878 - 1716 \cdot 4) \pmod{1716} \\ &\equiv 14 \pmod{1716}. \end{aligned}$$

答:总数为14.

例5 二除余一,五除余二,七除余三,九除余四,问总数几何?

答曰:一百五十七.

术曰:二数余一,下三百一十五.(题内余一,下三百一十五).五数余一,下一百二十六.(题内余二,下二百五十二).七数余一,下五百四十.(题内余三,下一千六百二十),九数余一,下二百八十.(题内余四,下一千一百二十).并之(三千三百零七).满总法六百三十,去之.(去五个六百三十).余(一百五十七),为答数,合问.

下面用孙子定理来解.

解 设总数为x,则由题意列同余方程组

$$\begin{cases} x \equiv 1 \pmod 2, \\ x \equiv 2 \pmod 5, \\ x \equiv 3 \pmod 7, \\ x \equiv 4 \pmod 9). \end{cases}$$

其中常数为 $b_1=1, b_2=2, b_3=3, b_4=4$；模为 $m_1=2, m_2=5, m_3=7, m_4=9$. 由于

$$2\cdot5\cdot7\cdot9=315\cdot2=126\cdot5=90\cdot7=70\cdot9,$$

故衍数为

$$M_1=315,\ M_2=126,\ M_3=90,\ M_4=70.$$

解下面同余方程组

$$\begin{cases} 315x \equiv 1 \pmod 2, \\ 126x \equiv 1 \pmod 5, \\ 90x \equiv 1 \pmod 7, \\ 70x \equiv 1 \pmod 9). \end{cases}$$

得其解

$$\begin{cases} x \equiv 1 \pmod 2, \\ x \equiv 1 \pmod 5, \\ x \equiv 6 \pmod 7, \\ x \equiv 4 \pmod 9). \end{cases}$$

由此得乘率

$$M_1'=1,\ M_2'=1,\ M_3'=6,\ M_4'=4.$$

故得解

$$\begin{aligned} x &\equiv (M_1M_1'b_1+M_2M_2'b_2+M_3M_3'b_3+M_4M_4'b_4) \pmod{m_1m_2m_3m_4} \\ &\equiv (315\cdot1\cdot1+126\cdot1\cdot2+90\cdot6\cdot3+70\cdot4\cdot4) \pmod{2\cdot5\cdot7\cdot9} \\ &\equiv (315+252+1620+1120) \pmod{630} \\ &\equiv 3307 \pmod{630} \\ &\equiv (3307-630\cdot5) \pmod{630} \\ &\equiv 157 \pmod{630}. \end{aligned}$$

答：总数为157.

例6 明初严恭《通原算法》记载:"今有散钱不知其数,作七十七陌穿之,欠五十凑穿,若作七十八陌穿之,不多不少,问钱数若干?"

答曰:两千一百零六文.

术曰:列七十八自乘得六千八十四,又以七十七减欠五十余二十七,乘头位得一十六万四千二百六十八.别以七十八,七十七相乘得六千六,减去头位,实不满法,却合前问.(若以七十八数有零,当五千九百二十九乘).

下面用孙子定理来解.

解 设散钱数目为x,由题意列同余方程组

$$\begin{cases} x \equiv 27 \pmod{77}, \\ x \equiv 0 \pmod{78}. \end{cases}$$

其中常数为$b_1 = 27, b_2 = 0$.模为$m_1 = 77, m_2 = 78$.由于

$$77 \cdot 78 = 78 \cdot 77,$$

故衍数为

$$M_1 = 78,\ M_2 = 77.$$

解下面同余方程组

$$\begin{cases} 78x \equiv 1 \pmod{77}, \\ 77x \equiv 1 \pmod{78}. \end{cases}$$

得

$$x \equiv 78 \pmod{77},\ x \equiv 77 \pmod{78}.$$

由此得乘率

$$M_1' = 78,\ M_2' = 77.$$

所以

$$\begin{aligned} x &\equiv (M_1 M_1' b_1 + M_2 M_2' b_2) \pmod{m_1 m_2} \\ &\equiv (78 \cdot 78 \cdot 27 + 77 \cdot 77 \cdot 0) \pmod{6006} \\ &\equiv 164268 \pmod{6006} \\ &\equiv 2106 \pmod{6006}. \end{aligned}$$

答:散钱数为2106.

例7 韩信点兵:有兵一队,若列成五纵队,则末行一人.成六行

纵队，则末行五人.成七行纵队，则末行四人.成十一纵队，则末行十人，求兵数.

解　设兵数为x，由题意列出同余方程组

$$\begin{cases}x\equiv 1(\bmod 5),\\x\equiv 5(\bmod 6),\\x\equiv 4(\bmod 7),\\x\equiv 10(\bmod 11).\end{cases}$$

其中常数为$b_1=1,b_2=5,b_3=4,b_4=10$.模为$m_1=5,m_2=6,m_3=7,m_4=11$.由于

$$5\cdot 6\cdot 7\cdot 11=462\cdot 5=385\cdot 6=330\cdot 7=210\cdot 11,$$

故衍数为

$$M_1=462,\ M_2=385,\ M_3=330,\ M_4=210.$$

由下列同余方程

$$\begin{cases}462x\equiv 1(\bmod 5),\\385x\equiv 1(\bmod 6),\\330x\equiv 1(\bmod 7),\\210x\equiv 1(\bmod 11),\end{cases}$$

解得

$$x\equiv 3(\bmod 5),\ x\equiv 1(\bmod 6),\ x\equiv 1(\bmod 7),\ x\equiv 1(\bmod 11).$$

由此得乘率

$$M_1'=3,\ M_2'=1,\ M_3'=1,\ M_4'=1.$$

所以

$$\begin{aligned}x&\equiv(M_1M_1'b_1+M_2M_2'b_2+M_3M_3'b_3+M_4M_4'b_4)(\bmod m_1m_2m_3m_4)\\&\equiv(462\cdot 3\cdot 1+385\cdot 1\cdot 5+330\cdot 1\cdot 4+210\cdot 1\cdot 10)(\bmod 2310)\\&\equiv 6731(\bmod 2310)\\&\equiv 2111(\bmod 2310).\end{aligned}$$

答：参加韩信点兵的总兵数为2111.

结束语

数学是现实世界的数量关系及空间形式的科学.数学的应用十分广泛,它既涉及浩渺无垠的宏观世界,也探讨如原子模型类的微观世界,曾经被人誉为“是了解宇宙的最重要的方法,是打开原子奥秘的‘钥匙’,是自然科学的‘领队’”.它的应用渗透到科学研究和生产劳动的各个领域.因此,我国著名数学家华罗庚先生由衷赞叹道:“大哉数学之为用!”

每一个数学问题,从辩证法的观点来看就是一个矛盾,矛盾的双方分别是已知条件和求解的未知部分.解题方法就是使矛盾双方得以互相转化的“杠杆”.本书介绍的所有解法,都指出了方法的理论根据、方法本意的界定以及如何具体操作,并给出了相应的示例.读者可以利用本书寻觅一题多法或一法多题,选择解题捷径,拓宽解题思路.中学生可随着知识面的拓宽而阶梯式地使用本书,中学教师可随着教学内容的迁移而择篇参考.

人们对物质世界规律的认识是逐步完善而又不可穷尽的,浩如烟海的数学问题正等待着我们去解答.本书仅对中学数学“个类方法”作了一些微不足道的探索,不到之处敬请大家补正.

谷学勤

2014年4月